EN LA FRONTERA

EN LA FRONTERA

Stephen Smith

AGATA

Título original: *Addict*
Traducción: Belén López Colino

San Rafael, 4.
28108 Alcobendas, Madrid
Tel. (91) 657 25 80
Fax (91) 657 25 83
e-mail: libsa@libsa.redestb.es

ISBN: 84-8238-415-5
Depósito Legal: M. 8.589-1999

Impreso en España/ *Printed in Spain*

Dedico este libro a mis hijas, que me dieron la fuerza
para seguir viviendo.
También se lo dedico a mi querido amigo Michael Watson,
sin cuyas terapias de hipnosis este libro no hubiera
podido publicarse jamás.

Introducción

Un niño camino de la adicción

Tenía catorce años cuando me convertí en un adicto a las anfetaminas y durante veinticinco, llegué a tomar hasta cien pastillas diarias. Las drogas me condujeron a una extraña vida delictiva y excéntrica. Cuando los efectos de la adicción se agravaron, pasé de ser un *playboy,* propietario de lujosas casas y de caros caballos, a vivir en los albergues sociales del Ejército de Salvación, y terminé solo en las calles, como los alcohólicos. ¿Por qué me ocurrió todo esto? Hoy, cuando miro a los jóvenes, me pregunto si algunos tendrán que realizar un viaje tan infernal como el vivido por mí. ¿Por qué están destinados a sufrir una trayectoria como la mía, con todos los ingredientes de una película de terror? ¿Qué es lo que distingue a estos chicos del resto, de los muchachos normales? Quizá mi historia tenga las respuestas.

Crecí justo después de la guerra en Winchmore Hill, un aburrido barrio londinense de clase media donde nunca ocurría nada. Todas sus calles eran parecidas, con hileras e hileras de casas adosadas.

Papá y mamá se conocieron en un autobús, e inmediatamente se enamoraron. Procedían de familias con una educación totalmente diferente. Mi padre era judío y desafió las convicciones ortodoxas de sus padres para casarse con mamá, una cristiana de familia obrera. Celebraron dos bodas: la primera, en la iglesia, para los familiares de ella; al día siguiente la segunda, en una sinagoga, para los parientes judíos de él. Ninguna de las dos familias asistió a la celebración de la otra parte. Quizá ni siquiera sabían de la existencia de otra ceremonia. Mi madre, además, tuvo que convertirse al judaísmo para poder casarse en una sinagoga.

Mis padres tenían treinta y cuatro años cuando nací. Mi hermana Annette era cinco años mayor que yo, una niña preciosa de cabello negro y rizado que acababa de empezar el colegio. En 1945, mi padre abrió una sastrería que comenzó a prosperar enseguida. La guerra había terminado y los soldados que regresaban cambiaban los cupones del gobierno por trajes. Papá hizo mucho dinero por aquel entonces y así, nos convertimos en la familia más rica de nuestra calle. Era la época de las cartillas de racionamiento pero en nuestra mesa siempre había comida suficiente procedente del mercado negro. Fuimos los primeros de toda la calle en adquirir un coche y todos los veranos nos acoplábamos en él como podíamos y nos marchábamos al sur de Francia. Durante las dos semanas que pasábamos allí, mi padre se dedicaba a jugar sin parar en los casinos, dejándonos en la playa todo el día.

Mi madre era una mujer sumamente atractiva, delgada y rubia estilo Marilyn Monroe. Como se había criado en la pobreza, le apasionó la recién llegada prosperidad de mi padre. Era una persona afectada a quien le gustaba mostrarse públicamente con sus lujosos vestidos, sobre todo ante sus hermanas de clase obrera.

Mi padre era un hombre apuesto. Tenía el pelo oscuro y se lo peinaba hacia atrás con raya al medio. Le recuerdo siempre con traje, incluso cuando estaba en casa. Solía fumar un cigarro tras otro. Engordó mucho, pero al ser una persona alta presentaba un físico imponente, no como el anciano Marlon Brando. Papá amplió la casa, mandó construir un garaje, dos habitaciones más y una enorme cocina, transformando nuestra casita adosada en una pequeña mansión. Hizo tapiar el jardín trasero de la casa con un alto muro de ladrillo y pavimentar completamente la entrada principal, lo que hacía que nuestro jardín fuera totalmente diferente a los de nuestros vecinos, donde crecían rosas y jazmines alrededor de sus esmerados céspedes. Sin flores, nuestro jardín no veía el paso de las estaciones. Los hierbajos y el hormigón tenían siempre el mismo aspecto. Al igual que el jardín, como familia éramos diferentes, extraños en aquella calle.

Papá nunca nos maltrató pero era el jefe en casa. En cuanto a mamá, debía asegurarse de tenerle siempre preparadas sus comidas de tres platos, y sin que tuviera que esperar. Como pareja, mis padres no se prodigaban mucho cariño, su relación se basaba más bien en un trato comercial según el cual mamá cocinaba y papá financiaba el opulento estilo de vida. El capital de la familia aumentó y papá se convirtió en un jugador compulsivo; mamá se sentía más que feliz de poder ir con él a los elegantes clubes donde alternaba con las esposas de otros jugadores. Mi hermana y yo teníamos materialmente de todo; sin embargo no recibíamos ni amor ni cariño. No recuerdo que mis padres nos leyeran cuentos para que nos durmiéramos ni tampoco que jugaran con nosotros. Simplemente no estaban en casa, siempre andaban fuera, alternando; mientras tanto, a nosotros nos dejaban al cuidado de una serie de niñeras internas. La única noche que no salían era la de los miércoles, cuando la velada de cartas se celebraba en nuestra casa. Para la ocasión se sacaba una mesa cubierta con un tapete verde y se servían pasteles exquisitos a los jugadores invitados. A los niños no nos dejaban tocar y mucho menos, comer.

Poco antes de nacer yo, mis padres habían contratado a una nueva niñera que se llamaba Violet. Era una mujer rechoncha, de unos sesenta años, con el pelo canoso y gafas gruesas. Violet nunca llegó a tener el hijo que tanto había deseado y descargó en mí todo su afecto contenido. Sin embargo, ese cariño jamás llegó a filtrarse en mi hermana, una niña tozuda que no gustaba de ser manipulada por la nueva niñera.

Me convertí en el favorito de Violet. Se pasaba el día hablando y jugando conmigo y siempre se dirigía a mí como «su Stephen». Era cruel con Annette, la regañaba con frecuencia, y por eso no me extraña que mi hermana llegase a odiar a la niñera y al mimado hermanito. Yo dependía tanto de ella emocionalmente que cuando tenía su día libre, lloraba sin parar hasta que Violet me aseguraba que volvería pronto, o que cancelaría su fin de semana de descanso. Para mí, Violet representaba mi madre.

Cuando tenía cuatro años aproximadamente, Violet empezó a leerme Robin Hood todas las noches y al cabo de un tiempo, era incapaz de dormirme sin haberla escuchado. Tanto me fascinó la historia de este forajido que robaba a los ricos para ayudar a los pobres que, ante mi insistencia, Violet se vio obligada a leérmela todos los días y durante los cuatro años siguientes. Más tarde sería yo quien robaría. La única diferencia entre Robin y yo era que yo me quedaba con un porcentaje más alto para mis gastos corrientes.

Mis hermanos gemelos nacieron cuando yo tenía cinco años. Convencí a mi madre para que los llamase Peter y Paul, como «los dos pajaritos» del poema que me había enseñado Violet. Durante los dos años siguientes, Violet ejerció todo el mando sobre mí mientras mi madre se ocupaba de los gemelos. Dos años después de nacer los niños, mi madre sufrió el primero de sus muchos ataques de nervios, y desde entonces mamá no cesó de visitar el hospital.

Tenía ocho años cuando mi madre, tras una estancia en el hospital a causa de uno de estos ataques, despidió a Violet sin previo aviso. Sentía celos por el cariño que yo le profesaba a Violet; así que la reemplazó por una niñera francesa a la que yo odiaba. Annette por entonces estaba aprendiendo francés en el colegio; yo la adoraba, pero para mí era tan sólo la extraña mujer francesa. Solo, sin nadie que me leyera por las noches, me dormía llorando y empecé a orinarme en la cama. Continué haciéndolo hasta los doce años.

Algunas veces, cuando me acostaba, las luces de la planta superior se apagaban de repente y entonces aparecía un monstruo que dirigía una antorcha sobre mi cara. No era un sueño. Era real. Cuando las luces se encendían, el monstruo se desvanecía. No he olvidado su cara.

Por esta época empecé a tener dos pesadillas que se repetirían constantemente. Soñaba que mi habitación se separaba de la casa y que flotaba en el cielo. Para tranquilizarme, la luz del rellano se dejaba encendida y la puerta de mi habitación abierta. El sueño era tan real que até un cabo de una cuerda a mi cama, la dejé caer escaleras abajo y amarré el otro extremo a la parte inferior de la baranda de la escalera. En la segunda pesadilla me atormentaba la presencia de dos Violets idénticas que discutían por conseguir mi amor. Las dos decían: «Yo soy la verdadera Violet.» Para resolver este dilema tenía que clavarle el cuchillo de cocina a una de ellas. Una vez hundido el cuchillo en la que yo creía que era la perversa Violeta, la sangre empezaba a salir a chorros y yo me despertaba gritando.

Me obsesioné con mis juguetes y otras cosas que guardaba celosamente. Cuando Eric Shepherd, que vivía enfrente de mi casa, vino a jugar conmigo, le tiré sus juguetes al cementerio que había detrás de nuestro jardín. Pensaba: «Tienes un papá que juega al fútbol contigo, no necesitas los juguetes.» Avisé a Eric de que si intentaba recuperarlos, la muerte vendría a por él. Cuando se marchó a su casa, salté el muro, recogí sus pistolas de vaquero y todo lo demás, y lo añadí a mi colección secreta. Todos los niños que venían a mi casa fueron víctimas del mismo destino.

Me acuerdo de cazar moscas con un vaso y de quemarles las alas una a una. Me producía una gran sensación de poder verlas arrastrarse indefensas. Cuando el gato tenía gatitos, yo los separaba de la madre y los escondía, argumentando que si yo no podía tener a mi mamá, por qué iban a tener ellos a la suya.

Un día, curioseando en un cajón del dormitorio de mi madre, me horroricé al descubrir una máscara. Era la cara del monstruo. La hice pedacitos y se la arrojé a los muertos del cementerio que había detrás de casa. La máscara y su antorcha jamás volvieron a asustarme

Poco tiempo después, en mi barrio, descubrí una guardería deshabitada, con invernaderos y un cobertizo de madera abandonados. Dentro había una mesa con sillas y la puerta estaba cerrada con una llave oxidada. Era el escondrijo perfecto para mí y mi pandilla, un grupo de tres muchachos menores que yo, a quienes utilizaba como si fuesen esclavos obedientes para potenciar mi ya inestable ego. Maquinando planes de nuestra alocada infancia, parecíamos personajes extraídos de las historias de *Just William*, con las caras mugrientas, los pantalones cortos de color gris y los jerseys de punto. De repente un buen día ocurrió un desastre: Annette, mi hermana mayor, estaba allí fuera riéndose de nosotros junto con dos de sus amigos. Me sentí destrozado. De nuevo un matón había destruido mi mundo. Como estaba furioso y no quería que mi hermana se quedase con el cobertizo, urdí una venganza. Utilicé aceite que había encontrado en latas de petróleo de desecho y prendí fuego a todo el recinto. El fuego se extendió rápidamente y regresé a casa para observar la enorme llamarada desde la ventana de mi habitación. Me sentía orgulloso al ver cómo las llamas se elevaban en el cielo y cómo se apiñaba la gente para observar a los bomberos extinguir el incendio. Al día siguiente, mientras caminaba entre las cenizas, encontré la llave oxidada de mi desaparecido imperio. «Bueno, ahora ya nadie tiene el cobertizo», pensé satisfecho. Aquel fuego marcó el comienzo de una costumbre en mi vida —quema tu suerte y entierra las cenizas—, que realizaría después de cada delito para asegurarme de que mi pasado estaba bien guardado y de que sólo Dios y yo podíamos dar fe de ello.

Jamás me gustó el colegio. Las clases me aburrían y me rebelaba ante las normas de disciplina. Robaba libros, me los llevaba a casa y los escondía debajo de la cama, repitiéndome que Violet volvería algún día para leérmelos. Siempre fui el peor de la clase en todas las asignaturas hasta que a los once años hice el examen selectivo obligatorio al finalizar la enseñanza primaria. Esta prueba permitía a los alumnos el acceso a institutos o a centros de formación profesional; por un lado los médicos y corredores de bolsa, y por otro los trabajadores manuales y obreros. Mi padre, que se dio cuenta de que nunca lo aprobaría, se puso en marcha seis meses antes del examen. Era impensable que el hijo de un judío fuese a un centro de formación profesional, así que para asegurarse de que aprobaría, pagó a un profesor particular que iba a casa cada tarde. En sólo seis meses conseguí ser el mejor de la clase y superar el examen con buena nota; esto me permitía ingresar en el instituto de Edmonton, en el que sólo aceptaban a los alumnos con calificaciones más altas.

Mi hermana Annette acababa de graduarse en este instituto, en donde había sido alumna destacada y capitana del equipo de *hockey.* Naturalmente, había aprobado los exámenes con su acostumbrada y estúpida brillantez, difícil de imitar. Desde el principio odiaba el uniforme, sobre todo la gorra azul y amarilla, y me sentía inseguro y distinto con pantalones cortos cuando los demás niños ya llevaban los largos. Le suplicaba a mi padre que me dejara poner los pantalones largos, pero él siempre insistía en que primero los cortos.

Al principio me sentí orgulloso de los resultados que obtuve en el examen selectivo pero enseguida volví a ocupar mi sitio habitual al fondo del aula. De los seiscientos alumnos del colegio, sólo dos eran judíos. Uno de ellos era un muchacho al que llamaban Levy y que tenía la nariz más grande que Dios haya repartido jamás. El otro era yo. Conocía a Levy de ir a la sinagoga pero en el colegio evitaba juntarme con él a toda costa. En un primer momento nadie sabía que yo era judío, y procuraba que no lo averiguasen porque en el condado de Edmonton, el antisemitismo estaba muy extendido y esto era evidente por los chistes que se hacían en relación con los judíos. La única diferencia entre los chicos del lugar y Hitler era que aquellos no me llevarían a la cámara de gas. Cada vez que mi padre me obligaba a faltar al colegio por alguna fiesta judía la justificaba falsificando una nota de mis padres que decía que había estado enfermo. Pero un día ocurrió lo inevitable. El profesor me pilló y delante de toda la clase me hizo la temida pregunta:

—¿Eres judío?

—No, en realidad no —le respondí—. Sólo en cierto modo.

Por la reacción de mis compañeros, cualquiera hubiera pensado que era un leproso. Aquel mismo día en el recreo me sentí como un paria, más marginado que nunca. Todos los chicos hablaban de mí. Me había convertido en uno de esos sucios niños judíos de los que siempre se estaban burlando. Y como ninguno de mis compañeros quería sentarse al lado del judío, me colocaron solo en primera fila.

Lo único en lo que destacaba era en las carreras de medio fondo. Mi fantasía era batir el récord de la milla en cuatro minutos que ostentaba Roger Banister desde 1954. Solía practicar casi todos los días en el recreo, así evitaba mezclarme con los demás niños y que se burlaran de mí. Los profesores se enfadaban mucho cuando llegaba jadeante a sus clases procedente de la pista de atletismo.

En casa carecía de respaldo emocional. Mis hermanos gemelos eran dos pelmas engreídos y Annette, a sus dieciocho años, siempre estaba fuera de casa con sus novios ya adultos. Yo iba a cumplir los trece y cada día me sentía más perdido, hasta que un día ocurrió un milagro. Conocí a Raymond, un judío nueve meses mayor que yo, en la Escuela Dominical Hebrea. Raymond se convirtió en alguien muy querido para mí. Era más corpulento que yo y cada día que pasaba, más maduro. Después del colegio nos acercábamos en bici al parque o a una de las cafeterías nuevas, que tenían tocadiscos automáticos. Raymond tenía el suyo propio en el que solíamos escuchar sus discos de 78 vueltas por minuto, uno de los cuales era el de un joven americano que cantaba *You ain't nothing but a hound dog*. Elvis había llegado y con él una nueva era dio comienzo. Me quedé inmediatamente cautivado por este cantante que no tenía nada que ver con Guy Mitchell y los otros vocalistas lastimeros y sosos que les gustaban a papá y mamá. Raymond y Elvis casi se transformaban en uno de una manera ingeniosa y yo los admiraba a los dos. Al igual que Elvis, Ray se peinaba hacia atrás cuando íbamos cada semana a un club de jóvenes judíos, en donde bailábamos con chicas engominadas y vestidas con sus faldas de *can-can* al son del *Rock around the clock* de Bill Halley. Una semana después de ver a Ray con su moderna vestimenta, zapatos de gamuza azul y pantalones de pitillo, aparecí vestido del mismo estilo. El era un gran bailador de *swing* y nunca le faltaban chicas, a las que cautivaba con su sonrisa. Como voluntarioso alférez, aprendí rápido y pronto me puse a su altura.

Ray comenzó a verse con una chica todos los sábados y a alardear de sus hazañas. A raíz de su primer encuentro me contó cómo le había tocado las tetas por encima del jersey. La segunda semana le había metido la mano en el sujetador. A la tercera ya tenía las manos bajo las bragas y a la cuarta ella le había tocado la polla. Estaba deseoso de conocer qué pasaría la quinta semana. En lo que a sexualidad se refiere, me llevaba mucha ventaja. Ni siquiera le había besado a una chica y mucho menos tocado.

Un día en el parque Raymond me explicó las realidades de la vida, a quien a su vez se las había contado su padre. Le escuché atentamente mientras pensaba por qué coño mi padre no me contó a mí todo esto. Ray concluyó su lección con una demostración de cómo conseguir que se le pusiera dura y que el líquido blanco saliera despedido, masturbándose delante de mí. Aquella noche empecé a experimentar con mi propio cuerpo pero me asusté y lo dejé.

Nos conocimos tan bien a lo largo de catorce meses que nos hicimos inseparables. Éramos dos adolescentes en pleno crecimiento. Incluso me marché con él y sus padres una semana a Bournemouth, a la playa. Poco después di mi primer beso a una chica y luego le comenté a Ray que no me había parecido para tanto eso de las tetas, que estaban muy blandas.

—Ya te gustarán —dijo, esbozando una sonrisa.

Un día acompañamos a dos chicas hasta su casa y estuvimos divirtiéndonos con ellas en el exterior, sin percatarnos de la hora que era. Jamás pensé que esto me condujera al primero de dos truculentos sucesos que cambiarían mi vida por completo.

Aquella fatídica noche, el padre de Raymond, que era muy estricto en cuanto a la hora de llegada de su hijo a casa, estaba furioso. Llegamos exactamente treinta minutos tarde; sin embargo, su padre actuó como si hubiésemos cometido un delito grave y telefoneó a mi familia para informarles de la decisión que había tomado: nos prohibió volver a vernos en seis meses. Para un chico de catorce años, seis meses era como una condena a perpetuidad. Sin entender qué había hecho mal, me fui sollozando a casa en bicicleta. A la mañana siguiente me desperté con el corazón destrozado, consciente de que ya no podía contar con Raymond. Una vez más, no tenía a nadie.

Odiaba tanto al padre de Ray por lo que me había hecho que, durante los veinte años siguientes, acostumbraba hacer llamadas telefónicas periódicas a medianoche con la única intención de perturbar el sueño de este hombre. Aquel lunes por la noche fue mi último contacto con Raymond. Cuando, después de todos esos años, me dijo que su padre había muerto, me produjo tal placer que lo celebré con el mejor *champagne.*

Aquellos fatídicos seis meses de la prohibición me alejarían de Raymond y me introducirían en un mundo desconocido.

Yo era por entonces un chaval apesadumbrado de catorce años. El día siguiente, en el colegio, me acaeció el segundo chasco. Se denunció que había desaparecido dinero de los bolsillos de los abrigos de algunos alumnos, y en la asamblea matinal me acusaron de robo ante todo el colegio. El hecho de saber que era inocente no me salvó de los abrumadores sentimientos de vergüenza y humillación. Era incapaz de soportar todo aquello y de afrontar la idea de volver al colegio. Les hacía creer a mis padres que todo iba bien; sin embargo, cada día desviaba mi ruta en dirección al parque. Me pillaron haciendo pellas varias veces, haciéndome volver al colegio, pero me negaba a quedarme y desaparecía a la primera ocasión. No volví al colegio en toda mi vida.

Capítulo 1

Mi primer delito

El padre de Raymond destruyó mi mundo al prohibirme ver a mi mejor y único amigo. Su acción fue la llave que abrió la puerta a una extraña vida de delitos y drogadicción.

A principios de 1958 comencé a aventurarme en barrios más peligrosos donde precisamente conocí a Brian. Tenía dieciséis años, dos más que yo. Solía llevar cazadoras de cuero y se peinaba engominando su pelo oscuro hacia atrás. Parecía el típico gamberro de los años cincuenta. Su hermano mayor, Harry, pertenecía a una temible banda de «moteros». Ambos llevaban mucho dinero. Brian era una persona segura de sí misma y solía reír y compartir sus caramelos y cigarrillos Woodbine con otros muchachos del parque. Parecía que todos le conocían. Yo, que cada día me iba haciendo más corpulento y descontrolado, empecé a tratar a Brian como a un igual. Estaba creciendo muy deprisa, demasiado deprisa. Por las tardes nos acercábamos a la cafetería de los «moteros», vestidos con pantalones de pitillo, botas de gamuza con cuña y cazadoras de cuero. Parecíamos pequeños Marlon Brando. Aquel febrero muchos chavales que frecuentaban el café llevaban brazaletes negros. Toda la nación estaba conmocionada tras el accidente aéreo en Múnich en el que habían perecido muchos de los Busby's Babes, del equipo de fútbol Manchester United.

Una tarde cuando estábamos por ahí juntos, un matón malintencionado se lió a puñetazos con Brian, quien se defendió con coraje pero acabó con un ojo morado y un labio hinchado. Cuando el chulo se marchó, el valiente que ni siquiera se había atrevido a implicarse en la disputa se dirigió a Brian:

—No te preocupes, le daremos su merecido a ese cabrón.

La noche siguiente me encontré con ese asqueroso individuo y empezó a fastidiarme. Me empujó y me dio patadas, pero yo, en lugar de devolverle los golpes como había hecho Brian, me quedé tendido en el suelo tapándome la cara y suplicando clemencia. El tipo, grueso, pelirrojo y con rizos, se molestó. Se quedó de pie, mirándome y gritando:

—Levántate y pelea, cobardica.

Pero estaba tan asustado que no podía ni moverme. Un transeúnte detuvo la pelea, el matón desapareció corriendo y yo me quedé llorando en el suelo. Por fin me levanté y me fui a casa muy mal herido y sobre todo avergonzado de mi cobardía.

Aquella tarde y por primera vez en mi vida me serví vino de una botella que había en el mueble bar de casa; para apaciguar los nervios. Este vino me hizo cambiar instantáneamente: de un tímido cobarde de catorce años asustado de las peleas a un tigre salvaje lleno de coraje. Al cabo de unos cuantos tragos más me convertí en un pequeño monstruo, salté sobre la bici y anduve merodeando con ella alrededor de la casa de aquel chulo. Me encontraba en una de las zonas más inseguras llamada Barrowell Green. Las pequeñas y descuidadas casitas de este barrio eran muy distintas a las de mi calle, más amplias. De pie, ante el jardín rodeado de basura, pude oír la canción de Lonnie Donnegan *My old Man's a Dustman* que venía de alguna parte. Aporreando la puerta y gritando histéricamente, me encaré a mi torturador delante de su madre y de sus hermanos mayores.

—¡Vamos, pelea! ¡Te voy a matar! ¡Voy a quemar tu jodida casa! —dije, gritando a pleno pulmón.

Monté una escena tal que los vecinos salieron de sus casas para averiguar quién era el que desafiaba a los infames hermanos Sullivan. El matón pelirrojo y sus imponentes hermanos se quedaron mudos, mientras su madre, con los rulos puestos, llamaba a un vecino pidiendo ayuda. Aún seguía profiriendo amenazas cuando llegó la policía local, quien consiguió dominar la situación y que el chulo me pidiera disculpas por el labio hinchado. Satisfecho conmigo mismo, me marché gritando hacia la multitud:

—¡Ten cuidado la próxima vez!

Aquella noche me sentía como Al Capone.

Cuando desperté la mañana siguiente era presa del pánico, estaba aterrorizado por las amenazas que había dicho en estado ebrio la noche anterior. Tenía tanto miedo que decidí ir a casa del matón para disculparme, pero de camino me encontré con él y sus hermanos. Esperando que ocurriese lo peor me entró un sudor frío, pero cuál sería mi sorpresa cuando los tres me sonrieron y me dieron un caluroso apretón de manos. Más tarde me encontré con Brian, que ya había oído algo sobre las amenazas a los Sullivan. Me convertí en un héroe, ¡pero a qué precio! Este altercado me enseñó una triste lección que iba a alterar mi vida entera: había encontrado la valentía dentro de una botella, disponible siempre en sabores diversos. Con algo de ayuda química había superado mis inhibiciones y sentimientos de torpeza, encontrando el valor suficiente para intimidar al chulo y sus hermanos. El vino me devolvió la confianza que los acontecimientos previos de mi vida me habían hecho perder.

El alcohol cambió mi personalidad y me transformó en el líder de mi relación con Brian, quien ahora me veía como una estrella. El vino me hacía querer escapar de la monótona vida de la zona norte de Londres hacia un fantástico mundo como el de Robin Hood. Me aburría ya de frecuentar los parques como el resto de los niños.

—¡Vamos, no somos unos mariquitas rapados al cero como en el ejército! ¡Es Elvis quien se ha alistado, no nosotros! —le decía a Brian, cuando quería entrar en acción.

Poco después le sugerí que fuéramos a robar a la gente. Se trataba de avanzar rápidamente con las bicis como si fuéramos bandoleros y arrebatarles los bolsos a las señoras de un tirón. Aquella tarde perseguimos a una señora mayor desde la estación de tren hasta una calle tranquila. Yo iba hasta arriba de vino y cuando le hice la señal a Brian pedaleamos uno a cada lado de ella y le quitamos el bolso. Mi corazón latía fuerte mientras nos alejábamos, y cuando oí sus gritos desvanecerse en la distancia, me di cuenta de que Brian había desaparecido, abandonándome en la fuga. Con el bolso bien sujeto, pedaleé hasta un prado cercano y allí lo vacié para encontrar unos billetes, mucho dinero en aquel entonces. Metí el dinero en mis bolsillos y escondí el bolso en el fondo de un arroyo. El hecho de deshacerme de toda prueba posible con tal precisión y cuidado se convertiría durante muchos años en la marca de mi profesión y mi enfermedad al mismo tiempo. No me quité los guantes, por si acaso, hasta que me puse a resguardo en mi dormitorio. A partir de este momento, siempre llevaría los guantes una semana antes y después de cada atraco.

¿Por qué lo hice? ¿Acaso la indiferencia de mis padres y la ausencia de Raymond eran la causa de que pidiera ayuda a gritos por primera vez? ¿Era mejor ser castigado que estar solo o ser ignorado?

Al día siguiente le ofrecí la mitad del botín a Brian, la parte que le correspondía del robo, pero no las aceptó porque, según decía, estaba harto y tenía miedo de que le pillaran.

—¿Tienen tus padres vino tinto en casa? —le pregunté en tono disgustado.

Nos separamos y me deseó suerte. Parecía aliviado. Se marchaba en moto con su hermano a Trafalgar Square para ver la llegada de la primera marcha desde Aldermaston de la Campaña contra la Bomba.

Una vez solo y durante unas semanas después, me dediqué a desahogar a los ricos de su exceso de dinero. Cuando el vino empezaba a escasear en casa de mis padres, conseguía que me lo compraran chicos mayores que yo y guardaba mi propia botella debajo de la cama. Cuanto mayor era el consumo de alcohol más aumentaban mi bravuconería y mi afán por los robos.

Una tarde de verano vi a una mujer que paseaba por una concurrida calle en compañía de dos hombres. Indudablemente era una osadía intentarlo; sin embargo, tomé unos tragos del último vino que quedaba en la botella, me precipité con la bici sobre la acera y me coloqué entre ellos, como John Wayne. La señora agarró el bolso con tanta fuerza que la arrastré por la calzada hasta que lo soltó. Las tres personas me persiguieron gritando al mismo tiempo. Presa del pánico, intenté salir de la avenida girando en la primera bocacalle a la izquierda pero resultó ser un callejón sin salida. Con tres personas mayores corriendo desesperadamente detrás de mí, la captura fue fácil. Para ser un chico de catorce años opuse una gran resistencia contra los dos hombres, pero pronto me redujeron mientras la mujer llamaba a la policía. Estaba muerto de miedo. «Oh, Dios mío», pensé, «¿Qué he hecho?»

2

Mi primera droga

Mientras los dos hombres me sujetaban, la mujer recogió su bolso.

—¿Te gustaría que le robaran así a tu madre? —me gritó.

La gente salía de sus casas en pijama para averiguar por qué un muchacho de catorce años forcejeaba con dos adultos. Finalmente, la policía llegó pero yo estaba tan conmocionado que lo único que recuerdo es la cara redonda de un agente sentado a mi lado en la parte trasera de un coche mientras me conducían a la comisaría. Aquellos días robar bolsos era una ofensa grave y fuera de lo común. Muchos de los delitos que había cometido hasta entonces habían sido denunciados y ahora todos los agentes querían conocer al joven bandido a quien, por fin, habían detenido. No dejaban de asomar cabezas por la puerta de la sala donde estaba recluido para echar un vistazo. El interrogatorio del policía de más edad quedó desconcertado cuando le dije dónde vivía, una calle respetable que no tenía nada que ver con los suburbios de donde procedían la mayoría de los delincuentes.

Mis padres llegaron una hora más tarde. Mi padre estaba escandalizado y empezó a hacerme preguntas, pero yo le miré fijamente y en silencio. Mi madre no dijo nada y se puso a llorar desconsoladamente. Sólo en el momento en que me negaron irme a casa con ellos fue cuando me invadió la inmensidad del error que había cometido. Después de marcharse mis padres, me encerraron en una celda para pasar la noche. La policía escuchaba las noticias en la radio: Brasil había derrotado a Suiza por 5-2 en la Copa del Mundo. Pelé, el joven de diecisiete años, había marcado un gol. Era el mes de junio de 1958. La celda estaba oscura y, hundido en un pozo de desesperación, lloré por Violet toda la noche.

El día siguiente por la mañana me condujeron desde la celda a los tribunales, en donde había tres magistrados sentados delante de un enorme retrato de la reina. Me aplicaron la prisión preventiva hasta encontrar más informes, y me llevaron junto con otros dos chicos de aspecto tosco en una furgoneta de la policía. El más fuerte, que parecía un veterano, le preguntó al conductor si íbamos al hogar de St. Nicholas Boys.

—Ahí hay algunos casos difíciles —comentó—; esto me ocurrió la última vez que estuve allí —señalando el incisivo que le faltaba.

Era un día soleado y me senté en silencio mientras atravesábamos la campiña. Al final llegamos a las puertas de un gran edificio rodeado de vallas de seguridad, donde nos recibió una mujer gruesa con un delantal rojo.

—¿Son estos los nuevos delincuentes de hoy? —bromeó con el conductor.

—Traemos un ladronzuelo de bolsos —le contestó—. ¡Se cree que es Robin Hood!

Cuando bajé de la furgoneta sonrió sarcásticamente y me tiró del cuello.

—¡Bien, bienvenido Robin! ¡Soy la señorita Marion!

Nos condujeron a un comedor enorme en el que otros cincuenta niños aproximadamente comían ruidosamente salchichas y puré de patatas. Al entrar uno de ellos gritó con un acento del este de Londres:

—Mirad, Barry ha vuelto. ¿Qué tal, tío? —saludando al chico sin diente.

Aquí estaban, todos con uniformes de color caqui y mucho mayores que yo, los mejores y futuros delincuentes del mañana. Comparados con ellos, Raymond y Bryan parecían bebés en sus cochecitos. Esa misma noche nos enseñaron nuestras literas dentro de un gran dormitorio y cuando se apagaron las luces, la directora chilló:

—¡Nada de masturbarse, a dormir todos!

Fue la mañana siguiente, después del desayuno, cuando me di cuenta de que me encontraba en lo más profundo de un mundo de delincuencia juvenil. Me pusieron a trabajar en la cocina con otros dos. Discutían sobre cuál de los dos padres era el más canalla cuando, de repente, uno de ellos empuñó el cuchillo que estaba fregando y se lo clavó al otro en un brazo. Yo me sentí angustiado al ver a la víctima salir de la habitación tambaleándose y dejando un rastro de sangre detrás de sí. Enseguida, el chico más recio me agarró y, aproximando el cuchillo manchado de sangre a mi cuello, me dijo lo que me ocurriría si me chivaba.

—¡Y ahora, vete! —exclamó.

Salí corriendo de allí y subí al dormitorio para esconderme debajo de la cama. Cuando me preguntaron sobre el incidente, aseguré que en ese momento yo estaba en el servicio. Pude comprobar que entre todos aquellos enormes chicos yo ya no era Robin Hood, sino simplemente uno de sus valientes compañeros.

Las tres semanas siguientes fueron aterradoras, como un mal sueño. Mis padres venían a visitarme todos los domingos una hora pero parecía que estaban muy distantes de este mundo. Un grupo de chicos planeaba una fuga siguiendo el ejemplo de su héroe Alfred Hinds, que escapó de la prisión de Chelmsford unas semanas antes. Casi al final de mi estancia en el hogar, me había convertido en alguien más intrépido y empecé a imitar a Elvis, tal como le imaginara en la película *Jailhouse rock*. Una tarde me apetecía jugar al billar durante el período de recreo pero un chico escocés que había estado divirtiéndose durante horas, se negó a dejarme la mesa. Me enfurecí y le desafié. Durante la pelea, me golpeó con el taco de billar, reventándome el labio. El hecho de no tomar represalias —estaba muy trastornado como para hacerlo— me ayudó mucho cuando aparecí con la cara vendada en el juicio.

En la vista, mi padre convenció a los jueces, no sé cómo, de que lo que yo necesitaba era tratamiento psiquiátrico, no el encarcelamiento. Argumentó que prefería tener un hijo enfermo conviviendo con seres mentalmente perturbados a un hijo sano en la cárcel. Fui debidamente sentenciado a convertirme en un paciente interno en el psiquiátrico Friern Barnet. Al principio parecía mejor que tres años en una cárcel de delincuentes adolescentes, pero en vista de lo que ocurriría allí, la prisión hubiese sido preferible, me hubiese salvado de una condena perpetua por drogas.

Me trasladaron a la institución en una furgoneta y fue en el instante en que se marchó la policía cuando me di cuenta de que esto no era un reformatorio para jóvenes. En lugar de delincuentes, estaba rodeado de gente extraña deambulando en bata.

Friern Barnet era un enorme complejo de estilo gótico rodeado de extraordinarios jardines. Tenía los pasillos más largos de Europa y salas de cirugía bien cerradas desde las que los pacientes sólo salían en ataúdes. Muchos internos llevaban allí desde principios de siglo, admitidos en su juventud y sedados durante cuarenta años. Más tarde se supo que se habían llevado a cabo operaciones experimentales de cerebro sin el consentimiento de los familiares. Mientras otros chicos de catorce años estaban en el colegio y los temerarios tal vez en prisión, yo permanecía encerrado en el manicomio con pacientes totalmente desquiciados. No era una persona deprimida, ni desesperada ni anoréxica, sino un simple muchacho al que habían pillado robando. Podría haber soportado la cárcel pero esta institución mental y sus pacientes me generaban miedo. No lograba entender por qué estaba allí.

Mi unidad, la unidad de Halliwick, estaba repleta de chiflados confinados todo el día en una gran habitación de unos dieciocho metros de largo con ventanales que daban a los jardines. De vez en cuando, algún paciente desorientado se escapaba de otra unidad y vagaba por allí. Había unas diez mesas redondas con multitud de sillas y el suelo parecía un tablero gigante de ajedrez, con sus escaques de linóleo en blanco y negro.

Durante unos meses después conviví en esta unidad con otros treinta pirados más o menos, a algunos de los cuales recuerdo perfectamente. Estaba Alan, un artista, alto y delgado con el pelo negro rizado y una asquerosa barba larga. Siempre llevaba un polo de cuello vuelto negro, pantalones con rodilleras y unas sandalias. Se dedicaba a dibujar a los demás pacientes, siempre sacándole punta al lapicero o agarrándolo como hacen los verdaderos artistas. Cuando acababa un dibujo lo guardaba en una carpeta gris. Alan nunca hablaba ni quería que viésemos su trabajo. Yo creo que estaba allí por depresión aguda.

Otro hombre, el señor «Do Die» (Me Muero), se paseaba a todas horas por el salón murmurando: «Qué importa si me muero», y riéndose cada vez que lo repetía. Pasaba todo el día tirándose por la ventana, y una vez en el césped hacía una reverencia. Do Die era un hombre bajo, de unos veinte años y siempre llevaba una bata de hospital. Se negaba a ponerse zapatos o calcetines pero tenía una boina que se la acoplaba hasta las orejas.

El paciente más ruidoso era Fatsoe, una mujer de unos cincuenta años. Debía pesar unos ciento veintisiete kilos y tenía unos pechos como melones. No llevaba sujetador y los pezones, grandes como platos, se le señalaban por encima del jersey de nailon ajustado. Fatsoe fumaba cigarrillos Park Drive sin parar, encendiendo uno tras otro con la colilla del anterior. Solía caérsele la ceniza encima de las tetas, la cual posteriormente se le venía al suelo cada vez que cruzaba la sala para tirar otra toba consumida al cubo de la basura. Cuando caminaba, los pantalones se le caían, enseñando la raja del trasero. Con frecuencia se chocaba con el señor Do Die, a quien gritaba:

—¡Que te jodan!

—¿Qué importa si me muero? —le replicaba él.

Y ella, al tiempo que se acomodaba en su habitual silla al lado de la ventana abierta, le contestaba bruscamente:

—Pues muérete.

Con varios paquetes de tabaco en la mano, si alguno de los pacientes nuevos le pedía un cigarro, ella siempre les contestaba:

—¡Que te jodan!

De hecho, era lo único que decía.

El tipo que dormía en mi habitación se llamaba Roger. Tenía unos cuarenta años y estaba completamente calvo. A Roger le había encontrado la policía vagando sin rumbo fijo por las calles a las dos de la madrugada, y le trajeron en uniforme de cartero. Había perdido la memoria y no sabía ni quién era. Permanecía sentado sin hacer nada en todo el día, excepto cuando entraba un enfermero o un médico; entonces daba un respingo e insistía en que no era cartero ni se llamaba Roger.

Doreen se sentaba en un rincón. Era una mujer de treinta años, de pelo largo y rubio y ojos azules. Tenía muy buen tipo y llevaba un jersey ajustado de color amarillo a través del cual se insinuaban las costuras del sujetador. Si me sentaba en una de las sillas bajas podía asomarme bajo la falda y ver sus bragas blancas de algodón. Cuando abría las piernas, veía su vello púbico; era totalmente rubia. Doreen apenas hablaba, pero en una ocasión me comentó que no quería que le hicieran la lobotomía de la frente, programada para la semana siguiente. Estaba aterrorizada con esta operación de cerebro y gritaba:

—¡No quiero que me abran la cabeza!

Entre los fanáticos de Jesucristo, los espías rusos y un chico que estaba continuamente lavándose las manos, había otro paciente, «el Señor Dinero», como yo le llamaba. Era un rico fabricante de botones que estaba en el hospital, en mi opinión, únicamente para que no le acusasen de fraude. Un hombre apuesto, vestido con trajes caros y flamantes zapatos que hacían que pareciera más bien un doctor. Se pasaba el día leyendo periódicos que traían especialmente para él. De vez en cuando hablaba con Doreen, a quien intentaba meter mano a espaldas de los enfermeros. Siempre estaba alegre y no tenía reparos en compartir sus cigarros con todo el que quería. La única vez que mostró preocupación fue el día en que los enfermeros le entregaron una carta.

Nos sentábamos en aquella sala todo el día, cada día, viendo las manecillas del reloj de pared moverse alrededor de la gran esfera. Por las noches escuchábamos en Radio Luxemburgo a los Everly Brothers o a Tommy Steele, a quienes ponían todos los días. Lo único que rompía con la monotonía eran las horas de las comidas o la llegada del carrito con las medicinas. Al cabo de dos semanas, empecé a preguntarme qué estaba ocurriendo y me comunicaron que mi tratamiento con un tal doctor Newam comenzaría al día siguiente.

Eran las ocho de la tarde del día siguiente, el personal estaba fuera de servicio y el doctor Newam vino a buscarme. Yo ya le había visto antes en nuestra unidad. Era un australiano agraciado, delgado y de tez oscura, y su enorme sonrisa mostraba unos espléndidos dientes blancos. Cada mechón de su poblado cabello negro estaba bien colocado y siempre vestía trajes azul pálido y corbatas amarillo claro. El doctor me sonrió al presentarse y me pidió que le siguiera por un largo pasillo, haciéndome pasar después a una sala de terapia que cerró por dentro. Sólo había un diván en medio de la sala y una lámpara sobre él. Daba miedo, era como un quirófano. Señalando el diván, me invitó a tumbarme, sacó una jeringa de su maletín negro y me puso una inyección que, inmediatamente, me hizo sentir muy tranquilo, como si estuviera flotando. La habitación parecía engrandecerse y el doctor, de pie ante mí, empequeñecerse. Con un aire jovial, el doctor Newam me preguntó qué fue lo que me impulsó a robar bolsos y yo le contesté que no lo sabía. En este instante sentí su mano acariciar mi estómago mientras me pedía que me relajase. No recuerdo las demás preguntas, pero sí que me decía: «Esto te gustará», al tiempo que se bajaba la cremallera de los pantalones para ofrecerme sexo oral. Me excité, y antes de que pudiera darme cuenta, tuvo un orgasmo. Chupando la punta de mi polla seca, me dijo que no me sintiera culpable y que disfrutara el momento. Fue el primer orgasmo auténtico que tuve y me asustó. Me sentía confuso; así pues, al día siguiente fui a quejarme al doctor Barkin, el especialista superior y más viejo, pero desafortunadamente también era homosexual. Simplemente me dijo que no me dejara llevar por la imaginación. Cuando mis padres vinieron a visitarme, les supliqué que me dejaran marcharme con ellos, pero yo estaba allí por orden judicial y no podían hacer nada. A pesar de mis ruegos, las sesiones de sexo continuaron. Al cabo de un tiempo comencé a disfrutar de la etérea sensación que me producían las inyecciones y como el doctor Newam insistía en que no me sintiera culpable, también de los orgasmos.

Lo que es increíble es cómo este doctor tuvo la audacia de hacer lo que hizo, pero consiguió organizar todo para encontrarse conmigo en el corazón de Londres y pasar la noche juntos en su piso de Kensington. Dejé de protestar en cuanto me dio el dinero para el billete al West End londinense y, muy emocionado, cogí el concurrido metro que me llevaría hasta Piccadilly Circus.

Allí estaba el doctor Newam, esperándome a la salida de un cine bajo las luces de neón, con una sonrisa de oreja a oreja y con su último remedio contra el robo de bolsos. Me llevó a un *pub* cercano en el que, a pesar de mi edad, nos sirvieron. Acomodados en un tranquilo rincón, se dirigió a mí.

—Quiero que disfrutes esta noche —ofreciéndome una píldora amarilla—. Esto hará que te sientas mejor.

Me tragué la pastilla sin rechistar, ignorando que sería el primer paso hacia el oscuro mundo de la Dexidrina, una anfetamina irresistible. Esta droga se convirtió en la fuerza más enérgica de mi vida durante los veinticinco años siguientes.

Sentados en el bar, empecé a sentirme mejor enseguida. Salir por la noche a Picadilly Circus habría sido apasionante para cualquier chico de catorce años, pero esta pastilla me llevó a un mundo absolutamente diferente. Media hora más tarde era incapaz de controlar mi entusiasmo, corría por todo el *pub* y hablaba con la gente como si la conociera de toda la vida. Esta droga que alteraba mi mente me estimulaba, me ayudaba a hablar y a ser extrovertido. Nos marchamos del bar y caminamos por el barrio chino, donde todas los carteles centelleantes parecían cobrar más luminosidad, como si se encendieran sólo por mí. Mi cabeza parecía un volcán reventando de felicidad. ¡Jamás me sentí así antes, tan apasionantemente bien! Quería cantar. Las prostitutas nos sonreían al pasar delante de ellas, haciéndonos señas para que entrásemos desde las puertas tenuemente iluminadas. Nos detuvimos ante un club de *strip tease* para ver fotografías de chicas desnudas y enseguida estábamos allí dentro, viéndolas desnudarse. Mi corazón empezó a latir y mi polla se puso rígida cuando me asomé a través de la cortina de humo para ver, por primera vez, a una mujer completamente desnuda. Alucinado por la droga y desinhibido totalmente, me fui al servicio a masturbarme pensando en la mujer desnuda. Esparciendo todo por el suelo, este paciente de catorce años ladrón de bolsos iba mejorando. ¡Por fin, la terapia de *after-hours* funcionaba! Fuera, en el baño principal, me esperaba el doctor con su habitual sonrisa.

Dejamos a las chicas desnudas en aquel sótano y caminamos hasta un restaurante español cercano. Estaba lleno de gente, pero había una mesa reservada para nosotros, al lado del piano. Mi cabeza empezó a dar vueltas cuando me senté allí, escuchando la música. Cuando la droga sacudía mi flujo sanguíneo, brotaban de mí estallidos constantes de alegría. Cada bocado de cóctel de gambas, de filete y de fresas los ingería con embriaguez. La nata de la taza de café seguía flotando en mi mente cuando salí por la puerta principal para coger un taxi que nos llevara hasta el piso de Newam, en Kensington.

A la mañana siguiente me desperté solo en una enorme cama, con la cabeza hundida en una grandísima almohada. Las sábanas almidonadas, de color azúl pálido, no tenían ni una arruga, como si me hubiesen colocado allí por arte de magia. Estaba desnudo y era incapaz de moverme. ¿Qué había ocurrido? Recordaba haberme subido al taxi pero nada más a partir de ese momento. Permanecí tumbado, petrificado durante un tiempo que me pareció horas; me sentía triste sin motivo, preguntándome a dónde había ido a parar la mágica felicidad de la noche anterior. ¿Por qué estaba tan desilusionado? No estaba enfermo, no me dolía la cabeza, me encontraba simplemente desanimado. Me senté en la cama y miré a mi alrededor. En el techo de la habitación había un gran espejo. Todo estaba bien colocado como en un museo. Por todas partes colgaban amplias fotografías de chicos desnudos enmarcadas en recargadas molduras doradas, como si se tratara de una galería de arte erótica. Una de las paredes estaba totalmente cubierta de estanterías con libros encuadernados en piel. Las tupidas cortinas azules estaban ligeramente corridas, lo que permitía que entrara el sol del mediodía en este suntuoso escenario. A cada lado de la cama había gigantescas lámparas de oro que simulaban estatuas de hombres desnudos. Empecé a despertarme con tranquilidad pero me sentía más y más débil por momentos. No se trataba de una resaca; una profunda consternación me engullía sin razón alguna. Yo siempre había sido un niño despreocupado y jamás había experimentado una soledad y una desesperación como las de aquella mañana.

Me levanté con desgana. Mis pies se hundían en el pelo de la moqueta azul cuando atravesaba la habitación para abrir la más pequeña de dos puertas. Ésta desembocaba en un inmenso baño con una bañera con capacidad suficiente para diez personas. Los grifos de oro tenían la forma de hombres desnudos, de cuyos penes salía el agua. Cada pared era un espejo con luces doradas en cada esquina, lo que le hacía parecer el palacio de un faraón egipcio. Abrí un gran armario del cuarto de baño en el que encontré hileras de pequeños frascos de pastillas, todos ellos muy bien colocados y guardando la misma distancia entre sí. Había pastillas de diferentes formas y colores, como si fuese una tienda de caramelos medicinales provista de confites para alterar la mente. Estaba a punto de coger algunas cuando, de repente, vi al doctor Newam detrás de mi reflejado en el espejo. Estaba desnudo.

—Aquí, toma esto —me dijo ofreciéndome otra pastilla amarilla, como la de la noche anterior—. Pronto te sentirás mejor.

Me la tomé y me metí en el cálido baño burbujeante que ya me había preparado. Pero aún me sentía desgraciado y exánime. Apareció con una bandeja de cristal, que acopló a lo ancho de la bañera, con un desayuno propio de un rey: una gruesa tostada con mantequilla cortada en tiras y café caliente en un tazón gigante de color azul. Empecé a comer y dejé caer la tostada en la bañera. Nuestro doctor, sentado desnudo en una silla alta al lado de la bañera, se reía:

—¡Eso es para los peces!

Al cabo de unos minutos, se marchó hacia la habitación casi bailando y entonando una risa floja.

Súbitamente empecé a sentirme mejor. Ya no estaba melancólico sino frenético y muy despierto. La felicidad que invadió mi cabeza estaba allí de nuevo. El sentimiento de la noche anterior había reaparecido y, loco de alegría, salí impetuosamente de la bañera, derramando el café que quedaba. Acababa de tomar mi primer desayuno con anfetaminas: drogas con tostada. El doctor Newam apareció de nuevo, esta vez vestido completamente de azul, como de costumbre, y muy atractivo con su ropa ceñida.

—Vamos cariño, coge lo que quieras de mi armario —me sugirió.

Me quedé perplejo al oírle decir «cariño», pero me sentí muy bien, no tenía importancia. Enseguida estaba vestido todo de azul y, con mi pelo negro, parecía un clon de Newam.

Muy animados, nos marchamos de la casa de Newam, un apartamento de un bloque señorial situado en Marble Arch, y llegamos hasta Hyde Park, donde bailamos entre los árboles. Las flores tenían buen aspecto, la gente tenía buen aspecto, todo tenía buen aspecto. Me sentía incluso más contento que la noche anterior. Fuimos a comer a un restaurante caro, donde nos sirvieron camareros vestidos como pingüinos. Apenas pude comer, estaba demasiado colocado, demasiado excitado como para concentrarme en la comida. Después de comer, cogimos un taxi hasta el lago Serpentine, en el centro de Hyde

Park y alquilamos una barca de remos. Aquel tormentoso día el lago estaba atestado de gente. El doctor cogió los remos y nuestra barca surcó las aguas como un pato mágico. Mientras nos deslizábamos ante los patos y bajo los puentes, alzábamos las miradas para ver las caras sonrientes de la gente, que parecía descargar su felicidad sobre nosotros.

Pero de repente, empezó, despacio al principio. Allí fuera, en ninguna parte, una nube invisible se arrastró sobre mí y empecé a encontrarme abatido. Con la esperanza de que aquello pasara, me pregunté cómo era posible encontrarse tan agotado cuando hacía un minuto estaba tan delirantemente feliz. Después de todo, ¡seguía en la misma barca y en el mismo lago! Pero la tristeza no desapareció. Todo comenzó a parecer distinto: quería bajar de aquella estúpida barca y quitarme esa ridícula ropa azul. La gente que estaba en los puentes se burlaba de nosotros. Quería alejarme de aquel pálido monstruo azul sentado a mi lado. Aquel sueño se convirtió en una película de terror. El doctor Newam, que se dio cuenta de que el efecto de la droga había pasado, hizo retroceder la barca, tomó un taxi y me llevó de vuelta a su piso, donde volví a ponerme mi propia ropa. Me sentía peor por momentos en el taxi que me llevaba al hospital. Al llegar allí, el corpulento enfermero irlandés me llevó a mi habitación y me suministró un sedante. Enseguida me quede dormido.

Al día siguiente desperté con la misma sensación de infelicidad que había sufrido en la inmensa cama del doctor. Me oponía a levantarme pero, al final, las enfermeras me obligaron a vestirme. Cuando pregunté por el doctor Newam me contestaron que no entraba a trabajar hasta el mediodía, así que esperé durante toda la mañana como un zombi, sin hablar con nadie. Me transformé en la antítesis del Herbert parlanchín que había ingresado un mes antes aproximadamente. Más tarde, cuando vi llegar el coche del doctor, di un salto de alegría; me sentí mucho mejor. Me sorprendí de mi propia reacción. ¿Por qué le necesitaba tanto? ¿Acaso era homosexual? ¿Estaba enamorado de aquel hombre? Pronto me di cuenta de que no era el doctor a quien necesitaba, sino las drogas de su maletín negro. Con catorce años ya estaba enganchado a las anfetaminas, ya era un adicto. Salí corriendo hacia el doctor Newam, avergonzándole obviamente. Él advirtió el estado en el que me encontraba, y prometió ir a verme después de su visita a los enfermos con el doctor Barkin. Me llevaron a la sala común donde me senté a esperar, mientras compartía el destino y la tristeza de mis compañeros. Doreen estaba en un rincón con la cabeza cubierta de vendas, como si fuera un turbante hindú, y el pelo rubio le sobresalía. Le habían operado y allí estaba, sentada, inmóvil.

Después de aquella espera, que me pareció una eternidad, conseguí ver al doctor Newam en su despacho. Sacó otra pastilla amarilla de su maletín negro.

—¡Déme dos, por favor! —le supliqué. Pero él se negó.

—Te veré esta noche después del té —me dijo.

Le abracé, restregué mi cuerpo contra el suyo y noté cómo se excitaba bajo los pantalones. Tenía a este homosexual bajo mi control. Una vez que llegó al clímax, se subió la cremallera de los pantalones y, aturdido, me ofreció una segunda pastilla.

—No te tomes las dos hoy —me dijo—. Reserva una para mañana, que estoy libre.

Me había prostituido para conseguir pastillas de instantáneo karma, así que me fui directo al servicio y me tomé las dos.

De vuelta en la sala común, recobré la vida y no podía parar de moverme ni de hablar con el resto de los insólitos personajes. Conforme las pastillas iban surtiendo efecto, una película de inmensa felicidad iba pasando cada vez más deprisa por mi cerebro. Sin embargo, los otros locos seguían con su ego inanimado. «Necesitan una cura como la mía», pensé.

Aquella noche, las cosas dieron un giro extraordinario en la sala de tratamientos del doctor Newam. El efecto de las dos pastillas ingeridas previamente, además de la inyección, me hicieron querer más drogas a cualquier precio. Atraje al doctor sobre el diván y le bajé la cremallera de los pantalones. Cuando ya le tenía loco de excitación, me detuve para proponerle un trato comercial: dos pastillas más si quería que terminase. Cuando me las dio, sonó el teléfono y, presa del pánico, se subió los pantalones a toda prisa y se marchó de la habitación, dejándome allí encerrado. Miré al suelo y descubrí un paraíso que saltaba a la vista: El maletín negro lleno de píldoras estaba abierto. Cogí dos frascos, los escondí bajo los calcetines y me tumbé en el diván. El doctor volvió enseguida y sin olvidarse del sexo que había interrumpido, lo consumamos sobre el suelo de mármol.

—Hasta el viernes —me dijo cuando salíamos de la habitación.

«Vete y fóllate tú mismo», pensé yo mientras me dirigía a mi dormitorio. Roger no estaba allí. Conté las pastillas. Había sesenta en total. Estaba eufórico, todavía colocado por el efecto de las anfetaminas, pero me sentía incluso mejor por el hecho de contar con un almacén de felicidad a mi disposición.

Esa misma noche, como todas las noches, el enfermero irlandés se paseó con su carrito estridente del que repartía una especie de hueveras repletas de jarabe tranquilizante. El chirrido del carrito podía producir dos reacciones distintas: o bien los pacientes zumbaban a su alrededor como abejas en torno a un tarro de miel, si les gustaba la sensación adormecedora del jarabe, o bien se escondían como ratoncillos asustados. Cuando iba a tomar mi dosis, siempre me gritaba lo mismo:

—¡Abre la boca! —Y luego comprobaba si me la había tragado.

Volví a mi habitación, esperando que apareciese la habitual sensación aletargadora, pero no fue así. Estaba completamente despierto por la elevada dosis de Dexidrina, la cual reducía el efecto del suave sedante. Me tumbé en la cama hasta que, a las tres en punto, renuncié al intento de conciliar el sueño e ingerí cuatro de las anfetaminas robadas. Al cabo de una hora estaba descontroladamente colocado. Por primera vez experimenté la actividad que originan las megadosis de *speed,* parecida a la de la cocaína. Era una sensación mejor que la de salir del vientre de mi madre catorce años antes. Comparado con esto, el fin de semana que pasé con Newam me parecía un funeral. Roger se durmió enseguida, razón por la cual intenté controlar mi oleada de dicha, semejante a un orgasmo interminable. Era como si estuviera en el Sputnik ruso, girando alrededor del mundo sobre mi cabeza. Poco después, incapaz de guardar silencio, desperté a Roger y le di una pastilla. Yo le susurraba al oído mientras él escuchaba la sabiduría propia de un chico de catorce años.

Una hora más tarde aproximadamente, cuando despuntó el alba, Roger y yo tomamos otras cuatro pastillas cada uno, y enseguida empezamos a alucinar. Durante nuestras conversaciones en la cama, tomamos una decisión monumental. Al oír el carrito de las medicinas, salimos en pijama al pasillo cogidos de la mano. Roger llevaba puesta la gorra de cartero. Acercándose al enfermero irlandés, se dirigió a él con orgullo:

—Me llamo Roger y soy cartero en Lewisham.

Todos los del pabellón se quedaron mudos, y los enfermeros empezaron a aplaudir. Había tratado y curado a mi primer paciente sin chuparle la polla.

Ya nunca estuve solo, en mi isla de éxtasis, durante el desayuno. Roger, que se sentía mucho mejor desde que admitió quién era, se convirtió en mi ayudante. Cuando miraba a mi alrededor veía a los demás, ¡todos ellos zombis con el cerebro seco! ¡Su jarabe del día estaba cruelmente diluido! Con una ráfaga de amor sobrecogedor, decidí que todos deberían probar mi remedio; apártese doctor Newam, maricón de mierda.

Por aquel entonces, como paciente de confianza, me permitieron la salida a las tiendas del lugar. Aquel día compré algunas botellas grandes de coca-cola, cigarros y chocolatinas. Luego volví a mi oficina, un cubículo dentro del servicio, en donde preparaba la medicina para todos los enfermos. Machacaba unas veinte pastillas de Dexidrina y las mezclaba con la coca-cola; mientras, mi ayudante montaba guardia en el exterior. Volvíamos juntos a la sala de espera; ¡era la hora del tratamiento! Todas estas pobres almas que habían compartido la desdicha de mi enfermedad por los robos que llevé a cabo, estaban a punto de compartir algo más.

A Fatsoe le dimos dos vasos de la sabrosa bebida, algo amarga. Roger se aseguró de que se la bebía toda, sobornándola con un paquete entero de cigarrillos. Alan, el artista deprimido, tenía sed y se bebió cinco vasos por lo menos. Una media hora más tarde, empezó a fumar por primera vez en su vida, prendiéndose fuego a la barba durante el proceso. Para evitar que el fuego trascendiese, le cubrimos con chocolate. Eché un vistazo alrededor.

—¡Roger, dale a Do Die la coca-cola! ¡Sujeta bien a ese cabrón! ¡Haz que se la trague! —le dije a gritos.

No sé cómo, pero Roger consiguió que bebiera varios vasos. Yo me comí cuatro pastillas más sin diluir. Después de todo, estaba más enfermo que los demás, tenía problemas con los bolsos azul pálido. Todos los pacientes, incluidos los espías y los fanáticos de Jesucristo, estaban curados. Toda la estancia había resucitado. De repente me di cuenta de que había pasado por alto a Doreen, quien permanecía en su rincón sin moverse y con un agujero en la cabeza en donde antes tenía el cerebro. La convencí para que se tomara la última media botella.

Fatsoe estaba ahora de pié, repartiendo todos sus cigarrillos. Do Die insistía en que quería morirse pero se mostraba más contento por ello. Estaba hablando con Fatsoe, y ésta le enseñó a fumar. Roger se puso en pie detrás de ellos y empezó a tocarle las tetas a Fatsoe. También Doreen se sentía mejor, tenía buen aspecto y estaba muy atractiva, a pesar del vendaje. Le puse la mano encima de la falda y le gustó tanto que su cuerpo empezó a agitarse cuando le metí mano, e incluso dejó de fumar. Do Die dio un respingo, se subió a la ventana y desapareció de nuestra vista. Alguien puso la radio a todo volumen y como locos corrimos por toda la sala al son del *Rock around the psychiatric clock.*

De repente la puerta se abrió y varios enfermeros se precipitaron en la sala.

3

El señor George

A raíz de las investigaciones, tuve que marcharme del Hospital Friern Barnet, para no volver a ver al doctor Newam jamás. Las autoridades querían acallar el incidente y me dejaron volver a casa con mis padres. De vez en cuando tenía que presentarme ante un oficial encargado de mi vigilancia, pero éste era muy permisivo y aceptaba cualquier cosa. Por increíble que parezca, nuestro médico de cabecera me recetaba Dexidrina porque en aquella época la profesión médica era aún inconsciente de los peligros de la anfetamina. Mis padres ya no me hacían preguntas y se contentaban con que fuera a casa de vez en cuando, y que la policía no llamara.

Flotando como una cometa por causa de las drogas, enseguida regresé a los fulgurantes rótulos de neón de Piccadilly Circus y vagué por sus calles en busca de acción. Fue allí donde me sedujo Jack Murray, un conocido homosexual dueño del club Alibi, situado en Berbick Street. A través de él, a mis catorce años, entré en el mundo de los clubes *gay* por primera vez. En estos clubes, en los que se servían bebidas, conocí a *gays* ricos que gastaban bastante dinero en compañía de sus jóvenes amantes. Las drogas también estaban disponibles y durante 1959 la vida se convirtió en una rutina de noches alocadas.

A principios de 1960 ya era un pequeño *Jack the Lad* y como Elvis, que acababa de dejar el ejército, también estaba listo para el gran momento. Una noche salí de un selecto club *gay*, y mientras esperaba un taxi, bajo la lluvia, un Rolls Royce se detuvo. El chófer se bajó y me preguntó si quería acompañar a su señor a tomar una copa al Hotel Mayfair, cerca de allí. Fascinado, me monté en el asiento trasero del coche. Una vez en la puerta del hotel, el chófer se quitó la gorra y se puso a reír. Fue entonces cuando reconocí a aquel hombre, al que frecuentemente había visto mirándome en varios clubes.

—Bobo —dijo—, no aceptes que ningún desconocido te lleve en su coche. Podrías caer en manos de la persona equivocada.

—Confío en mi suerte más que en eso —le respondí yo arrogantemente.

—Entremos a tomar algo —dijo con acento afectado. Se presentó como George.

En el Mayfair nos sentamos y pronto me sentí atraído por aquel hombre alto y esbelto cuyo flequillo de pelo moreno y rizado le cubría la frente. Para leer la carta de bebidas se puso unas gafas con montura de oro, que hacían que pareciera extraído de una novela de Dickens. Impecablemente vestido, le rodeaba un aire de elegancia tal, que esperaba que la reina de Inglaterra se uniera a nosotros en cualquier momento. Me preguntó por qué estaba solo en la calle a esas horas de la madrugada y dónde vivía, pero no le respondí. Parecía un poco preocupado, como lo estaría cualquier padre.

Se estaba haciendo tarde. George no cesaba de mirar su reloj de bolsillo, y después de unas cuantas copas me invitó a pasar la noche en su hotel.

—Tendrás tu propia cama —me aseguró—, no busco sexo.

Me llevó a un hotel privado, cerca de Hyde Park, a su habitación, en la planta superior. Esa misma noche, cuál sería mi asombro, me ofreció su cama y él durmió en el suelo. Era un auténtico caballero. Jamás me puso la mano encima excepto para besarme en la frente.

—Eres muy guapo —solía decirme, pero nada más.

La habitación estaba recargada de muebles que parecían las últimas posesiones de una casa señorial fuera de sitio.

Empecé a visitarle regularmente y me gustaba observarle leer los periódicos de las carreras todos los días. Solía estudiarse libros y libros con todos los detalles de cada carrera de caballos y a veces discutía por teléfono sobre la manera en que los habían preparado los diferentes entrenadores. Hacía apuestas astronómicas al ganador. Sin conocer aún a lo que se dedicaba Georges, pensé que provenía de una familia aristocrática y que acababa de vender su finca.

Un día me llevó a dar una vuelta en su Rolls Royce más allá de Hendon. Recuerdo pasar por la casa de mi tío, cerca de Edware. Primero dimos una vuelta a lo que parecía una gran hacienda y después George me llevó a un hotel que había cerca de allí. Pidió que me sirvieran de comer y dándome dinero para que abonase la cuenta, se marchó, diciendo que volvería enseguida. Es extraño, pensé, traerme tan lejos sólo para invitarme a comer. La cabeza me daba vueltas, como de costumbre, a consecuencia de las drogas. Como empezaba a aburrirme, pagué y me puse a vagar por los alrededores hasta que apareció y me obligó, prácticamente, a entrar al coche. En el asiento delantero había otro hombre al que no conocía, y que parecía molesto de que yo estuviera allí. Noté que algo raro estaba ocurriendo, así que me mantuve en silencio hasta que me dejaron marchar.

No vi a George el domingo pero cuando le visité el lunes, le encontré tumbado en la cama con una copa de *champagne*. El suelo estaba salpicado de joyas y había periódicos por todas partes. Los titulares leían: «Sophia Loren robada en Elstree.» La televisión estaba encendida, y justo en aquel instante oí decir al locutor que el robo había sido obra de un buen profesional, «un fino asaltante de casas en tiempos modernos». Salieron las imágenes de la casa y del lugar en donde se había perpetrado. Estaba atónito: se trataba del mismo lugar que George y yo habíamos visitado el sábado. ¡Y ahora estaba delante del culpable! Sonriéndome con sarcasmo tenía ante mí a un consumado ladrón de joyas, el mejor de su tiempo, «el Señor George».

—¡Fue usted! —murmuré.

—No fui yo. Demuéstralo. Este botín que ves aquí se ha sustraído de otro sitio —se limitó a decir, sonriendo. Luego se levantó, cogió un puñado de joyas y besándome en la frente, agregó—: Vamos a celebrarlo.

Comimos opíparamente, pero yo estaba tan nervioso que no era capaz de coger bien el cuchillo y el tenedor. Lo único que deseaba era volver a casa con mis padres. El martes quedé sorprendido al leer que se ofrecía una recompensa muy elevada por los ladrones. Esto me asustó y contaba con que la policía vendría a arrestarme en cualquier momento. Tenía tanto miedo que incluso consideré la posibilidad de volver voluntariamente al colegio. Aquel día no salí de casa y por la tarde oí más noticias acerca de Sophia Loren por televisión. El corazón me latía con fuerza cuando mi padre bromeaba:

—No habrás sido tú, supongo.

El detective que llevaba la investigación del caso se llamaba Eric Shepherd, igual que mi amigo de la infancia, quien seguía viviendo al otro lado de la calle. Me resultaba divertido pensar que nunca consiguió recuperar los juguetes que le arrojé a los muertos, y que por tanto dudaba que pudiera encontrar las joyas.

Al día siguiente, restablecido el ánimo con ayuda de mis pastillas, George me llevó a Epson para ver el *derby*. Apostó una fortuna en un caballo llamado Angers que perdió en favor de Lester Piggot el día de San Patricio, lo que le irritó sumamente. La escena con George parecía como un sueño y las drogas, flotando en mi interior, lo hacían todavía más irreal. Durante los días siguientes, George me contó toda su vida. Odiaba a la acaudalada clase alta, aunque él formaba parte de ella. Había ido a uno de los mejores colegios públicos, donde hizo gran amistad con un homosexual llamado Alistair que le introdujo en el mundo *gay* londinense. Alistair se jactaba de tener un aristócrata que le pagaba el alquiler de un piso en Londres y que además le visitaba todos los domingos para practicar el sexo. Este misterioso caballero estaba casado pero, en secreto, prefería el sexo con chicos jóvenes. Alistair le había dado a George una copia de la llave del piso. Un domingo por la tarde, incapaz de controlar su curiosidad, George decidió espiar a su amigo. Abrió la puerta con sigilo, entró y oyó voces que provenían del dormitorio. A través del ojo de la cerradura, pudo ver a Alistair en la cama con el misterioso hombre. De pronto, George se quedó paralizado: el hombre era el propio padre de Alistair.

George no volvió a hablarle jamás. Se marchó a vivir al extranjero, donde prestó sus servicios al ejército durante muchos años, y regresó para robar a los ricos, a quienes tanto despreciaba.

George era un jugador empedernido y podía continuar haciéndolo, gracias a sus robos. Una noche, aproximadamente dos meses después del de Sophia Loren, me besó en la frente y me dijo:

—Ya es hora de que aprendas los trucos de la profesión.

George estaba enamorado de mí, pero nunca hubo contacto físico.

Era un ladrón profesional consagrado que calculaba con antelación cada detalle sobre la víctima, el lugar y el botín. Estudiaba las revistas de sociedad para averiguar quién asistiría a qué ceremonia, e incluso parecía saber qué joyas llevaría la gente. En su trabajo se condensaba una investigación muy meticulosa. Para mi venidero empleo me compró un par de guantes blancos que se ajustaban como los de un cirujano.

Nuestro primer viaje fue a un lujoso ático al final de Eton Square. Estaba tan asustado que ingerí más drogas de lo normal para infundirme valor. Lo que iba a hacer no tenía nada que ver con robar bolsos. Llegamos a un bloque de pisos y subimos a un apartamento de la última planta del que George tenía la llave. Una vez dentro, cerramos la puerta con llave. En la entrada habían dejado un bolso que contenía ganchos, cuerdas y otros objetos. Prendida con un alfiler había una nota que leyó George y que, con una sonrisa, se guardó en el bolsillo. Después trepamos hasta el tragaluz de una ventana, salimos al exterior y gateamos por un tejado plano.

—Este es el lugar que buscábamos —dijo George, señalando hacia un edificio situado a unos seis metros enfrente de nosotros, en una calle con casas pequeñas.

Hasta ahora estaba como en un sueño, inducido por una combinación de drogas y temor. Tras un par de intentos, George se las arregló para enganchar una cuerda y enseguida se había hecho con un sistema de polea.

—Shsh, calla —murmuró, agarrándome del brazo al ver salir a una pareja riendo de una de las casas de aquella calle.

Me quedé petrificado. Me sujetó con los arneses a la cuerda y dijo:

—Agárrate fuerte, angelito —y me empujó.

A dos plantas de altura me deslicé hasta el balcón del piso de enfrente, como Tarzán; luego se desplazó una bolsa de herramientas, seguido del sonriente George que tiró de algo que hizo que todo el sistema de la polea se fuera abajo. Era parecido a volar como pájaros. Entonces Georges extendió un fluido negro parecido a la melaza sobre el cristal de una pequeña ventana, lo cubrió con papel y rompió el cristal sin hacer ruido. Antes de que pudiera examinar todo aquello, ya me había empujado a través de la ventana. Las drogas me habían acelerado el flujo sanguíneo y el corazón me latía con fuerza. Rápidamente abrí la puerta del balcón para que pudiera entrar George. Me besó en la frente, me dio un caramelo que sacó del bolsillo y se quitó el abrigo como si estuviera en casa, colgándolo bien colocado en el respaldo de una silla. Atravesamos el salón de muebles fastuosos y llegamos hasta un largo corredor. George sabía perfectamente dónde estaba el dormitorio del señor, una bella habitación con una cama con dosel y pinturas al óleo en cada pared.

—Ése es —dijo, señalando un pequeño cuadro.

Detrás de este cuadro había una caja fuerte con muchas ruedecillas que George empezó a girar. Durante un rato no ocurrió nada y pude apreciar cómo le cambiaba la cara. Parecía tenso; era la primera vez que le veía preocupado. De repente se oyó un chasquido y la caja se abrió. Dentro de ella había un joyero de color rojo. George vació lentamente el contenido en sus bolsillos y volvió a cerrar la caja fuerte con cuidado y a colocar el cuadro. Nos marchamos, cerramos la puerta del dormitorio y volvimos a la sala de estar. George se fue directo hacia el escritorio, abrió el cajón superior izquierdo y sacó un juego de llaves. También había dinero, así que me apresuré para cogerlo.

—Déjalo. No es nuestro, no está asegurado —me interrumpió George.

Las llaves eran las de la puerta principal, obviamente. Le incité a que nos marcháramos, estaba muerto de pánico. George, por el contrario, se sentó cómodamente en el sofá, como si fuera el propietario, y señalando la cocina dijo:

—Enciende la tetera, Stephen.

Luego puso la televisión para ver las noticias. Sabía que el dueño de la casa estaba en el teatro hasta las 10:30 por lo menos. Refinado, ese era su estilo; sin embargo, yo estaba aterrorizado y hostigué a George para que nos largáramos.

—Prepara el té o vete a casa solo —me replicó como si nada.

En la cocina tomé más pastillas, con la intención de calmarme. Después del té con las galletas de chocolate, me obligó a fregar.

Me dijo que mostrara respeto por las casas de los demás. Como hizo unas horas antes, se levantó y se puso el abrigo.

Ajustando algo en una caja próxima a la puerta, nos marchamos del piso con el bolso con cuerdas, y cogimos el ascensor hasta la planta baja. Había dos policías enfrente del portal. George caminó con firmeza y antes de que ellos pudieran pronunciar palabra, les preguntó bruscamente, con el típico acento cursi de Eton:

—¿Qué rangos ostentan?

—Sargento —contestó sobresaltado uno de ellos.

—Nunca he hablado con nadie por debajo del rango de Inspector jefe. ¿Sabe usted quién soy yo? —continuó George severamente.

Helados, los policías se nos quedaron mirando perplejos mientras subíamos a un taxi negro. Estaba frenético y a la vez demasiado impresionado como para exteriorizar los nervios, así que di un suspiro de alivio cuando el taxi se puso en marcha.

Enseguida dejamos atrás las calles tan bien iluminadas de aquel adinerado barrio y nos dirigimos a una zona mucho más pobre de Londres, detrás de la estación de ferrocarril de Kings Cross.

—Déjenos aquí —le dijo George al taxista cuando llegamos a la esquina de una calle tenuemente iluminada. Caminamos los últimos cien metros hasta que el taxi hubo desaparecido de la vista— Todo cuidado es poco —sonrió George.

Subimos por una escalera de hormigón a un piso de la tercera planta de un descuidado bloque. La puerta se abrió.

—Hola, entrad —dijo un hombre con una enorme cicatriz en la cara— ¿Quién es éste? —preguntó señalándome con el dedo.

—Es mi nuevo ayudante —contestó George en tono jocoso.

En el salón, el hombre empezó a examinar las joyas que George había sacado de los bolsillos.

—Esta tendremos que partirla —comentó, mirando un bellísimo collar de rubíes y diamantes. Como es obvio, ya habían negociado previamente—. ¿Té? —sugirió el hombre al cabo de un rato, mientras llevaba a George a la cocina.

Allí, lejos del alcance de mis oídos, se acordó un precio. Cuando regresaron, el señor me ofreció una lata gigante de galletas.

—Las de chocolate están al fondo, para que George no las vea —y luego, mirando a George, prosiguió—: Dame una o dos semanas para conseguir el dinero en metálico. ¿Quieres algo a cambio?

George negó con la cabeza y el hombre le entregó el fajo más grande de billetes que jamás había visto. Llenó con ellos los dos bolsillos del abrigo.

Al día siguiente por la noche, George contó una suma elevada.

—Para tus gastos, angelito —dijo—. Es mejor que beber con viejos maricas lascivos, ¿verdad?

Se le notaba satisfecho consigo mismo. Sus sentimientos eran un poco confusos: era incapaz de reconciliar sus propios deseos homosexuales con el de salvar a jóvenes vulnerables como yo del abuso de viejos *gays*. También me vio, indudablemente, como aprendiz, alguien a quien consideraba lo suficientemente digno de aprender los aspectos más sutiles del negocio del latrocinio.

Después del té con las habituales galletas digestivas, George me sugirió que fuéramos a apostar, y me llevó a un club en un sótano que parecía una plató de una película de gángsters de Chicago. El oscuro sótano estaba lleno de humo. Diez matones con trajes negros, típicos gángsters, estaban de pie alrededor de una mesa de billar, jugando a los dados. Al vernos entrar, todos hicieron un gesto negativo con la cabeza.

—¡Diste un buen golpe, George! —gritaron—. Lo vi en las noticias.

—No, no fui yo —dijo George sonriendo, rodeándome con un brazo—. Estábamos en el cine viendo *Ben Hur.* Buena película.

Extrajo dos entradas usadas. Los hombres volvieron al juego y George, que sacó un fajo de dinero, se unió a ellos. Perdió.

—Te toca, precioso —me dijo uno de ellos, ofreciéndome el dado.

Yo no sabía jugar pero saqué un siete y ganamos. Después gané otras tres veces, doblando la cantidad de dinero en cada mano. En mi siguiente tirada el dado chocó con la mano de un hombre moreno y seductor, de unos veinticinco años, y perdí.

—¡Grandísimo imbécil! —grité muy enfadado.

Todos empezaron a reír excepto el hombre, que se limitó a mirarme con una fría sonrisa. Las drogas y las risas hicieron que me animara.

—¡Tú, imbécil! —volví a exclamar.

De pronto las risas se detuvieron. La sonrisa había abandonado su cara y ahora me miraba como un perro salvaje cuando está a punto de atacar a la liebre. Eché una mirada a George. Estaba pálido.

—Olvídalo, es sólo un crío —dijo George, dirigiéndose al hombre.

Y me llevó a rastras por las escaleras, dejando encima de la mesa todo el dinero que habíamos ganado con las apuestas. No entendía el porqué de tanta prisa.

—¿Por qué corremos? ¡Estábamos ganando! —le dije a George, gritándole.

—¿Sabes a quién estabas amenazando? ¡Era Ronnie Kray, uno de los peores gángsters de Londres!

—¿Ronnie qué? —pregunté—. Nunca he oído hablar de él.

—Pues tienes suerte de que no te hiciera pedazos.

—¿Que me cortara en pedazos?

Me parecía todo tan extraño.

Unos cuantos años más tarde supe que la perturbada mente de Ronnie Kray actuaba así: una vez que su psicopática cólera estallaba, su víctima quedaba irremediablemente condenada a la muerte o a la mutilación. Este hombre y su hermano gemelo Reggie estaban camino de convertirse en los jefes más temidos del crimen. Sus oscuras sombras me persiguieron unos años más tarde.

George se bajó del taxi en la puerta de su hotel y dejándome allí dentro, dijo:

—Vete a casa y pórtate bien. La semana que viene te llevaré a hacer algo muy importante en Irlanda.

Mi familia ya estaba acostada cuando volví a mi tranquila casa. Fui de puntillas a la cocina y amontoné todo el dinero encima de la mesa. Luego fui dejando un rastro de dinero desde el vestíbulo, por las escaleras y hasta la puerta del dormitorio de mis padres. Me sentía orgulloso de mí mismo, así que me fui a la cama y me dormí enseguida. A la mañana siguiente oí a mis padres gritar:

—¿Qué es todo este dinero? ¿De dónde ha salido?

—¡Oh!, un simple golpe —repliqué fríamente, y me tragué las pastillas de la mañana.

Estaban escandalizados pero no hicieron ningún comentario, porque ya no tenían esperanzas de poder controlarme. Una semana después volví a marcharme. Dejé mi casa para acudir a una cita con un hombre del mundo del pillaje. La nota que dejé en la puerta leía: «Me he ido a Irlanda por asuntos de negocios. Stephen.»

En aquella época solía comprar la mayor parte de las drogas en el mercado negro, y siempre llevaba conmigo un gran suministro ya que no sabía a dónde iría o cuánto tiempo estaría fuera de casa. El dinero procedente del robo a Eaton Square estaba bien escondido bajo el tejado de la casa de mis padres.

Durante unos años después, sería allí donde escondería el dinero, lugar que se convirtió en el fuerte Knox de la zona norte de la ciudad. Y seguramente algo quedará escondido allí todavía.

Me encontré con George en Euston. Desde allí cogimos un tren que nos llevaría hasta el transbordador a Irlanda. Al embarcar me quedé doblegado por todo aquello. Cualquier chico de quince años se hubiera sentido emocionado, pero las drogas, además de la naturaleza del viaje, acrecentaron mi excitación. Sin embargo, para el resto de los pasajeros debíamos parecer sencillamente padre e hijo. El crucero durante la noche fue bastante agitado, el barco se balanceaba a un lado y a otro y no conseguí dormir. Nervioso como estaba, dejé a George roncando en el camarote y subí a cubierta para observar la escarpada costa de Irlanda que aparecía ante mis ojos al amanecer.

Llegamos a Cork y reservamos habitación en un pequeño hotel cuyo propietario, obviamente, conocía y esperaba a George. Charlaron en privado en una habitación que había detrás de recepción. A través de la puerta, los vi mirando un gran mapa, discutiendo sobre algo. Cuando salieron, el señor nos acompañó a la habitación. George me comentó que iba a salir con el dueño a alquilar un coche, y me pidió que esperara allí. Esto me vino muy bien porque estaba cansadísimo. Me quedé dormido inmediatamente.

Muchas horas después, George me despertó; dijo que ya era hora de ir a trabajar. Fui al servicio a tomarme mis drogas, esta vez más que nunca, porque me sentía incapaz de enfrentarme al robo sin ellas. Era alrededor de la medianoche cuando llegamos a una zona cercana a Blackrock. Pasamos de largo algunas casas; entonces George frenó el coche y señaló a una mansión que parecía mayor que Buckingham Palace. Constaba de tres plantas, y la fachada principal estaba cubierta de enormes vidrieras, como una iglesia. Había dos columnas blancas y escalones que conducían a grandiosas puertas negras con estatuas de leones a cada lado. Conforme íbamos rodeando la mansión pudimos calibrar la profundidad de este inmenso edificio que además, circundaba un patio interior. No tenía vallas alrededor del jardín sino extensos céspedes que llegaban hasta la carretera. Aparcamos el coche a dos manzanas de allí y volvimos andando, como Fagin y Oliver Twist. El plan era subir hasta el tejado por la parte del edificio cubierta por enormes robles. Después, cruzar todo el tejado hasta llegar al patio interior y descolgarnos sobre un balcón trasero desde donde accederíamos a la casa. En aquel momento estaba demasiado drogado como para tener miedo, ni siquiera era consciente de lo que iba a hacer. Iba gateando por una estrecha cornisa a una altura de tres plantas cuando algunas tejas se quebraron y cayeron al patio. Miré abajo y vi que estaba repleto de estatuas de piedra blanca iluminadas por la luna. George me clavó su mirada y susurró:

—No temas. Es el miedo lo que hace a la gente perder y que la atrapen.

El balcón que teníamos a nuestros pies resultó estar una planta más abajo de lo calculado; así pues, era imposible saltar. Cuando George me dijo que iba a hacerme descender con la ayuda de una cuerda, me aterrorizó la idea. Pero allí estaba yo, un estudiante lejos de su comunidad y en lo alto de un tejado en Irlanda. No deseaba continuar con aquello, quería irme a casa con mis padres. Intuyendo el peligro, George se alteró de repente.

—¡Haz lo que te digo! —murmuró con brusquedad, apretándome el brazo.

Tenía un aspecto diferente, adusto, sus ojos te atravesaban. Le obedecí, asustado. Colgando en el aire, pensé que la cuerda se rompería en cualquier momento y que me mataría al caer, pero afortunadamente conseguí poner mis pies en el balcón. Todavía tembloroso, me puse a trabajar. Cubrí una pequeña parte de la ventana con melaza y papel y cuando rompí el cristal, éste cayó al interior. Entonces, un perro empezó a ladrar. Me quedé helado de pánico. Todo esto era muy fuerte comparado con los tirones de bolsos. Una vez que se acallaron los ruidos, George, que contemplaba todo desde arriba, me ordenó que entrara. Logré pasar por el agujero de la ventana y lejos del ángulo de visión de George, me tomé algunas pastillas más. Eran mis compañeras inseparables, el coraje dentro de los bolsillos. Arrastrándome lentamente por la escalera principal, me invadió un pánico atroz al pasar ante las armaduras, pensando que eran personas. Aterrado, empecé a sollozar, pero cuando llegué abajo del todo, oí a George golpear en la ventana. Me sequé las lágrimas para que no se diera cuenta de que había estado llorando y corrí los vastos pestillos de un ventanal.

—Eres un encanto —dijo George, mientras saltaba al interior.

Volvimos a subir la escalera principal y recorrimos un largo pasillo hasta llegar al ala opuesta. George abrió lentamente una puerta y entramos a un dormitorio colosal. La cama con dosel parecía que estaba a metros y metros de distancia respecto del otro lado de la habitación. Luego, súbitamente, se produjo un ruido infernal. Un hombre se incorporó en la cama.

—¿Qué demonios pasa aquí? —gritó con asombro.

Salimos de allí dando un portazo y escuchamos los ladridos de nuevo. Cada vez estaban más cerca y yo corría tan aprisa que mis pies apenas rozaban el suelo. Apresurándonos escaleras abajo, le di un golpe a una armadura que cayó al suelo junto con nosotros. Era una confusión total: entre los gritos en lo alto de la escalera y un enorme perro persiguiéndonos, nos estrellamos contra el suelo en medio del traqueteo de la armadura. Entre tanto desconcierto, empecé a correr desde el vestíbulo en dirección equivocada, pero George tiró de mí y prácticamente me arrojó por la ventana abierta. Se oyó un disparo cuando ya habíamos desaparecido en la oscuridad de los jardines al resguardo de los robles.

—No le ha gustado mucho —dijo George, riéndose cuando llegamos al coche.

De nuevo en la seguridad del hotel, George se sentó en su cama y se vendó el brazo que le había mordido el perro.

—Lo siento, viejo socio. Información jodida —dijo sonriente, al tiempo que me ofrecía un güisqui de su petaca.

Yo estaba trastornado y a la vez muy impresionado por la frialdad de George que, a pesar de todo, aún conservaba la cabeza en su sitio.

—Mañana te voy a llevar a Dublín para compensarte por esto —dijo. Y se durmió.

George solía sermonearme que robar era preferible a salir con viejos maricas por dinero. Era como si quisiera salvarme de una vida moralmente peor que ésta, como una especie de Robin Hood homosexual. No puedo decir si sabía de mi afición a las drogas, al menos nunca lo mencionó.

A la mañana siguiente, George me enseñó a conducir por las tranquilas carreteras que llevaban a Dublín. Me hacía mucha ilusión. Hacíamos cosas que harían un padre y un hijo, cosas para las que mi padre siempre estaba muy ocupado. George me aceptó por lo que era y siempre mostraba interés por mí. Pensó que merecía la pena, algo que mi verdadero padre nunca creyó

En cuanto llegamos a Dublín reservamos habitación en el mejor hotel, el Gresham, en el centro de la ciudad. Esta era la idea que tenía George de un obsequio. El recibidor era muy amplio y había porteros que se apresuraban a ayudar a los clientes ricos. Subimos en un gran ascensor hasta una *suite* que constaba de un dormitorio, cuarto de baño y un salón independiente. Había televisión, sillones de felpa y un escritorio completo con papel de la casa, para tomar notas. Las toallas de baño eran más grandes que cortinas, había champú, lociones, de todo.

Esa misma noche George me llevó a jugar a la ruleta y pronto quedó absorto en sus apuestas. Yo me estaba aburriendo con el juego cuando advertí la presencia de un chico más o menos de mi edad. Me pareció extraño ver a otro niño tan tarde en un sitio como aquel, así que, intrigado, me acerqué a él. Se llamaba Sean y, como yo, era un niño lleno de vida que buscaba algo más entretenido que un cuento antes de dormir. Desde el principio, Sean me cayó simpático. Tenía la cara redonda y pecosa, el pelo rubio y los ojos marrón claro. George, que iba ganando, nos dio algo de dinero para que disfrutáramos en Dublín mientras él continuaba jugando. Cuando nos marchábamos, me dijo en un tono severo:

—Recuerda que no debes llegar al hotel después de medianoche. Nuestro avión sale mañana por la mañana.

«¿Quién se cree que soy?», pensé. «¿La condenada Cenicienta?»

En la calle le ofrecí a Sean algunas pastillas. En poco tiempo los dos estábamos flotando como cometas. Sean resultó ser hijo del director de un importante banco cercano a Grafton Street. Le conté todo acerca de la vida que llevaba en Londres, una vida fácil, independiente, y criminal; y de repente tuve otra de mis brillantes ideas.

—¿Por qué no le robas a tu padre las llaves del banco? —le sugerí—. Con la ayuda de George podríamos robar el banco la semana que viene.

Le dije que podía huir conmigo a Londres, donde viviríamos como reyes en un apartamento de lujo. Tendríamos coche propio y un chófer hasta que cumpliéramos la edad para poder conducir. Frenético y colocado aceptó el plan. Elaboramos los detalles en un caro restaurante, con fresas y helado y, como si fuésemos príncipes, brindamos por el robo con limonada, ya que los estúpidos camareros se negaron a servirnos vino. Se hizo muy tarde, ya era más de medianoche, pero ¡a quién le importaba! ¡Estábamos demasiado borrachos como para irnos a la cama! A eso de las tres de la madrugada echamos otro vistazo al banco de su padre. Verdaderamente era un edificio enorme. Nos detuvimos ante una de las magníficas joyerías que había en esa misma calle y le sugerí a Sean que, antes de marcharse a Londres, les comprara un reloj de oro a sus padres, uno para cada uno.

—Se merecen un regalo de despedida —añadí—. Especialmente tu padre. Después de todo, el banco que vamos a robar es suyo.

Finalmente nos separamos, acordando reunirnos al día siguiente a la salida de su colegio, a las cuatro de la tarde.

Cuando llegué al Hotel Gresham me encontré a George en el vestíbulo. Estaba furioso. Subimos a la suite y allí perdió los estribos.

—¡Son las tres y media! ¿Dónde has estado?

Todo esto me recordaba al padre de Raymond, sus gritos. Todavía rebosante de entusiasmo, le conté todo lo referente a mi plan de atracar el banco del padre de Sean, completamente seguro de que me daría su aprobación. Por el contrario, George se enojó.

—¿Estás loco? —replicó—. ¡Eso es imposible! ¡Estamos en un hotel, registrados con nuestros verdaderos nombres! ¡Además, el chico confesará! ¡Roba ese banco y te detendrán antes de que dejes Dublín! —Intentando calmarse, continuó—: No eres más que un crío. Vete a la cama. Dentro de unas horas estaremos de vuelta a Londres.

Se sentó, con aspecto agotado. Yo no le escuchaba. Mi héroe, George, me estaba tratando como a un niño travieso.

—¡Nunca! —grité—. ¡Vete solo! ¡Esta es mi oportunidad para demostrar quién soy!

George parecía desolado y contrariado. El obediente Oliver Twist se había convertido en un rebelde. Me miró fijamente con la misma mirada penetrante que la noche anterior en el tejado.

—¡Regresarás conmigo! —dijo, zarandeándome por los hombros.

Con rebeldía, forcejeé hasta librarme de él y me aventuré en las calles de Dublín.

Disgustado y muy drogado, deambulé durante horas, negándome a volver para hablar con George. ¡Era como cualquier otro adulto mandón! Convencido como estaba de que había llegado mi oportunidad de gloria con el robo del banco, ¡nadie iba a conseguir detenerme!

Bastante más tarde, decidí por fin regresar con George pero me horrorizó descubrir que ya se había marchado. De pronto me invadió un sentimiento de pánico, como un niño abandonado en una ciudad extraña, exactamente lo que yo era. Incapaz de pensar en una solución, tomé unas pastillas y esperé en la habitación hasta que hicieran efecto. Después, con la valentía recuperada, salí y anduve todo el día de aquí para allá, hasta que me reuní con Sean a la salida del colegio, a las cuatro de la tarde. De camino a mi hotel, le dije a Sean lo que pensaba del colegio y que pronto, él, podría abandonarlo. Estaba muy callado, no como la noche anterior, y en cierto modo parecía preocupado. Pero yo creí que se trataba de los nervios propios previos al robo. Subimos a mi habitación, pedí un helado y, justo antes de que lo trajeran, Sean rompió a llorar.

—¡No puedo continuar con esto! Tengo mucho miedo. ¡No puedo!

Justo entonces nos trajeron el helado, pero lo aparté de un manotazo, gritando histéricamente:

—¡Cobarde! ¡Has echado por tierra nuestra oportunidad de gloria! ¡Y por tu culpa George me ha dejado! ¡Sal de aquí, niñato!

Sean se fue y yo me tumbé en la cama a llorar sobre la almohada. La burbuja había explotado.

Aquel día un poco más tarde, me di cuenta de que no podía pagar la factura del hotel ni volver a Londres. No había traído dinero a Irlanda. Llamé a recepción para decirles que estaba en cama con gripe y que quería que me trajeran todas las comidas a la habitación. Permanecí dos días encerrado allí, hasta que me quedé sin drogas y sin valor, momento en que me transformé en un adolescente asustado. Una de las limpiadoras me oyó llorar y se lo comunicó al director, que subió a investigar. Le confesé que estaba solo en Dublín y que George era mi tío. Llamó a mis padres, quienes me echaron una mano pagando la factura del hotel y el billete de vuelta en avión a Londres. Para asegurarse de que cogía el avión, el director del hotel ordenó a su ayudante que me acompañara al aeropuerto.

Reacios e incapaces de controlar mis huidas, mis padres decidieron llevarme a vivir con mi tío y mi tía. Fue mi tío Mick quien me esperaría en el aeropuerto de Heathrow. Parecía muy contento.

Unos días después, recogí el dinero robado y el resto de drogas que tenía escondidos en el desván de la casa de mis padres. Llamé por teléfono al Señor George pero se había marchado definitivamente del hotel sin dejar su nueva dirección.

Años más tarde me enteré de que George, ya mayor, había intentado asentarse y que se retiró para vivir como mayordomo interno en una familia noble allegada a la reina. Un día, cuando daba la bienvenida a los invitados al baile anual de la caza, vio llegar a «Lady So and So» con un collar de diamantes de gran valor. George, incapaz de controlarse, se lo arrebató. Genio y figura hasta la sepultura. Nunca más se le volvió a ver.

Cuídate George. El que dispara una vez el gatillo, nunca jamás lo suelta. Quizá ninguno de los dos lo hizo.

4

SEXO, FLAGELACIÓN Y DIARREA

Ahora vivía con mi tío Mick, que era rico, en su piso en el centro de Londres, lo que agradó muchísimo al oficial que vigilaba mi condicional. Como tenía que hacer algo, mi tío me ofreció dirigir una de sus tiendas más pequeñas. A mí ni me gustaba ni quería el empleo, pero a las autoridades les pareció bien la idea de que trabajase. El tío Mick solía gastarme bromas.

—Eres el director más joven de la ciudad. ¡Serás el próximo presidente! —me decía.

Kennedy acababa de salir elegido en América. Esta pequeña y tranquila tienda estaba situada a unos cien metros del almacén de mi tío, así que cada mañana me llevaba en coche al trabajo. Por las tardes, sin embargo, era diferente: me volvía a pie, solo, pasando ante los clubes de Londres. Mi tío y mi tía me permitían llegar a casa a la hora que quisiera, con la condición de que no hiciera ruido cuando entrase a casa. No me hacían preguntas.

No tenía prácticamente nada que hacer en la tienda durante todo el día, excepto ingerir pastillas o leer periódicos. Una mañana leí que Sammy Davis, que acababa de casarse con Britt Ekland, estaba en Londres. «¡Vigila tus joyas!», pensé, al tiempo que me preguntaba si el Señor George se las robaría entonces.

Encima de la tienda vivía una señora mayor, una mujer diminuta y con el pelo canoso como de plata, de aspecto triste y despistada. A pesar de sus ochenta años parecía estar en buena forma física, pero casi nunca se atrevía a salir de las dos pequeñas habitaciones. Sus ojos tenían una mirada vidriada, como los de la muerte. Como venían pocos clientes y siempre estaba ido a causa de las drogas, a menudo subía a su casa para hablar con ella. Me hablaba de su nieta, una chica de mi edad a la que apenas veía porque su propio hijo no la traía para visitarla.

—Es la única que se preocupa por mí —solía decir—. Mi hijo quiere deshacerse de mí mandándome a una residencia de ancianos.

Con lágrimas en los ojos, me enseñaba la fotografía de una joven de pelo rubio. En el reverso se leían las palabras: «Te quiero, abuela.» Yo me compadecía de ella, y le explicaba cómo mis propios padres me alojaron en un hogar mientras mi hermana se iba de vacaciones con ellos a Francia.

—Somos un estorbo —decía—, tanto si somos viejos como si somos jóvenes.

Unas semanas antes de Navidad le pregunté dónde iba a pasar las vacaciones.

—A ningún sitio —me contestó—. Me quedaré aquí, sola, como de costumbre.

—No se preocupe, yo haré que se sienta alegre —le dije, regalándole diez de mis pastillas—. Usted ya es mayor, así que tenga cuidado y tómese sólo una al día —le sugerí—. Estas pastillas harán que se sienta feliz.

—Eres muy bueno —me dijo, besándome en la mejilla. Su rostro estaba helado, como el de un fantasma. Me prometió que se tomaría la píldora de la felicidad y añadió, con una mirada desafiante—: ¡Nadie va a llevarnos a un asilo, yo me encargaré de ello!

La campana sonó en la tienda y tuve que dejarla para atender al cliente. Más tarde cerré la tienda y me fui a un club nocturno, donde olvidé todo lo referente a la anciana señora.

Cuando abrí la tienda la mañana siguiente me impresionó un fuerte olor. Toda la tienda olía a gas. ¡Empecé a comprender que algo terrible estaba ocurriendo! Me apresuré escaleras arriba para encontrar a la anciana con la cabeza dentro del horno, posada sobre un cojín. Cerré el gas, rompí los cristales de las ventanas para que entrara aire y le eché agua sobre la cabeza, pero ya estaba muerta. Tenía un rostro apacible, con una ligera sonrisa en sus labios. Me arrodillé y descubrí que había dos cartas en su mano. Una iba dirigida a su nieta; la otra era para mí. La guardé en el bolsillo y miré a la anciana. Me preguntaba qué habría hecho mal con sus pastillas de la felicidad.

Los que se llevaron su cuerpo en la ambulancia me felicitaron por mi valor. Cuando se marcharon, cerré la tienda para tranquilizarme. Caminé una larga distancia hasta llegar a un viejo cementerio y me senté en un banco entre las destrozadas lápidas. Estaba tan perturbado que no podía dejar de llorar. Empezó a llover pero no me importó. Entonces abrí la carta de la anciana, en la que decía: «Necesitas la felicidad más que yo. Adiós mi querido y jovial amigo. ¡No hay asilos para nosotros!» La carta estaba impecablemente escrita en tinta pero la lluvia mojó la página y se llevó las palabras, como la vida de la anciana. Las diez pastillas que le di permanecían intactas dentro del sobre.

Dos semanas después, en el tribunal de primera instancia e instrucción, el juez me felicitó y fui fotografiado por el periódico local. Cuando me disponía a salir de allí, una chica de pelo largo y rubio cruzó la sala del tribunal para abrazarme.

—Gracias por todo lo que hiciste por mi abuela —dijo.

Nos abrazamos y retrocedió para reunirse con sus padres, quienes ni siquiera repararon en mí. «Qué mierda de vida», pensé al salir de allí, mientras ingería más pastillas.

Los meses siguientes, empecé a interpretar el papel de un gángster de Chicago, y aunque en el fondo seguía siendo Robin Hood, era imposible hacerse el chulo por Sherwood Green todo el día. Con mi nuevo abrigo de camello y yendo a todas partes en taxis negros, descubrí el Café de París, una discoteca de moda. Siempre estaba repleta de chicas, muchas de ellas extranjeras que trabajaban para familias adineradas cuidando sus niños. Después de bailar toda la noche con una y de acompañarla a casa, me quedé asombrado de la mansión en que vivía. Al verle abrir la puerta con su propia llave me vino a la memoria el esquema de mis robos de bolsos. Ya no lo practicaba, mis delitos eran ahora más delicados. En el Café de París, las chicas solían dejar los bolsos en el guardarropa a cambio de un resguardo, por seguridad. Los bolsos contenían, entre otras cosas, las llaves de casa.

Empecé a ligar con ellas en los cafés de Hampstead y de otras zonas lujosas. Cualquier chica servía, por fea que fuera, siempre que trabajara de *au-pair.* La acompañaba a casa, muy educado. Si vivía en una casa pequeña, ello significaba el final de nuestra relación; si, por el contrario, vivía en una propiedad tipo mansión, nuestro romance continuaba. No la besaba, le estrechaba la mano y la invitaba a ir al Café de París en su próxima noche libre.

«Qué chico tan educado», debieron pensar todas en nuestra primera cita. «¡Si hasta va a recoger el resguardo del bolso!» Mientras bailábamos, yo le pasaba el resguardo a Bert, mi cómplice. Le había conocido hacía algún tiempo en una galería de atracciones cerca de Leicester Square. Otro joven bellaco en estas lides. Para fingir que estaba con su novia, Bert se hacía acompañar de su hermana Nell, quien recogía los bolsos sin que nadie le hiciera preguntas en este multitudinario club. Mientras mi compañera y yo bailábamos el *twist*, último grito en baile americano, ellos se llevaban el bolso a la vuelta de la esquina donde un tipo de reputación dudosa fabricaba llaves sin formular pregunta. A continuación, Nell volvía a depositar el bolso y su hermano me daba el resguardo nuevo mientras yo bailaba el *twist* incesantemente con la ingenua chica.

El romance terminaba cuando acababa la noche. Bert y yo solíamos esperar un par de meses antes de utilizar las llaves para desvalijar las mejores propiedades de Londres. Las recaudaciones eran increíbles: abrigos de pieles, joyas, dinero en metálico... todo entraba y salía en grandes cantidades, lo que me permitía costear mi creciente hábito por las drogas y mi alocado estilo de vida.

Una noche fuimos a robar a una mansión colosal situada en Bishops Avenue. La casa estaba completamente oscura y entramos y avanzamos con lentitud escaleras arriba. Una tenue luz roja salía de una puerta al final de un pasillo. Nos dirigimos allí a hurtadillas y echamos una mirada en el interior, donde estaba el propietario de la casa, tumbado panza abajo y desnudo, encadenado a los pilares de la cama de pies y brazos. Estaba amordazado y hacía ruidos de placer cuando la chica con la que bailé en una ocasión, le flagelaba. Ella también estaba desnuda, sólo llevaba una gorra de soldado y unas botas negras. El hombre fue el primero en vernos pero, como seguía amordazado, sólo podía gimotear mientras ella le golpeaba. Al cabo de un rato, ella giró la cabeza, nos vio y gritó sobresaltada cuando me reconoció. Bert y yo, alucinados por las drogas, nos tiramos al suelo de risa. De pronto, los gemidos del hombre se silenciaron y empezó a chillarnos. Aún regodeándonos, salimos de allí corriendo.

En una de estas escapadas conocí a la *au-pair* de un importante joyero de Hatton Garden. Continué con la costumbre del bolso, las llaves y demás, pero cuando un día la acompañaba a su casa a Hoop Lane en Hampstead, tropecé con un problema: me estaba enamorando. Aquella alemana de veintidós años, de cuerpo sinuoso, cautivó por completo el corazón de nuestro malvado aprendiz de dieciséis años. Quería volver a verla y no era capaz de decirle adiós como solía hacer, es decir, me olvidaba por completo de Bert y de mi trabajo de ladrón. Se llamaba Gerda, tenía el pelo largo y rubio y se parecía a Brigitte Bardot. Unos días después, estaba locamente enamorado y empecé a quedar con ella todas las noches. Era lo único que me importaba, aparte de las drogas. Fingía tener veinticuatro años y me inventaba historias para darme mayor importancia. Una noche, con la intención de ser romántico, levanté mi mirada al cielo y dije:

—¡Te conseguiré la luna y las estrellas!

—¿Quién va a bajarlas, Yuri Gagarin? —bromeó—. ¿Puedes telefonearle allí?

Gera estaba absolutamente interesada en mí y nunca dudó en decirme lo mucho que me quería. Cada noche, después de acompañarla en taxi hasta su casa, nos quedábamos en la puerta besándonos y abrazándonos durante horas, con su mano bajo mis pantalones. Todas las noches llegaba a casa de mi tío con una mancha húmeda en mis calzoncillos.

A pesar de su apariencia de confianza en sí misma era, en el fondo, una chica nerviosa que, alejada de la estricta vigilancia de su madre, estaba libre por vez primera. Yo era el descubrimiento perfecto, un joven muy inocente en cuanto a sexo. Gerda, algo atemorizada por los hombres, se sentía segura al lado de un chico que no acabaría con su virginidad de forma violenta. Conmigo no sólo no se sentía estúpida ante su propia falta de experiencia sino que además podía tomar las riendas. Enamorarme de esta chica me aportaba algo que nunca antes había experimentado, me hacía sentir seguro y acompañado para siempre. Empecé a consumir menos drogas e hicimos planes para estar siempre juntos. Queríamos casarnos e incluso Gerda organizó todo para que fuera a conocer a su madre, en Alemania.

Una semana antes de nuestro viaje, mi hermana celebraba su fiesta de cumpleaños. Los novios de Annette, con sus flamantes coches deportivos, siempre me habían tratado como el hermanito estúpido, pero entonces, con una sinuosa belleza de veintidós años en mis brazos, era a mí a quien le tocaba lucirse. Para la fiesta le compré a Gerda un vestido escotado y muy ceñido que marcaba cada curva de su cuerpo, y sin sujetador parecía una diosa del sexo. Mi hermana, una belleza del tipo Liz Taylor, siempre había sido la reina de la fiesta, pero aquella noche todo iba a ser muy distinto. Cuando entré con mi chaqueta deportiva roja y con Gerda a mi lado, conseguí el efecto deseado: los ojos de los admiradores de Annette se clavaron en Gerda y no dejaron de merodear a su alrededor en toda la noche. Mi hermana, sin embargo, estaba muy resentida al verse desplazada a un segundo plano. Toda la noche estuve pegado a Gerda como una lapa, cuidando de que nadie hablase con ella a solas por si le revelaban mi verdadera edad.

Pasado un tiempo, los jefes de Gerda se marcharon a pasar el fin de semana fuera y me invitó a pasar la noche con ella. Estaba nervioso ¿Qué esperaba de mis conocimientos sobre sexo? Todo lo que conocía era practicar el sexo oral con homosexuales o su mano debajo de mis calzoncillos. Además, no tenía ni idea de la anatomía femenina. Me había embarcado en un viaje hacia territorio desconocido. Esa noche nos sentamos en su cama con sendas bebidas y desnudé completamente a Gerda. Era bellísima. Aparte de la nudista que vi en el club con el doctor Newam, jamás había visto a otra mujer desnuda antes.

—Ya es hora de darme el gusto —dijo ella, desnudándome.

Empezamos a besarnos y a tocarnos. Yo procuraba hacerle el amor lo mejor posible. Estaba excitado, mi pene estaba rígido y a tientas, intenté introducírselo por cualquier sitio pero no lo conseguí. Gerda no colaboró y cada vez nos desesperamos más.

—¿Por qué no puedes hacerme el amor? —me dijo entre sollozos.

Avergonzado como estaba no le contesté y me fui abajo. Al cabo de un rato vino con una manta liada a su cuerpo y me preguntó:

—¿Es que ya no te gusto? ¿Me encuentras fea?

—No, no. Eres preciosa —le contesté yo—. Vamos arriba. Ya estoy bien.

Tomé cuatro pastillas más en el servicio con la esperanza de que me ayudaran a encontrar el agujero correcto, y regresé para intentarlo por segunda vez. Lo intenté una y otra vez, suplicando poder introducir mi pene, pero me encontré con el mismo fracaso. Gerda, que era virgen, estaba seguramente tan asustada como yo. Me sentía como un auténtico memo, así que me emborraché y tuvimos una discusión. Me marché en taxi.

A la mañana siguiente, Gerda llamó por teléfono a mi hermana, quien le contó todo tipo de cosas indeseables sobre mí, incluida mi edad. Un día después, cuando llamé a Gerda, su jefe me comunicó que había hecho las maletas y que se había marchado a Alemania sin avisar, por la mañana temprano. Nunca más la volví a ver.

Estaba tan apesadumbrado y en un estado de borracherra tal que cogí todas las pastillas que tenía escondidas y las tiré al río.

—¡A la mierda con las pastillas de la felicidad! ¡Cómo puedo ser feliz ahora que Gerda ya no está! —grité.

Muy borracho, regresé a casa de mi tío, donde continué bebiendo todo el día, encerrado en mi habitación sin querer salir. Un par de días después, mi tío Mick decidió que no podía aguantar esta situación y telefoneó a mi padre, pidiéndole que fuera a por mí. El día que llegó mi padre, yo ya había huido. Destrozado, fui a ver a mi anciana niñera Violet, la única mujer en quien confiaba.

Vivía entonces en un piso pequeño con su madre de noventa y cinco años. Impresionada ante el estado en el que me encontraba, me invitó a quedarme. Estas dos mujeres vivían en el insólito mundo del pasado: la madre, postrada en la cama, trataba a Violet como a una niña, llamándole la atención constantemente y había fotos por doquier del padre de Violet, vestido con el uniforme de soldado de la Primera Guerra Mundial. Viví con estas dos mujeres durante unos meses, siempre aletargado por el alcohol e intentando olvidar a Gerda. Un día, ebrio y trastornado, salí a comprar libros nuevos de Robin Hood.

—Eres demasiado mayor para esos libros, Stephen —dijo Violet—, te leeré las noticias. ¡Escucha, están construyendo un muro en Berlín, en Alemania!

—¡No me interesan los estúpidos muros de los jardines de la gente! —dije gritando—. Yo quiero a Robin.

Violet, intimidada, no tuvo elección y empezó a leerme las historias de Robin todas las noches, mientras yo bebía para olvidar.

—Violet está contigo. Duérmete —solía decirme.

Una noche, casi intoxicado por el alcohol, vi un cuchillo de trinchar en la mesa de la cocina. La pesadilla de mi niñez de tener que matar a la falsa Violet se convirtió en realidad. Empuñé el cuchillo y me dirigí a su habitación. Estaba sentada en la cama y palideció al verme apretar el objeto y oírme chillar:

—¡Maté a la Violet equivocada pero ahora es hora de que mueras tú! ¡Si hubiera matado a la que debía, Gerda todavía estaría conmigo!

De repente, mi cuerpo empezó a dar convulsiones y caí al suelo, llorando. Un vecino aterrorizado, que había oído el alboroto a través de las delgadas paredes, llamó a la puerta y nos amenazó con avisar a la policía. Asustado, salí de allí corriendo y pasé algún tiempo en el barrio chino de Londres.

Tras algunas semanas durmiendo por aquí y por allá, regresé a casa de mis padres, es decir, empecé a ir a dormir allí. Pero me sentía raro. Sin la celeridad que me proporcionaban las drogas, todo parecía más lento. La tormenta iba apaciguándose en mis oídos y mis padres se comportaban menos desafiantes.

Muy poco después conocí a otra chica, y con ella aprendí todas las reglas del juego sexual. Era una muchacha de dieciséis años, guapa, de pelo corto y negro, y tenía una piernas larguísimas. Solía llevar minifaldas que se levantaba con naturalidad hasta la cintura cuando hacíamos el amor. Como todas las jóvenes de entonces tomaba la novedosa píldora anticonceptiva. El sexo era maravilloso y yo no tenía ningún problema a la hora de penetrarla.

Los padres mostraron enseguida su preocupación por el díscolo novio de su hija e intentaron que rompiéramos mandándola a Bruselas a trabajar para una familia. Pero no lograron detenerme. Recientemente había conocido a un político belga en un club *gay* de Londres, a quien llamé y pregunté si podía alojarme en su casa durante un tiempo. Aceptó gustoso. Yo suponía que de este modo podría continuar mi romance, así que me embarqué hasta Ostend, desde donde cogí el tren que me llevaría a casa del político, cerca de Liege. Era una enorme mansión en la que trabajaban unos diez sirvientes internos: un cocinero, un mayordomo, cuatro doncellas, un jardinero, un chófer y otros más. Cuando llegué, estaban todos alineados delante de la puerta para darme la bienvenida, como en una escena de una película de los cuarenta.

Este político era increíblemente rico y me pagaba muy bien para que representara sus insólitas fantasías sexuales. Me hacía vestir con uniforme de policía y que le atara, fingiendo que había sido detenido por exceso de velocidad y forzándole a confesar la velocidad a la que conducía; mientras tanto, su enorme perro, un Gran Danés, le lamía. Luego tenía que darle un latigazo por cada kilómetro que hubiera sobrepasado del límite. Un día, al término de una de estas sesiones, confesó que había mentido y que había conducido mucho más deprisa. Embriagado y aburrido por todo aquello, le grité:

—¡Jodido mentiroso, ningún coche puede correr tanto!

Este hombre jamás me puso la mano encima, pero una noche el perro se volvió loco y me mordió mientras le administraba el castigo a su amo.

Unos días después de mi estancia en la mansión del político, tomé el tren de Bruselas para ir a visitar a mi novia de dieciséis años. Se convirtió en un día de mierda, como poco. Por culpa de la bebida, me entró una diarrea que me obligó a ir al servicio cada media hora. Al ver a mi novia, empecé a hacerle señas con la mano y conforme se iba acercando creí que se me estaban escapando los aires; pero ¡ay!, en lugar de un pedo resultó ser mierda. Notaba cómo se deslizaba por mi pierna. De puro pánico me metí apresuradamente en una peluquería de señoras, empujando a todo el mundo, y me encerré en el servicio. Una mujer gritaba en francés y aporreaba la puerta del aseo, y yo me quité los pantalones. Estaba cubierto de mierda. De pronto, otra olorosa avalancha salió de mi culo, desparramándose por todo el suelo, y yo allí de pie en medio de un charco. Limpié lo que pude, me volví a poner los odoríferos pantalones y salí corriendo ante la atónita peluquera para saludar a mi chica, que seguía esperándome en la calle. Debido al fresco viento de Bélgica, el olor no era tan desagradable, pero cuando más tarde entramos a un bar, el tufo volvió a apestarnos. Pasamos el resto del tiempo paseando bajo el crudo frío y yo, entrando y saliendo a toda prisa de los servicios. No hubo sexo y mi novia se marchó pronto a casa. No volvimos a vernos nunca más.

Cuando volví a Londres, se desató una buena tormenta. Me asignaron un oficial nuevo. Aún me quedaban unos cuantos meses de condicional con motivo de los robos de bolsos. El oficial era muy estricto y quería saber porqué había ido al extranjero sin permiso. Me puso un ultimátum: conseguía un empleo en un período de siete días o corría el riesgo de ir a la cárcel. Tenía que actuar con rapidez; así pues, aquel mismo día me presenté a una entrevista de trabajo tras contestar a un anuncio que decía: «¡Apasionante trabajo, muy bien pagado!» El empleo resultó ser de ventas a comisión y consistía en vender aparatos de calefacción de una empresa pequeña y bastante dudosa. Esperando en recepción había otras dos personas que iban a cambiar el curso de mi vida.

La primera era un ostentoso judío que acababa de salir de prisión. Se llamaba Terry Marvin.

La segunda era una despampanante chica maltesa, la mujer más guapa que jamás he visto. Se llamaba Camilla.

Eramos tres extraños que no sabíamos que el destino, que estaba a punto de entrelazar nuestras vidas, ya estaba tejiendo su tela de araña.

5

AMOR Y CORAZÓN ROTO

Hasta este momento los tres amores de mi vida habían sido Violet, que me contaba las historias de Robin Hood; George, un ladrón de joyas y por último Gerda. Entre todo este confuso y dramático historial, conocí a Camilla. Sólo tenía diecisiete años, una larga melena negra y unos grandes ojos marrones. Los conductores de los coches se detenían en mitad de la calle para mirarla. Camilla era muy conservadora a la hora de vestir —usaba trajes tipo Chanel—, y me recordaba a una monja, con quien se puede soñar pero a la que nunca se puede tocar. Era increíblemente atractiva y ella lo sabía, siempre presumiendo y con un gesto que decía: ¡venga, que se te cae la baba! ¡Ya sé que soy un regalo de Dios para los hombres!

El hecho de que Camilla no estuviera interesada en mí me desanimó mucho. Desde el momento en que la vi por primera vez, me convertí en un adicto a ella y tenía que poseerla. No me podía creer la suerte que tenía cuando la asignaron en mi equipo como entrevistadora. Cada día los conducía a ella y a otros a lugares fuera de Londres, donde trabajaban durante una cuantas horas. Aprovechaba cualquier oportunidad para darle rollo, pero siempre que lo intentaba me rechazaba con un aire de total indiferencia. A veces le oía hablar de su novio con las otras chicas, un camarero italiano que aparentemente era bastante mayor que ella. Pensar que ese seboso inmundo la tocaba, me hacía retorcerme de celos.

Todas las noches, cuando la llevaba a casa después del trabajo, le ponía mi brazo alrededor pero ella me daba un empujón, diciendo:

—Deja de acosarme.

A pesar de los rechazos, yo tenía la sensación de que disfrutaba sabiendo cuánto la deseaba y le encantaba el poder que aquello le daba sobre mí. Sólo tenía que lanzarme una mirada para que terminara el trabajo o la llevara de tiendas. Los fines de semana no pensaba en otra cosa sino en ella, deseando que llegara el lunes para poder reanudar mi fantasía amorosa. Camilla era la única razón por la que conservaba mi trabajo desde que se me acabó la condicional.

Trabajamos varios días junto con Terry Marvin, el judío a quien había conocido el primer día, y pasé muchos días con él mientras nuestros entrevistadores hacían la campaña. Fuimos a varias ciudades fuera de Londres y concretamente a Bedford, donde estuvimos el mismo día que ahorcaron a James Hanratty. Había multitud de gente protestando fuera de la prisión.

—Pobre bastardo —dijo Terry—. Tener que terminar sus días en un sitio como éste.

Terry, un individuo delgado y apuesto de unos cuarenta años, acababa de salir de la cárcel y trabajaba simplemente para tener contento al oficial a cargo de su condicional. Nos pagaban de acuerdo con los resultados, pero sin grandes esfuerzos ganamos una cantidad de dinero considerable. Tel, que me impresionaba con sus pícaras artimañas, tenía pensado crear su propia empresa y me invitó a asociarme con él. Obviamente, vio en mí un talento que no tenía.

—Haremos una fortuna —solía decir Tel.

Cuando le hablaba de Camilla, Terry se reía.

—¡Regálale flores, así es como se conquista el corazón de una mujer!

Para mí representaba otra figura paterna con quien contaba para pedir consejo. A veces conocía a personajes de aspecto duro y cuando le preguntaba quiénes eran, me con testaba:

—El colega *heavy*, es Stevie Boy.

Como quería imitar su labia, empecé a copiarle, incluso a hablar como él.

Todo lo que hice durante los meses siguientes fue intentar liarme con Camilla. Todas las noches, después del típico rechazo y de sus famosas palabras: «¡Déjame en paz!», me internaba en los clubes a beber para olvidar. Un fin de semana me fui solo y bebido al cine a ver *Cleopatra.* Salí pensando que Liz Taylor era Camilla.

Pero una noche, de pronto, todo cambió. Mi brazo, que hasta ese momento estaba colocado en el piloto automático, rodeó a Camilla como de costumbre pero esta vez no lo rechazó. Quedé perplejo. ¡Me estaba dejando besarla! Mi corazón latía con fuerza. ¡Me devolvió el beso! Al rato estábamos haciendo el amor en el asiento trasero del coche. ¡Estaba alucinando! La fruta prohibida que tanto había codiciado era mía, por fin. Todo ocurrió tan deprisa que no podía creerme lo que estaba pasando, y después le pregunté a Camilla si continuaría así al día siguiente.

Más tarde me pregunté por qué había querido sexo conmigo tan prematuramente. ¿Acaso estaba más enamorada de mí que del camarero, o es que éste la había dejado? Como no quería que explotase la burbuja de felicidad, dejé de hacerme este tipo de preguntas y le compré la última balada de Cliff Richard. Esa noche, Camilla fue para mí mi propia *Living Doll.*

Al día siguiente, Camilla seguía besándome y yo estaba en el séptimo cielo. Empezamos a salir juntos a comer y al cine. Estaba tan orgulloso de que me viesen con esa estrella de cine entre mis brazos que me hacía sentir mejor conmigo mismo. Era como si entonces la gente me mirara pensando que yo debía ser un buen tipo por tener una chica tan atractiva.

Empezamos a pasar las noches juntos, en un hotel. No podía tenerla lejos de mí y, por primera vez y para siempre, logré dormir con las luces apagadas. Los monstruos se habían desvanecido. El sexo con Camilla me convenció de que había descubierto el verdadero amor, fuere lo que fuere.

Camilla vivía en una reducida habitación en una zona pobre de Londres. Su padre había muerto hacía un año o menos, y su madre y sus cuatros hermanas menores vivían en Malta. Había llegado a Inglaterra hacía unos meses para estudiar enfermería, pero nunca lo hizo. La vida aquí debió ser muy dura para ella. En Malta tenía muchos familiares y amigos, mientras que en Londres no tenía a nadie.

Educada bajo los preceptos de la Iglesia católica y romana, iba a misa todos los domingos y yo, enamorado ciegamente, terminé sentándome a su lado. El oficio era extraño para un judío como yo. Siempre se estaban levantando y sentando. «¿Por qué no se deciden?», pensaba yo. Camilla recibía a menudo la Sagrada Comunión, lo cual, teniendo en cuenta que vivíamos juntos sin estar casados, daba a entender que Dios era muy muy comprensivo.

Poco después, Camilla dejó la habitación y cogimos un pequeño piso. El apartamento, con un salón-dormitorio y una cocina exigua, era muy modesto, pero yo me sentía orgulloso de él. Lo mejor de este pisito en una segunda planta eran los miradores y las bellas vistas. Era tan feliz que compré una tetera azul y la coloqué con satisfacción en una estantería, para celebrar que estábamos en nuestro primer hogar.

Aliviado de la necesidad de trabajar sólo por ver a Camilla, me despedí y me impliqué de nuevo en una serie de delitos. Camilla nunca me preguntaba adónde iba o qué hacía, siempre que entrara dinero en casa. Al principio, la vida con ella parecía perfecta, pero pronto el romance empezó a internarse en aguas tormentosas. Todas las noches había disputas, y descubrí que Camilla tenía un carácter incontrolado. Al final, siempre terminaba gritando y pegándome. Yo también chillaba, pero jamás le devolvía el golpe. Lo que más detestaba era que me arañara y me escupiera a la cara. A veces quería abandonarla pero no podía, la amaba demasiado, era un adicto. Para Camilla, con su educación mediterránea, chillar podría parecerle normal, pero para mí era inaguantable.

El tiempo transcurría y empecé a preguntarme por qué Camilla no me tocaba o me decía que me quería, al menos cuando no discutíamos. Empecé a pensar que yo fui para ella el único medio para escapar de aquella vida de pobreza en su diminuta habitación. Tenía su propia fórmula y conmigo funcionaba: cuanto más alto gritaba, más conseguía, pero yo me resistía a pensar que me estaba utilizando y, cuando empezó a aflorar la trágica verdad de sus sentimientos hacia mí, mi afición por la bebida aumentó. Fiel a mi carácter adictivo me quedé para recibir más castigo, como un animal atrapado. Una noche contemplé incluso la posibilidad de suicidarme acordándome de Marilyn Monroe, que se había matado un mes antes más o menos.

Todo irá mejor cuando nos hayamos casado, aseguré a pesar de todo. Durante un curioso instante de paz se lo propuse y por alguna razón me dio un sí por respuesta. Si se va a casar conmigo es porque debe estar muy enamorada de mí, dije convencido.

Al día siguiente muy temprano fui a ver a mi padre porque en aquel entonces, un menor de veintiún años necesitaba el consentimiento de sus padres para casarse. Todavía no se había levantado cuando llegué. Me senté en el tocador de mi madre y, con orgullo, anuncié mis planes de boda con la esperanza de que me felicitara. Mis padres habían visto a Camilla un par de veces pero no mostraron ningún interés por ella, creyendo que este romance sería otro de tantos. En lugar de alegrarse por mí, mi padre se sentó en la cama y dijo de manera muy natural:

—¡Ningún hijo mío va a casarse en una iglesia! ¡Además, eres demasiado joven!

Durante el tiempo que me dediqué a robar bolsos y joyas hice lo que quise; ahora, a mi padre le había llegado la hora de mostrar su autoridad; sin su firma no habría boda.

—Tú también te casaste con mamá en una iglesia. ¿Cómo puedes ser tan hipócrita? —le imploré a modo de recordatorio.

Pero se mostró inflexible. La respuesta fue no. Enfadado, salí de allí echando pestes.

Volví con Camilla pero no le conté nada sobre la negativa de mi padre. De todos modos, ya tenía un plan para apretarle las tuercas: que Camilla se quedase embarazada. Al cabo de dos meses esperábamos un bebé. Con aire de suficiencia volví de nuevo a casa de mi padre con todos los ases en la mano, pero al oír las últimas novedades se limitó a decir:

—Bueno, pues tendrá que abortar.

Me ofendió tanto que juré no volver a hablarle en la vida. ¿Cómo iba a decírselo a Camilla? Estaba deseando casarse enseguida y ya había reservado una iglesia católica para la boda.

Una semana después, justo antes de Navidad, tomamos un avión rumbo a Malta para que pudiera conocer a la madre de Camilla. El aeropuerto de Lucca era muy pequeño, sólo aterrizaban unos cuantos vuelos diarios en una única pista de aterrizaje y la terminal no era mucho mayor que un cobertizo. Malta, una reducida isla al sur de Sicilia, seguía siendo una colonia británica y, en aquellos días, el negocio turístico no existía. Había cuatro hoteles en toda la isla y Valetta, la única ciudad, contaba con una sola calle comercial. Malta es tan pequeña que se puede recorrer en coche en una hora. Esta isla calurosa y árida, con sus pueblecitos rodeados de palmeras, no tenía nada que ver con Londres.

Desde el aeropuerto, el taxi atravesó la isla hasta llegar a la bahía de San Pablo, un pequeño pueblo pesquero allá a lo lejos. Nos detuvimos en una calle muy estrecha con casas con azoteas a ambos lados por la que el taxi no cabía. Dejamos las maletas en la calle y seguí a Camilla, que subía corriendo por un tramo de escaleras de piedra. Esperándonos en su casa de una sola habitación estaban Isabella, la madre de Camilla, y sus cuatro hermanas menores. De aquí es de donde procedía Camilla, una habitación de unos cuatros metros cuadrados con un pequeño aseo en el rellano y una escalera que conducía a la azotea. La madre de Camilla, una señora de unos cuarenta años, se vino abajo cuando nos vio y se echó a llorar desconsoladamente. Se disculpó por tener tan poca cosa que ofrecernos y nos explicó que desde la repentina muerte de su marido, no quedaba nada.

—Era un hombre maravilloso. ¡Yo le quería! —dijo, llorando histéricamente y alzando las manos al cielo.

Había fotografías enmarcadas del difunto por toda la habitación. La hermana más pequeña cogió una.

—¡Papá, este es papá! —gritó.

—Está en el cielo —le dijo la mayor.

Isabella, vestida de negro, lloró amargamente, besó la fotografía y la estrechó contra su pecho. Luego gritó:

—George, mi George —mientras las cuatros niñas se abrazaban a ella.

Esta mujer no sólo había amado a su marido, también había venerado la tierra que pisaba. Hasta entonces yo creía que este tipo de amor se daba tan sólo en las películas.

Poco a poco, Isabella se fue calmando y pudo saludar a Camilla. Nos sentamos. Con todos los regalos que había traído, la pequeña habitación cobró vida; las niñas, emocionadas, saltaban de alegría mientras intentaban adivinar qué había dentro de cada paquete. Ante la sugerencia de la madre, las niñas amontonaron todos los regalos en un rincón para abrirlos el día de Navidad. Camilla, que tan afligida estaba cuando llegamos y vio a su madre en tal estado, ya se había tranquilizado y se convirtió en la heroína que regresa. Tenía mucho cariño hacia su familia pero había conocido lo que significaba tanta responsabilidad tras la muerte de su padre. Su madre abrió una botella de vino tinto que llevaba guardada muchos años y nos bebimos un vaso cada uno. Después, yo seguí bebiendo del brandy que había comprado en el avión. Las niñas se fueron quedando dormidas encima de un gran colchón que había en el suelo. Camilla y su madre hablaron de la familia y de vez en cuando lo hacían en maltés. Los miembros de esta familia estaban muy apegados entre sí, con un cariño enternecedor. El amor era lo único que Isabella podía ofrecer a estas niñas pero aún le quedaba mucho por dar. Me quedé rápidamente dormido en una cama improvisada sobre el suelo.

A la mañana siguiente me desperté para encontrarme con cuatro niñas emocionadas que esperaban a que Camilla regresase de la tienda. Todas ellas eran guapas, de pelo oscuro, con sencillos vestidos estampados y sandalias abiertas. Roseanna, la mayor, tenía trece años; después venía Josephina, de ocho y luego Louisa y Laura de siete y cinco años respectivamente. Cuando llegó Camilla, las niñas se volvieron como locas. Miraban dentro de las bolsas y gritaban:

—¡Aquí hay beicon! ¡Mirad, una caja de huevos!

No habían visto tanta comida en mucho tiempo. Isabella se lo quitó de las manos con cuidado y puso todo en un estante, lejos de su alcance. Como tenían tan poco dinero, su dieta era muy básica, principalmente pasta, pan y aceite de oliva.

A primeras horas de la tarde y con la habitación tan llena de gente, solía ir a sentarme solo a la azotea, desde donde la limpia vista del puerto, repleto de pequeños barcos pesqueros, resultaba sorprendente. Isabella tenía allí arriba dos gallinas ponedoras, un lujo para su pobre familia. Ella nunca comía huevos. Los dejaba para sus hijas quienes los compartían por turnos. Al haber crecido en una ciudad, yo veía a estas gallinas como mascotas y les tomé un cariño especial; a una le llamaba Charlie y a otra Fred. Noche tras noche me dedicaba a perseguirlas por toda la azotea. Charlie era mi favorita; corría más deprisa pero ponía menos huevos.

La víspera de Navidad me puse muy sentimental y quise darles a esas pobres niñas una sorpresa que recordarían toda su vida, una Navidad en el país de las maravillas. Me acerqué a la tienda y compré caramelos que guardé en cuatro bolsas distintas. La anciana tendera se quedó boquiabierta porque le dejé sin existencias. Aquella noche, cuando las niñas se durmieron, extendí una capa de caramelos de dos centímetros de grosor por todo el suelo y, al despertarse por la mañana, sus caritas se iluminaron con una sonrisa cuando les conté que habían llovido caramelos. Isabella sonreía también al verlas saltar encima de mí llenándome de besos.

Había encontrado mi propia fórmula —compras a la gente lo que necesita y a cambio, enseguida obtienes su cariño—, que se convertiría en la base de los años venideros. Con el dinero suficiente, podría comprar todo el amor que quisiera. Era un buen ladrón, por tanto no tenía por qué carecer de amor otra vez. ¿Por qué no habría pensado esto unos años antes?

Mientras Camilla y su madre preparaban la cena de Navidad, yo me fui al bar que había al final de la calle. Muchos brandys después aparecieron las cuatro niñas gritando:

—¡La cena está lista!

En la habitación estaba Isabella, rodeada de lo que parecían cientos de cacharros hirviendo. Nos estrujamos en torno a la pequeña mesa cuando, de pronto, me percaté de lo que estábamos comiendo.

—¡Oh no, coño! —exclamé, y subí corriendo a la azotea—. ¡Nos estamos comiendo a Charlie! —Ya estaba muy bebido y rompí a llorar. Entre sollozos, le dije—: Yo quería a Charlie, no nos lo podemos comer.

—También yo quería a mi marido —dijo ella.

—Pero usted no se lo comió —grité.

—Eres un buen hombre —dijo para tranquilizarme—. ¡Les has dado mucho a las niñas! ¡Nunca nadie hizo nada por ellas, y yo lo que quería era darte la cena de Navidad que te mereces!

Doblegado por la cordialidad que mostró Isabella hacia mí, la estreché entre mis brazos y lloré.

—Te compraré un piso, una televisión, un frigorífico, un teléfono, todo.

—Te quiero —me dijo con un abrazo.

Volvimos junto a las niñas que comían ávidamente su cena navideña con las caras llenas de grasa. Al menos Charlie no había muerto en vano.

Las noches siguientes me tumbaba con las niñas en el suelo y les contaba historias de hadas borrachas. Me idolatraban y eso me hacía sentir bien, como si por primera vez en mi vida perteneciera a una familia. Cada noche, después de que las niñas se fueran a dormir, empezaba la ronda de bares y no volvía a casa hasta por la mañana temprano, donde me esperaba Isabella con un caldo caliente. Era increíble cuánto se preocupaba por mí esta mujer.

Como regalo de Navidad, llevé a Isabella al cine a ver a Cliff Richard en *Summer Holiday*. Con su pelo rizado recogido y una sonrisa que dejaba ver el hueco del diente que le faltaba, estaba guapa y atractiva. Laura, la más pequeña, lloró tanto que tuvimos que llevarla con nosotros. Quise coger un taxi pero Isabella se negó porque decía que era muy caro; así pues, fuimos en autobús. Según íbamos hacia Valletta por la tortuosa carretera de la costa, Isabella me mostraba con el dedo varios lugares: el lugar en el que había conocido a su difunto esposo, en el que habían bailado, en donde se habían sentado. Era la historia de su vida, la cual había girado totalmente en torno al único hombre que había amado.

El día de nuestro regreso a Londres todo el mundo empezó a llorar. Me volví hacia Isabella y le dije:

—Usted me ha enseñado a amar, incluso sacrificó a Charlie por mí. Pronto tendrá un piso en Silema. Sus días en la bahía de San Pablo están contados.

Poco tiempo después de que les consiguiera su nueva casa, su amor por mí quedó garantizado. La fórmula funcionaba.

Ya en Inglaterra, mi padre seguía sin darme el consentimiento para casarnos:

—Cásate con una chica judía cuando seas mayor —me repetía sin cesar, como un disco rayado.

Me enfrentaba contra un muro de piedra, así que una semana después, en un arrebato de desesperación, falsifiqué su firma. Poco después, en mayo de 1963, en una iglesia de Tottenham y ante la presencia exclusiva del sacerdote, nos casamos. Me entristeció ver los bancos vacíos; una vez más, mis padres me habían abandonado. El sacerdote nos deseó suerte, pero nosotros necesitábamos más que eso: «Se necesita mucho dinero para mantener este matrimonio con vida», pensé, y salimos de la iglesia. Celebramos la boda solos con una comida, y después vino la bronca habitual. Bebí hasta quedarme dormido, de nuevo con la luz encendida.

Nos habíamos casado, pero la vida era aún más insólita que antes. Las peleas entre nosotros eran cada vez más fuertes y, después de cada una de ellas, Camilla lloraba a lágrima viva; yo la consolaba, la acariciaba y terminábamos haciendo el amor. Era extraño, pero necesitábamos discutir para volver a estar físicamente juntos. En agosto, cuando el bebé estaba a punto de nacer, la noticia sobre el asalto al Gran Tren sacudió a Inglaterra como un bombazo: habían sido sustraídos una suma elevadadísima de dinero en metálico. Esa cantidad compraría el cariño de muchos, sonreí. Una o dos semanas después, llegué a casa y me encontré con que Camilla había tenido que irse precipitadamente a la maternidad de Hackney. Como un lunático, me dirigí hasta allí y entré en la sala. Acababa de dar a luz. Tessa María, nuestra hija, había venido al mundo. Era una niña preciosa, una versión en miniatura de su madre incluso a esa edad. La cogí en brazos, le miré a los ojos y entonces supe que aquella persona me querría toda la vida. Yo era el único padre.

Poco después de que Camilla trajera a nuestra hija a casa, todo volvió a explotar. Como en el último éxito de los Beatles *She loves you*, buscaba mi alma y me preguntaba si mi mujer la había tenido alguna vez. La vida se convirtió en una zona bélica sin «alto el fuego». Camilla y yo no podíamos estar juntos sin discutir; incluso lo hacíamos a las tres de la mañana cuando el bebé tomaba su leche. Sólo había paz mientras dormíamos. Incapaz de continuar con aquello durante más tiempo, le sugerí a Camilla que se tomara unas vacaciones de seis meses en Malta. Era el único modo de permanecer casados sin volvernos chalados.

De camino al aeropuerto, Camilla volvió a ponerse histérica, gritando que el piso era demasiado pequeño para criar a un niño. Quería una casa lujosa; de lo contrario, no volvería conmigo. Le prometí que la conseguiría. Costara lo que costara, la encontraría, la robaría; haría lo que fuera para que ella estuviera a mi lado. Era un adicto a aquella mujer y además, también tenía una hijita a quien querer.

«Me costará diez asaltos a un tren si quiero hacer feliz a esta mujer», pensé desesperado.

Lloré mientras despegaba el avión y tomé la primera de muchas copas. Al volver a casa, iba escuchando la radio del coche y oí en las noticias que Kennedy acababa de ser asesinado de un disparo en Dallas. Me preguntaba si yo no estaría mejor muerto.

El consumo de alcohol aumentó vertiginosamente desde que Camilla se fue. Especialmente por las noches, la bebida era mi amiga, me tendía su mano.

6

ALEN

Era un invierno frío y la prensa estaba llena de noticias sobre Roy James, el asaltador de trenes que había sido detenido, y sobre Christine Keeler, enviada a prisión. En aquellas fechas en que Camilla y el bebé estaban en Malta, debería haberme sentido más tranquilo; sin embargo me encontraba más deprimido y bebía más. Después de Navidad estaba muy solo y necesitaba mucha comprensión y un poco de ternura.

Era extraño pero, como si hubiera sabido lo que iba a ocurrir, regresé a las luminosas luces de Piccadilly Circus. Aquella noche empezó a llover intensamente, como la noche en que conocí al Señor George. Me cobijé en la entrada de una joyería y, unos instantes después, un elegante caballero ya mayor hizo lo mismo. Llevaba un abrigo oscuro entallado y un sombrero hongo. Al principio no dijo palabra pero se me quedó mirando y al cabo de un rato, comentó:

—Las cosas son un poco caras aquí, ¿verdad?

—Es verdad —asentí.

—Con el dinero se consigue todo —dijo.

—Si se tiene lo suficiente —añadí.

—¿Por qué lo dice? ¿Acaso no tiene suficiente? —preguntó, riéndose.

—Nunca tendré lo suficiente para lo que quiero —le contesté, pensando en Camilla.

—Bien, veamos cómo podemos solucionarlo. Vamos a tomar una copa.

Me llevó a un lujoso local donde servían cócteles, al abrigo de la lluvia. Me sugirió que tomáramos un brandy para entrar en calor y volvió con dos grandes vasos.

—Brindemos, amigo mío. Vamos, sonría. ¡Voy a darle un montón de dinero!

Me quedé mudo.

—¿Resolverá esto tus problemas? —me preguntó, con una sonrisa. Me quedé con la boca abierta—. Lo siento, no tengo todo el dinero en este momento, pero te daré una parte ahora y el resto mañana —continuó.

Sacó su cartera y contó unos billetes. Cuando me estaba entregando el dinero pensé que se trataba de una de esas bromas que suelen gastar en algunos programas de televisión, y que la gente se pondría a dar saltos, diciendo: «¡Has picado!» Luego, el caballero se levantó.

—Ahora debo coger un avión. Nos vemos aquí mañana a la misma hora.

Yo asentí con la cabeza. Se puso el abrigo y se presentó.

—Me llamo Alen. ¿Y tú?

—Stephen —le contesté.

—Encantado —dijo, y desapareció a toda prisa.

Le había conocido hacía diez minutos y allí estaba yo, con unos cuantos billetes en la mano. Volví en mí y eché a correr detrás de ese elegante desconocido pero ya había desaparecido por el agujero de la estación de metro, como el ratón en *Alicia en el País de las Maravillas*.

Al día siguiente por la noche, fui al bar tal y como acordamos, pero desafortunadamente no estaba allí. «Debía ser un borracho», pensé. «La gente no te para por la calle para darte un fajo de billetes, en la vida real eso no ocurre.» Media hora después de la cita prevista, cuando me levantaba para marcharme, un Alen aturdido entró en el local.

—Lo siento mucho, Stephen —dijo jadeando—, perdóname, estoy en mitad de una reunión de negocios y tengo que volver. Me entregó un sobre y añadió:

—Aquí está el dinero que te prometí. ¿Quedamos el viernes para cenar? Por favor, di que sí.

—De acuerdo —contesté.

—Entonces, aquí mismo a las siete —sonrió y volvió a desaparecer como una nube de humo.

Me senté nuevamente, desconcertado, y abrí el sobre que contenía bastantes billetes y una tarjeta en la que ponía: «¡Una belleza como tú, no puede quedarse sin recompensa! Con cariño. Alen.» «Esto no pasa más que en las películas», pensé. ¿Quién me había enviado a aquel benefactor? ¿Qué quería de mí? Lo único que sabía era que se llamaba Alen y que tenía acceso a un montón de billetes nuevos. Con la duda de si era dinero auténtico, pagué con uno de los billetes en el bar. Era auténtico, realmente auténtico.

Aquel viernes nos vimos como acordamos. Me presenté como recién salido de una revista de moda, con un traje azul nuevo, una camisa amarilla y una corbata roja, deseoso de saber más acerca de mi misterioso amigo. Alen era un hombre alto y delgado, con la cara redonda y simpática, de pelo canoso y ondulado y blancos dientes torcidos. Tenía unos ojos vivarachos que le brillaban cuando se sonreía.

—Estás maravilloso —dijo cuando me saludó.

—Quería estar bien para ti —le contesté yo, que me sentía alagado.

—Eres un niño con muy buen sentido del humor —reflexionó.

¿Niño? Tenía diecinueve años, pero claro, yo era un niño para este viejo señor. Cogimos un taxi hasta el Hotel Great Western, en donde el jefe de camareros nos acompañó hasta la mesa que teníamos reservada. Me ofrecieron la carta de vinos pero Alen, que detectó mi ignorancia, sugirió:

—El 59 fue un buen año.

—El 64 fue mejor —dije en tono jocoso.

—¿Por qué? —preguntó Alen.

—¡Porque es el año en que te conocí!

—Sí, es un año maravilloso para ambos —añadió.

Cuando alguien te quiere, tú, instintivamente, lo sientes. No es lo que digan o hagan, simplemente lo sabes, y yo sabía que este hombre llamado Alen se había enamorado de mí. Al igual que yo tenía que sufrir por estar enamorado de Camilla, Alen tendría que sufrir también por mí. En el transcurso de la cena, me dio una cajita roja. La abrí y había un regalo de oro.

—Dale la vuelta —dijo.

La inscripción leía: «Te quiero. Alen.» Le miré fijamente.

—Te quiero de verdad —dijo—, sé que es muy precipitado, pero te quiero. No puedo evitarlo.

Me cogió la mano. Mirándole a los ojos descubrí el amor que yo había estado buscando durante toda mi vida. Continuamos hablando, pero Alen ya lo hacía con más frivolidad. Cuando terminamos de cenar hizo señas al jefe de camareros para que me pidiera un taxi.

—Mañana por la noche, a la misma hora y en el mismo lugar —gritó mientras decía adiós con la mano.

Aquella noche, en casa, encontré una carta de Camilla en la que repetía que nunca volvería a aquel piso. Sonaba como si fuera un ultimátum, amenazando con una separación. Contesté enseguida, mintiéndole y diciéndole que ya había encontrado una casa de lujo pero que no podríamos trasladarnos hasta agosto. Ni siquiera había empezado a buscar, pero agosto parecía muy lejano para alguien con la cabeza hundida en la tierra.

Mi mente era una constante confusión en todo lo que se refería a Camilla, así que mis citas con Alen eran una vía de escape de la realidad. Aparte de las recompensas monetarias, su manera de elogiarme era la antítesis de las exigencias y ultimátums de Camilla. Allí donde ella encontraba defectos, él veía belleza. Alen y yo empezamos a vernos regularmente y durante esas cenas románticas, me decía cuánto me amaba. A veces, un poco bebido, cerraba mis ojos y soñaba que era Camilla quien me hablaba. La noche después de la derrota de Sonny Liston frente a Cassius Clay, que le mereció el título de campeón del mundo de los pesos pesados, bromeaba con Alen, amagándole, diciéndole que yo podría vencer a quien fuera. Entonces, me rodeó con sus brazos y contestó:

—¡Tienes una cara demasiado bonita para que te peguen en ella!

Durante los meses siguientes, Alen me llevó a lo mejores lugares de la ciudad. No era sólo el dinero —que nunca fue una prioridad para mí—, su amor significaba aún más. Con él me sumergía en un mundo de fantasía, sin responsabilidades ni pisos que buscar. Me cuidaba y se preocupaba por mí. Alen nunca me preguntaba por mi pasado, ni por mis padres, ni dónde había nacido. Para él, yo había nacido en el exterior de la joyería de Piccadilly Circus. De este modo, era el niño perfecto de sus sueños. Por supuesto, nunca le mencioné que estaba casado porque no creo que hubiese enriquecido nuestro «romance». Me pregunto dónde hubiera ido a parar todo esto. ¿Qué es lo que quería de mí? Hasta entonces, ¡nada! Lo único que tenía que hacer era presentarme a las citas, estar guapo, comer caro, aceptar otro regalo y coger un taxi para volver a casa. No entendía tanta amabilidad por su parte. Cuanto más disfrutaba de mi nueva vida con Alen, más echaba de menos a Camilla. La noche que leí que Liz Taylor se había casado con Richard Burton, me acordé de Camilla y estuve a punto de coger un avión a Malta.

Una noche Alen me preguntó si me importaba cenar en su casa en la próxima cita. «¡Por fin!», pensé, «¡ya es hora del sexo homosexual!» Ahora toca pagar. Tendré que prostituirme a cambio de todo el dinero y de los regalos. Estaba aterrado y aliviado al mismo tiempo, ya no soportaba tanta amabilidad, me resultaba inconcebible que un amor no pidiera nada a cambio. Estábamos volviendo a los principios básicos —sexo por dinero— y esto sí lo entendía. Maletas de dinero y no más sobres. El viernes siguiente, fui a su casa en Gloucester Road. El espacioso piso de Alen ocupaba la planta baja de un edificio georgiano de seis alturas, en una calle de moda, frente a unos jardines privados. Aquella tarde de primavera, Alen me recibió muy sonriente.

—Entra, querido. Tenemos compañía.

«¡Oh, no!», pensé, «¡ya está! ¡Sexo en grupo! Y una reina homosexual que fotografiará la sesión de flagelación. Esto os costará una fortuna.»

Alen me hizo pasar a un salón elegantemente decorado. El piano de cola y los óleos de las paredes eran parte de la inmensa riqueza expuesta. Eché un vistazo alrededor en busca de nuestro pervertido compañero de cena, pero lo que imaginé no tenía nada que ver, en absoluto, con la realidad. En el rincón estaba sentada una dulce anciana, una mujer esbelta de cabellos plateados recogidos en un moño. Esta elegante mujer vestida de azul oscuro era la madre de Alen. Sonriendo, me dijo:

—Hola Stephen, siéntate aquí. ¡Deja que te mire! ¡Me han hablado tanto de ti!

«Esto se está convirtiendo en un guión de película», pensé.

—¿Verdad que es tan guapo como te dije, mamá? —preguntó Alen con altanería.

—Sí, cariño, es un niño guapísimo —respondió la anciana.

«¡Coño! ¿Y esta es su idea de sexo en grupo?», pensé. Más amabilidad y más cumplidos.

—Tómate algo con mamá y charla un rato con ella. ¿Sabes que tiene cien años? —dijo Alen orgulloso—. Iré a por la cena. —Y con estas, salió de la habitación.

A sus sesenta y cinco años, Alen estaba empezando a admitir que era homosexual y que yo era su primer amor. Su madre, una mujer astuta, lo sabía desde siempre. Alen había reprimido sus sentimientos hasta que me conoció, y su madre pensaba que era mejor que trajera su nuevo amor a casa a que lo escondiera. A pesar de su edad, esta anciana gozaba de plenas facultades; Me llamó para que me sentara a su lado y mirándome fijamente, dijo:

—Alen te adora. Lo sabes ¿verdad? —Incapaz de responderle asentí con la cabeza y me senté, sin decir palabra, mientras ella continuaba—: Hazme una promesa solemne. No le hagas nunca daño a mi hijo.

Mientras hablaba, las voluminosas puertas de roble del salón se abrieron y Alen anunció que la cena estaba servida. Ayudamos a su anciana madre a colocarse en uno de los extremos de la larga mesa.

—Eres nuestro invitado especial —dijo Alen sentándome al otro extremo.

Durante la cena me sentí avergonzado. Si hubiera querido sexo, podría haberlo aguantado, pero no, Alen quería mucho más que eso. ¡Quería que lo amase! Pero, ¿cómo podía hacerlo? Yo no era *gay* y además estaba enamorado de una chica maltesa de la que me separaban cinco mil kilómetros. Por primera vez me estaban amando incondicionalmente y ahora era yo el que causaba el dolor. Te gusta, sí, pero ¿le quieres? Imposible. El sentimiento de culpabilidad empezó a pesar más que los sobres con dinero. Por supuesto, aquella noche podía haberle dicho: «Gracias viejo amigo, lo siento pero no soy *gay*.» Pero no lo hice. Necesitaba ser amado y deseado. Después de la cena y de una breve conversación con su madre, cogí el acostumbrado taxi hasta casa, sin olvidar el sobre con el dinero. Las veladas en casa de Alen continuaron pero con una diferencia: ahora, la anciana se retiraba a la cama a las diez dejándonos solos. ¿Sexo? ¡No! Alen tocaba el piano y me cantaba canciones de amor. Su favorita era: «La gente que necesita gente es la gente más afortunada del mundo.» Él me necesitaba pero apenas tenía suerte de poder hacerlo. Aparte de las cenas en su casa, pasamos los días más fantásticos juntos; paseamos por la ciudad, visitamos los nuevos almacenes Biba y otro tantos lugares. El año 1964 fue una época apasionante: los *Mods* y los *Rockers* se peleaban en las playas de Brighton y los Beatles y los Rolling Stones eran los reyes del pop, todo esto al mismo tiempo. Desde la primera grada del estadio de Wimbledon, vimos también a María Bueno derrotar a Margaret Smith en la final de tenis femenino. Si el tenis y las fresas me hacían sentir como un príncipe, pronto iba a ser tratado como un rey. Unas semanas después, Alen me llevó a ver el estreno de la película de los Beatles *A Hard Days Night* al London Pavilion.

A raíz de una de esas espléndidas noches con Alen me acordé, de pronto, de que Camila regresaría de Malta dentro de dos semanas y de que su intención era vivir en la nueva y lujosa casa sobre la que le había hablado. Este recuerdo me hundió profundamente. Una parte de mí sabía que, incluso en una casa de estas características las peleas continuarían; por otro lado, Alen me quería de la misma forma que yo amaba a Camilla, y deseaba que ésta volviera. De repente me acordé de Terry Marvin y pensé que este hombre de ciudad, con todos sus contactos, me ayudaría a encontrar la casa apropiada. No le había visto desde hacía un año y averigüé que se había trasladado, pero finalmente le localicé en un ático frente a Hampstead Heath, una de las mejores zonas de Londres. Me dijo que había abierto su propia empresa de sistemas de calefacción llamada Highheat y me enseñó su nuevo Rolls Royce. Me preguntaba qué había hecho para que su compañía obtuviese tantos beneficios en un año. No tenía mucho sentido.

—Te lo gastas muy rápido —le dije, sonriente.

Terry era un hombre delgado con el pelo oscuro y peinado hacia atrás; no era muy atractivo pero tenía algo especial. Era todo un personaje y conocía prácticamente a todos los gángsters de Londres, lo cual me impresionaba un montón. Terry me sugirió de nuevo que me asociara con él y desde luego estaba más que contento de poder hacerlo, pero le expliqué que tenía un problema mucho más urgente. Tenía que encontrar una buena casa en un plazo de una semana para que mi mujer volviera de Malta.

—Así que, al final le echaste el gancho —se guaseó al oír mis problemas—. Tenías que haberme invitado a la boda. —Al rememorar la iglesia vacía pensé que deberíamos haber llevado a alguien—. ¡Deja lo de la casa al tío Tel! —dijo con su habitual aire de seguridad.

Eso fue exactamente lo que hice. Tel me contagiaba su entusiasmo y estar a su lado otra vez me hacía sentir bien. Dos días después, me entregó, sonriente, un juego de llaves.

—Una lujosa casa al lado de tu tío Tel, pequeño Stevie.

El fantástico piso en un lujoso bloque en Hampstead Way estaba situado al final de la calle y rodeado de maravillosos jardines. Era un piso precioso de tres habitaciones y dos salones. Luego me invitó a ir a sus nuevas oficinas, incitándome a ser su socio. Me repetía sin cesar que juntos haríamos grandes fortunas. Durante unos cuantos años después, fue lo que hicimos. Al día siguiente ultimamos un acuerdo por el que yo le pagaba una buena suma de dinero y me convertía en accionista de Highheat al cincuenta por ciento.

Según la costumbre de Terry, fuimos a celebrar nuestra sociedad a un club nocturno de moda. Aquella noche, desenvuelto a causa del alcohol, le conté toda la historia de Alen y yo. Terry me escuchó atentamente. Ya estábamos muy borrachos cuando tres hombres se acercaron a nuestra mesa: dos de ellos tenían los rasgos oscuros y eran casi idénticos; el tercero era bajo y pelirrojo. Como yo no sabía quiénes eran seguí hablando hasta que, de pronto, reconocí la mirada de la rabia salvaje: era el hombre del club del sótano con el que me había encarado muchos años atrás en compañía del Señor George. Sin embargo, ahora había dos; tenía un hermano gemelo.

—Stephen, tío —dijo Terry—, voy a presentarte a unos buenos amigos míos, Reggie y Ronnie Kray. —Me dieron la mano—. Y este es Tommy Cowley —continuó, señalando al tercero.

Aquella fue mi presentación oficial a los cabecillas del crimen en Londres. Me sentí aliviado al darme cuenta de que Ronnie no me había reconocido como el engreído chiquillo que le insultó hacía unos años. Tomaron una copa con nosotros y después de decirle a Tel algo al oído, se marcharon.

Estaba feliz de que se hubiera solucionado lo del piso y todo lo demás, así que pude relajarme durante unos cuantos días antes de volar hacia Malta a recoger a Camilla y a la niña. Un día o dos antes de la fecha en la que tenía que salir, cené en casa de Alen. Omitiendo el episodio acerca de mi esposa e hija, le conté lo del piso nuevo, y para no levantar sospechas en lo referente al viaje a Malta, fingí que me iba una semana de vacaciones a España. Alen me regaló un escritorio antiguo para festejar la inauguración de la casa, pero cuando sugirió que me lo llevarían al piso durante mi ausencia me opuse, diciendo que prefería recogerlo yo mismo más adelante. Las vidas secretas de Alen y Camilla empezaban a causarme problemas. A la mañana siguiente, Alen me llevó a las oficinas de su compañía, la mayor empresa de corretaje de bolsa de Londres, la Copel Pure Lindon Dark & Co. Alen era uno de los socios mayoritarios y ejercía gran control en esta compañía. Ese mismo día me ofreció un cheque de la compañía por una cantidad de dinero considerable.

—Tus acciones han subido —me dijo riendo—, ¡te estás haciendo rico!

En secreto había comprado y vendido acciones a mi nombre. Siendo el primer amor de Alen, su generosidad era incontrolable, nunca era suficiente. A menudo me escribía notas de amor, a veces en cuartillas de la propia compañía, abandonándose completamente al chantaje. Le di las gracias y me despedí con la promesa de llamarle en cuanto regresara de lo que para él era España.

7

UN CARGAMENTO DE DROGAS

Dos días antes de irme a Malta salí con dos jóvenes que acababa de conocer no hacía mucho, Con y Keith. Eran dos tipos desenfrenados que vivían la vida intensamente, siempre flotando bajo los efectos de las anfetaminas. De ninguna manera quería acabar en el estado en el que se encontraban inmersos, ni rememorar los horrores que sufrí inducido por las drogas del doctor Newam. El alcohol que tomaba a diario ya producía el daño suficiente pero, ¿y la actividad que causaban las drogas? Ya no quería eso.

Era un soleado lunes festivo cuando Con me ofreció una pastilla en el parque de atracciones de Hampstead. Le dije que no quería porque ya había sido adicto a las anfetaminas en otro tiempo.

—Gracias, me quedo con el brandy.

Pero a pesar de todo, me metió dos en el bolsillo.

—Estas son diferentes, tío, ¡no crean adicción! —me dijo.

Subimos a los caballitos y nos reíamos y hablábamos a voces. La música estaba muy alta y ellos seguían gritando una y otra vez: «¡Tómatelas, tómatelas!»

Jamás sabré por qué lo hice, pero lo cierto es que me las tragué las dos. Esas dos pastillas fueron las primeras de más de medio millón que tomaría a lo largo de los siguientes veinte años. Como el tiovivo, mi vida empezó a dar vueltas y más vueltas. Al principio pensé que la extraña sensación se debía a que el caballo subía y bajaba, y descendí. Minutos después, cuando las drogas tomaron el control de mi mente, me volví a montar en el tiovivo. Pagué una y otra vez y allí estuve durante horas.

Había vuelto a las drogas, era un adicto.

Finalmente me bajé y fui en busca de los chicos para pedirles más pastillas. Sin pensar, ingerimos varias anfetaminas y empezamos a comportarnos como lunáticos. En la caseta de tiro con arco, colocados hasta la saciedad, disparamos las flechas al aire por encima de la gente, causando verdaderos estragos. El delirio continuó cuando arrojamos nuestros helados a los conductores de los coches de choque, y así hasta que un grupo de propietarios de las casetas, enfadados, nos echaron de la feria.

Estábamos demasiado colocados como para detener la juerga, así que esa noche continuamos con una fiesta salvaje en mi nuevo piso. Había chicas por todas partes, todas drogadas, ebrias y casi desnudas. Debí caerme en redondo por la combinación de drogas y alcohol y me desperté hecho polvo. El sol entraba por las ventanas. Había cuerpos desnudos dispersos por todo el suelo. Yo sólo vestía una camiseta. No me acordaba de nada. Prendido a la camiseta con un enorme imperdible, había un sobre con siete pastillas amarillas y una nota que decía: «¡Pastillas para Malta! Con cariño, Con.»

¡Oh, dios mío! ¡Oh, no! ¡De repente me acordé! Se suponía que aquella mañana debía estar volando hacia Malta. Casi sin poder moverme, me tomé las siete pastillas de un golpe y diez minutos después ya estaba empezando a despertarme, así que llamé a un taxi y me fui al aeropuerto. En el asiento trasero sentí la llegada del zumbido todopoderoso de las drogas, cada vez más intenso, como el de una tetera cuando empieza a hervir. Al pasar por Gloucester Road ya estaba fuera de mí e hice al taxista que parara frente a la casa de Alen. Eran las siete de la mañana pero eso no me impidió que aporreara la puerta. Alen se quedó trastornado al verme con ese aspecto tan deplorable y comportándome tan raro.

—¿Qué ocurre, Stephen? Creía que estabas en España.

—¡Hacia allí voy ahora! Tengo un grave problema y necesito bastante dinero, ya —grité.

El taxi seguía allí cuando su madre preguntó:

—¿Quién está ahí, Alen?

—Oh, no es nada —le respondió—. Una carta certificada.

Me extendió un cheque a mi nombre y muy preocupado dijo:

—¿Qué estás haciendo, Stephen? Por favor, llámame cuando hayas vuelto.

Subí al taxi y con la mano le dije adiós a Alen, que parecía perdido en el umbral de su propia casa. No necesitaba su dinero y el cheque no tenía utilidad en Malta. Era la primera de mis lunáticas reacciones bajo la influencia de las drogas.

En el aeropuerto, mi avión traía un retraso de cuatro horas y cuando por fin despegó, ya empezaba a sentir la bajada de las anfetaminas. La excitación y la felicidad se convirtieron en cansancio y tristeza. Como no tenía más pastillas, bebí brandy durante el vuelo para aliviar este terrible sentimiento de desdicha. Una vez en Malta cogí un taxi hasta el piso de la madre de Camilla, al que llegué en un terrible estado. Todos quedaron absortos al verme así pero estaba demasiado enfermo para que me cuidaran y decidí beber hasta quedarme dormido. Al día siguiente, en lugar de alegrarme de volver a ver a Camilla y a mi hija, lo único que me preocupaba eran las drogas, nada más tenía importancia. Isabella y sus hijas no lograban entender qué me ocurría.

Fue aquí, en Malta, donde por vez primera hizo aparición el auténtico horror de mi dependencia. La subida química de los últimos días había vuelto a encender mi adicción y todo lo que ansiaba era ese zumbido producido por las drogas. Mi sed de drogas se convirtió en desesperación cuando me di cuenta de que no podía conseguir anfetaminas en Malta. Intenté saciarla con la bebida pero no me producía la sensación que tanto ansiaba. Tras cinco horas en un bar volví a casa, musité algo acerca de unos negocios urgentes y me dirigí al aeropuerto para coger el siguiente vuelo a Londres y a las drogas. Mi esposa y su familia se quedaron perplejos pero parece que se lo creyeron. Camilla seguía decidida a volver a Inglaterra en una semana. Las fotos del piso nuevo habían surtido efecto.

Al aterrizar en Heathrow sólo el pensar en mi primera dosis de drogas me puso cachondo. Hice una llamada a Keith desde el aeropuerto y él mismo me puso en contacto con su propio camello. Dos horas después conocí a este hombre, que me ofreció cien pastillas ese mismo día.

—¡No seas gilipollas! —le grité—. ¡Necesito hacer buen acopio! —Le ofrecí dinero para que me presentara a su proveedor y al ver el puñado de billetes, accedió.

Arreglamos un encuentro entre un hombre misterioso y yo cerca de Barnes Bridge. Al principio parecía una historia de espías porque él no hacía más que asegurarse de que yo no fuera de la policía.

—¿Desde cuándo eres camello? ¿Desde cuándo conoces a Patrick? —indagaba con interés.

—Desde hace algún tiempo —le contesté.

¿Cómo iba a creerse que quería todas esas drogas para mí sólo? Le enseñé un montón de billetes y pasando la mano por mi bolsillo, le indiqué que quería mucho más. Fue entonces cuando me tomó en serio y me pidió que le siguiera por el margen del río durante aproximadamente un kilómetro. De vez en cuando giraba la cabeza hacia atrás para asegurarse de que no nos seguía nadie, hasta que llegamos a una casa flotante donde nos encerramos con llave. En el casco del barco me enseñó maletas llenas de frascos con píldoras.

—¿Qué tipo de pastillas son éstas? —le pregunté.

—Son estimulantes, anfetaminas —me contestó, ofreciéndome dos para que las probara.

Me las tomé y nos sentamos. Al poco tiempo ya estaba acelerado, mi cabeza estallaba.

—¿Y bien? —sonrió sarcásticamente al ver que las pastillas me hacían efecto.

—¿Cuánto? —le pregunté.

—¿Por cuántas? —añadió.

—¡Por todas y cada una de las que hay en este bote! —grité.

Después de mucho negociar convinimos en un precio y me marché a recoger mi coche en la barcaza. Juntos cargamos todas las pastillas en el maletero, el cual se llenó completamente. Había más de 300.000 y yo era un adicto feliz, tenía suministros para diez años. A partir de entonces, iba a dar por culo a todos los médicos y camellos *gays*, no iba a volver a quedarme sin pastillas de la felicidad nunca más. Si me hubieran ofrecido una fortuna por aquellas drogas, lo hubiera rechazado porque esas píldoras eran mi esperanza, la creencia en mí mismo; con ellas podía robar el dinero suficiente para luego comprar todo el amor que necesitaba.

Unos kilómetros más adelante, vi un coche de policía detrás de mí. ¡Ya me han cogido!, pensé. De haber sido así, hubiera pasado un tiempo en la cárcel. ¿Cómo podía creerse un jurado que esas pastillas eran todas para mí? Sin perder la calma, me salí de la carretera y cuando me acercaba al café Ace, vi que el coche de policía se detenía detrás de mí. «¿Echo a correr?», pensé. Mi corazón latía con fuerza según iba caminando hacia el café y, una vez dentro, me senté a una mesa a esperar que me arrestaran. Sin embargo, cuando entraron los dos agentes, lo único que hicieron fue comprar dos sándwiches, y luego se marcharon. Di un suspiro de alivio y cuando me hube tranquilizado, cogí de nuevo el coche, llegué a casa y descargué las drogas, cerrándome con llave. ¡Había muchísimas! ¡Cientos de frascos! El tamaño de mi compra era alucinante. Recostado hacia atrás, como un coleccionista de arte admirando sus cuadros, observé las pastillas, una habitación llena de drogas. Eufórico, besé cada frasco, empecé a contar las píldoras una por una y fui colocándolas en montones de cien. Pronto me cansé de contar, me hubiera llevado días. En lugar de eso, me llené los bolsillos de anfetaminas y salí a pasar una noche de descontrol.

Me encontré con Keith y empezamos una juerga de siete días que sería la peor de mi vida hasta entonces. Incluso empalmaba un día con otro, y es que me tomaba las pastillas a puñados. Siempre bajo el efecto de las drogas, era incapaz de controlar mi cerebro.

Hacia finales de aquella lunática semana, en medio de otra fiesta, recordé de pronto que tenía una cena especial en casa de Alen. Dejé a toda una masa de gente desnuda esparcida por el suelo y cogí el coche hasta su piso, conduciendo como loco, a toda velocidad.

Llegué cuando ya estaban cortando el postre. Parecía molesto y dijo:

—Pensé que se te había olvidado y que no ibas a venir.

Me disculpé con una excusa un tanto pobre que a Alen le costó creer.

En cuanto me di cuenta de que no le había traído un regalo, salí corriendo a la tienda y volví con bombones y *champagne*. Ni siquiera estaban envueltos pero Alen, encantado de verme, me perdonó todo. Su madre, por el contrario, me lanzaba unas miradas severas. Durante la cena intenté comportarme de manera normal pues Alen iniciaba conversaciones en las que participábamos los tres.

—¿Qué vas a hacer mañana domingo por la mañana? —me preguntó.

—¿Domingo? —dije, dando un fuerte chillido—. ¿A qué día estamos hoy?

—Es primero de mes —respondió su madre.

«¡Oh, no. Dios mío!», pensé, mientras el reloj del abuelo daba las ocho. Camilla llegaba al aeropuerto de Heathrow dentro de una hora.

—Ya te lo explicaré, Alen. Tengo que irme —dije.

Me levanté de la mesa y salí corriendo hacia la puerta de la calle. En el recibidor me detuve, volví pitando hacia Alen, le abracé y le besé delante de su madre, gritando:

—¡Te quiero! ¡Te amo de verdad! —Y me apresuré de nuevo, dejando a Alen y a su madre helados.

De camino al aeropuerto me sentía confuso. ¿Qué me estaba pasando? Toda mi vida estaba dando un giro, ¡ni siquiera sabía quién era! ¿Acaso era el marido de Camilla que iba a buscarlas a ella y a su hija?, ¿el amante de Alen con su pastel especial? ¿o el colega *playboy* de Keith en otra disparatada orgía? Entre tanta confusión decidí tomar más pastillas.

El aeropuerto estaba lleno de policías en busca de Charlie Wilson, el asaltador de trenes que había escapado de la prisión de Winston Green hacía unas semanas. Alucinado por las drogas, vi a mi mujer e hija pasar por la aduana. Camilla estaba muy morena, más atractiva que nunca, y la niña era como una muñequita sonriente. Al tenerlas a mi lado parecía que me liberaba de las otras identidades, como si Alen y compañía no existieran.

Para que pudiéramos mudarnos enseguida, había hecho que enmoquetaran y amueblaran mínimamente el piso entero. Desde el aeropuerto a casa no dije una palabra para que no discutiéramos pero, tras un largo silencio, Camilla dejó caer su bombazo: quería la separación y pretendía vivir sola en el piso, con la niña. Me puse hecho una fiera, gritándole que si no podía vivir con ellas no habría piso y que podía coger el siguiente vuelo de regreso a Malta. No tenía nada que perder, y era lo que me proponía. Camilla se percató de mi estado mental y consintió quedarse conmigo, o al menos vivir en el mismo piso.

Las drogas y los ultimátums de Camilla hicieron que mi confusión mental se acrecentara cada vez más.

Aparqué al lado de casa y cuando estábamos a punto de bajar del coche, una chica casi desnuda y con aspecto desaliñado, salió por la puerta del piso.

—¡Mira esa guarra! —dijo Camilla—. ¡Ni siquiera va correctamente vestida!

Horrorizado, reconocí a la chica. Había estado en mi fiesta con Keith la noche anterior. «¡Oh, Dios! ¿Quién más quedaba allí arriba?», pensé.

—¡No, no! —grité, empujando a Camilla dentro del coche—. ¡Lo había olvidado! ¡Terry tiene las llaves! Tenemos que ir a buscarlas a su oficina.

Camila estuvo esperando en las oficinas de Highheat con el pretexto de que Tel se había dejado las llaves en el coche de un ingeniero, el cual iba a devolverlas enseguida. Mientras tomábamos un té, Tel hizo otro de sus milagros: sacó todos los cuerpos desnudos de mi piso y les dio instrucciones precisas de no volver jamás.

Sin resto alguno de pruebas, Camilla, la niña y yo nos trasladamos a la nueva casa para comenzar nuestra turbulenta vida. Pronto quedé fuera de combate y dormí sin parar durante dos largos días. Cuando desperté, Camilla me comentó que había estado llamando a la puerta una gente misteriosa preguntando por la fiesta.

—¡Debe ser en otro piso! —le respondí tranquilamente.

8

Los años del tobogán

Mi esposa e hija estaban ya en casa, en un lujoso piso de mi propiedad. Alen me hacía regalos o me daba dinero. Además de todo esto, Terry, mi socio y gángster judío, me presentó al peor de los criminales; corrían tiempos de incertidumbre, por no decir otra cosa. Con tanta droga, mi vida se convirtió en un paseo en tobogán y se movía a tan gran velocidad que ya no sabía lo que estaba haciendo. Camilla, sin embargo, parecía contenta con su nueva vecindad y mientras no le faltara dinero no hacía preguntas, incluso aunque no apareciera por casa en varios días.

Era dueño de la mitad de Highgeat, aunque no tenía ni idea de lo que se cocía tras los bastidores. Mi socio Terry era un personaje despreciable, sin intención de cambiar su mala vida, que me veía como un crío ingenuo con demasiado dinero, listo para ser explotado. Su obsesión neurótica era convertirse en el padrino del hampa criminal de Londres. Y por este motivo había contratado a Tommy Cowley para llevarnos la contabilidad. Tommy, la mano derecha de los jefes del crimen, los gemelos Kray, era tan perverso como sus amos. Los Kray, que por entonces eran los reyes indiscutibles de los bajos fondos londinenses, eran temidos por todo el mundo. A sus treinta años estaban en la cumbre de su carrera con un ejército de hombres que hacían cumplir las leyes de su imperio. Reggie era un hombre violento, pero su hermano Ronnie era peor, un loco psicópata. Los Kray habían echado el guante a Terry, junto con su banda de gángsters, porque era la antítesis exacta de la personalidad de Al Capone, a quien Terry tanto quería parecerse. Era un soñador que quedó aterrado ante los hermanos Kray, quienes le obligaron a actuar exactamente como ellos querían. No obstante, el tenerlos cubriéndole las espaldas le permitía a Terry montar su propio espectáculo, asustando a criminales novatos como yo. Obviamente, Tommy Cowley no trabajaba, y estaba entre los libros de la compañía únicamente porque los Kray querían que estuviese allí.

Un día fui con Cowley a la costa para cobrar una importante deuda del propietario de un hotel que se negaba a abonar por el trabajo defectuoso que había realizado la compañía Highheat. Cowley, que se parecía a James Cagney, insistió en que nos acompañaran dos chicas de las oficinas. En el hotel, Cowley amenazó al dueño mencionando a los Kray, e inmediatamente nos pagó todo lo que debía.

—Lo siento, me retrasé en el pago —dijo el hombre mientras le entregaba el dinero a Cowley.

Me quedé alucinado con el pánico que inspiraba el nombre de los Kray. Después, Cowley se guardó una cantidad considerable de dinero, diciendo que era para los gemelos, y me dio el resto para que se lo entregara a Terry.

Una vez cumplida la misión, terminamos bebiendo con las chicas en el bar del hotel. Entonces, tres hombres, dos veces la talla de Cowley, empezaron a discutir con él. Yo me asusté y, como de costumbre, tomé unas pastillas. De nuevo Cowley mencionó a los Kray y los tres tipos retrocedieron. No podía creer lo que estaba viendo.

Antes de aquello, el dueño del hotel le había dado a Cowley dos habitaciones contiguas sin cargo alguno; así que, como todos estábamos un poco borrachos, nos subimos a las chicas a las habitaciones. Ya estaban medio desnudas y acabábamos de entrar de lleno en el sexo cuando Cowley abandonó la habitación para volver con uno de los hombres de antes.

—¡Esta es para que te la folles! —le dijo Cowley al tipo, llevándome a mí y a la otra chica a la habitación de al lado. Las dos chicas parecían muy asustadas y hacían lo que se les ordenaba. Unos minutos más tarde, Cowley me miró con una expresión desquiciada en sus ojos.

—¡Esto es lo que le pasa a la gente que nos molesta! —dijo entrando violentamente en la habitación en la que estaba el individuo encima de la chica.

Le golpeó la cabeza con una lámpara de metal, haciéndole un corte grave. La chica, desnuda, se puso a chillar histéricamente cuando Cowley empujó al hombre al suelo, sacudiéndole una y otra vez. Tenía la nariz prácticamente seccionada de la cara y la boca llena de sangre; entonces Cowley le empezó a dar patadas sin ton ni son. Rasgando las sábanas en tiras, Cowley se volvió hacia mí y me gritó:

—¡Ata a este cabrón!

Pero no era necesario porque el hombre, que ahora yacía sobre un charco de sangre, no se movía. Muerto de miedo, obedecí y le até, manchándome las manos de sangre. A continuación, Cowley se bajó la bragueta de los pantalones y tirándose encima de la chica, chilló:

—¡Así es como se folla a una mujer!

La chica, también salpicada de sangre, gritaba, pero se calló cuando Cowley se puso a golpearla por toda la cara, gritando:

—¡Te estoy follando, así que disfruta!

En mitad del acto, saltó al suelo para volver a patalear al hombre atado y con los ojos en blanco, y de nuevo volvió para follarse a la chica. Cuando llegó al clímax dijo:

—¡Que les corten la polla a los bastardos!

Me marché corriendo a la otra habitación y me escondí en el armario en compañía de la otra chica.

Cuando todo se hubo calmado, Cowley nos llevó a las chicas y a mí a un club nocturno. Después de todo lo ocurrido estábamos todos demasiado conmocionados como para abandonarle. Los otros dos hombres entraron, se disculparon por todo lo que habían dicho y suplicaron a Cowley que cogiera el dinero que quisiera y que no mencionase nada a los gemelos. Acababa de ser testigo presencial de la violencia que imponía el imperio de los Kray. Aquella noche, ya en Londres, Cowley me lanzó una mirada asesina, diciendo:

—¡Vosotros no habéis visto nada!, ¿eh?

—¡Nada! —se oyó un coro de voces asustadas.

Luego se dirigió a mí.

—¡La semana que viene les vas a hacer un favor a los Kray!

Me senté, la camisa todavía manchada de sangre seca, demasiado asustado como para hablar, y asentí con la cabeza.

Una semana después me encontraba en el banquillo de los testigos, dando falso testimonio a favor del ex campeón británico de boxeo Sonny McCoothey, acusado de robo. En presencia del jurado, me preguntaba por qué hacía aquello; ni siquiera conocía a McCothey, nunca me lo habían presentado. Levanté la mirada hacia la tribuna del público y la respuesta me miró a la cara: allí estaban Cowley y los hermanos Kray, sonriéndome.

Durante los meses siguientes pude presenciar mucha más violencia ya que Terry pagaba para poner a la gente en su sitio. Disfrutaba con ello. Una vez, un hombre que se había despedido de Highheat para montar su propia compañía fue cogido por los pies y suspendido desde la ventana de una quinta planta. Le dijeron que le soltarían a menos que cerrara su empresa inmediatamente y volviera a trabajar para Terry. Y eso fue lo que hizo dos días después. En otra ocasión, el conductor de un taxi fue golpeado despiadadamente porque no quería darle a Tel los detalles de dónde me había llevado el día anterior. Casi pierde un ojo y tuvo que ser hospitalizado durante varias semanas. Terry, que nunca sacudía a nadie, recurría a matones de segunda división para que hicieran el trabajo sucio por él. Así podía seguir con su fantasía de Padrino. En lo que a violencia se refiere, los Kray pertenecían a una calaña diferente: eran auténticamente sanguinarios.

En cuanto a mí, continuaba ingiriendo grandes dosis de drogas, lo cual transportó mi vida a otra dimensión y, sin darme cuenta, me reintegré en un mundo de delitos más graves. No perseguía el dinero —no lo necesitaba— sino la actividad, escaparme de la vida normal.

A través de Terry conocí a un individuo al que llamaré Billy. Era miembro de una banda de ladrones a mano armada famosa por una serie de robos a gran escala. Todo surgió porque Terry me había visto conduciendo mi Jaguar por calles de un solo sentido a velocidades extremas y esquivando a los otros coches; todo por diversión. Hacía esto porque las anfetaminas aceleraban mis reflejos, porque no era consciente de los riesgos. Al oír hablar de mis proezas, Billy me pidió que le diera uno de esos espeluznantes paseos en coche y así me vi envuelto en el papel de conductor tras un gran robo a un furgón blindado. Había mucho dinero en juego y mientras hablábamos sobre ello, me sentía más grande. Cuando advertí que realmente íbamos a hacerlo, me invadió el sentimiento de pánico porque, sin las anfetaminas, era como un niño inseguro y asustado de la oscuridad.

Los días previos al robo no dejaba de imaginar que el coche en el que huiríamos chocaría y mataríamos a alguien. Quise abandonar pero era demasiado tarde; además, Billy se ponía muy serio cuando expresaba mis dudas. La mañana del robo, atemorizado, tomé una dosis excesiva de pastillas y a la hora de coger los coches, estaba completamente colgado. Un hombre mayor, que nunca quiso que formara parte de la banda, se dio cuenta del estado en que me encontraba, y dijo:

—¡Jódelo, y estás muerto!

Estaba aterrorizado y quise huir de allí pero las cosas empezaron a complicarse.

Por el espejo retrovisor del coche en el que íbamos a huir vi cómo la banda embestía el furgón blindado con un segundo vehículo. Empecé a gritar, y entonces oí unos chillidos y el rompimiento de cristales. El conductor fue obligado a abrir el furgón a punta de pistola. Todo transcurrió en pocos segundos y cuando los artífices iban entrando en el coche, sentí una pistola amenazándome en la nuca.

—¡Jódelo y estás muerto, hijo! —Las palabras provenían de un encapuchado sentado detrás de mí.

Mi pie pisó el acelerador con tanta energía que salimos disparados como un cohete, pero por alguna extraña razón parecía que no se movía. Parecía que todo ocurría a cámara lenta. Uno de los ladrones se arrastraba en el exterior y cuando lograron introducirle en el coche en marcha, por la ventanilla, empezó a proferir insultos contra mí. El hombre mayor le dio una bofetada, y dijo:

—Deja al chico que conduzca.

Teníamos una ruta planeada, pero al doblar la primera esquina, un camión de mudanzas bloqueaba la calle entera. Me subí a la acera sin dejar de tocar el claxon. De repente apareció entre dos coches aparcados una mujer con un cochecito pero, a la velocidad que íbamos, era imposible frenar. No sé cómo, la señora apartó el cochecito de nuestro camino y milagrosamente saltó y se puso a salvo. Yo me golpeaba y rebotaba contra los demás coches aparcados, me sentía como en una película en donde todo ha ocurrido ya.

Girando a derecha y a izquierda llegamos a un lugar seguro y me di cuenta de que, excepto un estúpido accidente, lo había conseguido. Empecé a reír y a llorar al mismo tiempo. Salimos del coche en tropel y yo desaparecí con el hombre mayor por la estación de metro más cercana. Sentados en el vagón, dijo:

—Bien hecho, hijo. ¡Has conducido muy bien!

Sus palabras significaban más que el dinero que iba a recibir ese mismo día. Era precisamente el reconocimiento lo que siempre había deseado, no sólo el dinero. Desde que era niño lo único que quería era ser aceptado y pertenecer a alguien. Desgraciadamente, tenía que ser a una banda de delincuentes.

Guardé bajo llave la parte que me correspondía, varias bolsas de dinero, en el piso, donde Camilla no pudiera verlo. Necesité varios días para recuperarme de aquel robo y después de descansar, y con la ayuda de las drogas, continué cometiendo muchos más. Bajo los efectos de la anfetamina, lo que hacía no me parecía real, era como un juego.

Unos días después del robo fuimos al aeropuerto de Londres a recoger a la madre de Camilla, Isabella, y a sus hermanas que venían a pasar la Navidad con nosotros. Isabella quedó boquiabierta cuando vio lo delgado que estaba. Había perdido diecinueve kilos desde la última vez que la vi. Mi adicción, los delitos y la violencia estaban haciendo mella en mí pero, a pesar de todo, quería ofrecer a Isabella y a sus hijas unas vacaciones normales. Durante la cena de Navidad observé a mi familia. Por culpa de las malditas drogas casi me había olvidado de que Camilla y Tessa existían. Aquella tarde Louisa estaba empujando a Tessa en el columpio y ésta se cayó; su llanto me sobresaltó y me devolvió a la realidad. Cogí a mi pequeña y entonces advertí que no le había mirado a la cara desde hacía mucho tiempo. El resto de las vacaciones las pasé intentando volver a formar parte de la familia y reduje el consumo de drogas.

Fuimos a ver las luces de Oxford Street y el gigante árbol de Navidad de Trafalgar Square. Durante esos días de sensatez, también visitamos el mercado de la calle de Petticoat Lane y, entre la multitud, pensé en todas esas personas corrientes que llevaban una vida normal, sin drogas. ¿Por qué no puedo yo ser igual que ellas? Las niñas iban siempre agarradas a Isabella, era todo lo que tenían. Al verlas a todas hablar con Camilla y su madre, me invadió el deseo de querer ser parte de esa normalidad. Esa misma noche escuché el nuevo disco de los Rolling Stones que acababa de comprar: *It´s all over now.* Me hizo sentir triste, como si supiera que mi cordura no duraría.

Fuimos a despedirlas al aeropuerto e Isabella y yo nos estrechamos las manos durante lo que pareció una eternidad. Estaba pálida y parecía cansada; había algo extraño en sus ojos, como si quisiera decirnos algo.

En casa, con el fin del alto el fuego navideño se volvió a declarar nuestra guerra doméstica y una noche, después de cenar con Alen, llegué a casa y encontré a Camilla dando voces como una loca. Había suspendido el examen de conducir. Le había comprado un coche deportivo nuevo, un Triumph, que había estado aparcado varias semanas en espera de que ella aprobase el examen. Como no aprobó, vociferaba y rabiaba, como si fuera yo el que hubiese pisado el maldito bordillo al hacer la «ele». Pagué cierta cantidad de dinero para asegurarme de que, incluso con los ojos vendados, aprobaría la segunda vez. Estaba preparado para hacer cualquier cosa, pagar lo que fuera, conservar el *status quo.*

Unos meses después, una mañana temprano, Camilla empezó a gritar otra vez y esta vez pidiendo una casa.

—¡No podemos criar a la niña en un piso. Necesita un jardín en el que jugar!

—Cálmate —repliqué—, compraré una antes de volver a casa esta noche.

Con una bolsa llena de dinero fui a ver a Terry, como siempre en los momentos de crisis.

—Tengo que conseguir una casa hoy mismo —le dije—. No me atrevo a volver a ver a Camilla sin una. No soporto otra discusión.

Por fortuna Tel conocía a un procurador que estaba deseando vender su casa de Totteridge.

—Si tiene jardín, la compraré. El dinero está en el coche —le dije.

Llamamos al propietario e inmediatamente fui a verla. Él quiso enseñármela pero yo le dije:

—Mi esposa podrá verla después. Dígame el precio.

Parecía desconcertado pero me dijo lo que costaba, más de lo que valía realmente. Acepté sin vacilar. Sólo quería un poco de paz. Excepto una pequeña cantidad, le pagué todo en metálico. «Gracias a Dios, esta noche no habrá broncas», pensé, mientras me encaminaba con una fotografía de la casa.

Gastamos una fortuna reformándola. A mí no me interesaba la decoración porque eso significaba meter la mano en otra de las bolsas. El enorme chalé tenía cinco habitaciones y un extenso jardín en pendiente, que daba a una tierra de labranza. Esta panorámica era algo raro en Londres pero yo estaba encantado de poder disfrutar de ello.

Mi padre participó y ayudó a organizar a los albañiles. Estaba cambiando su actitud hacia mí, intentaba un acercamiento. Ayudar a Camilla con la casa fue la primera muestra de interés por lo que yo hacía. ¿Acaso su amistad se debía a mi reciente opulencia o es que acababa de reconocerme como hijo suyo? No quería saber la respuesta, me bastaba con disfrutar de su atención. La tienda de papá se fue a la ruina y, como ahora se encontraba muy enfermo para trabajar, solía enviarle alguna cantidad semanal. También le compré un coche nuevo, todo ello con el dinero procedente de mi fórmula «El dinero compra el cariño». Como muchas otras personas, se preguntaba cómo este hijo de tan sólo veintiún años había logrado ser tan rico.

Para celebrar el traslado a nuestra nueva casa llevé a mis padres y a Camilla a cenar al restaurante de moda Talk of the Town. Sentados en los mejores sitios, al lado del escenario, parecíamos una familia feliz, pero aferrado todavía al sueño de crear una familia que me amara, quería que mis padres y mi esposa estuvieran aún más unidos. A pesar de todas las drogas y los delitos cometidos, una parte de mi ser quería reducir velocidad. Estábamos empezando a cenar cuando sentí una mano sobre el hombro.

Giré la cabeza y me encontré a Tommy Cowley, de pie detrás de mí.

—Te necesitan en nuestra mesa —dijo. Para desgracia mía, vi a los hermanos Kray y otras caras siniestras mirándome.

—Ahora no puedo, estoy en mitad de una celebración —repliqué.

—¡Ahora! —dijo con desprecio—. Si es que quieres tener la oportunidad de volverlo a celebrar.

—Enseguida termino —le contesté.

Con una sonrisa forzada pedí disculpas a Camilla y a mis padres, que notaron que algo iba mal. Primero fui al servicio a vomitar y, más tranquilo, salí de allí y Ronnie Kray me saludó con su famosa sonrisa de rabia. Alzó la mirada para observarme con gesto desinteresado.

—Hay alguien que quiere verte esta noche —dijo, informándome de que tenía que acudir a una dirección de Chelsea en una hora—. No te retrases —sonrió.

—Pero, ¿qué quieres? —le pregunté.

—Tenemos algunos negocios para tu agente de bolsa —replicó Ronnie.

Estaba perplejo. «Terry debe de haberles contado todo acerca de mi relación con Alen. ¡Qué cabrón!»

Regresé a mi mesa y me senté, demasiado nervioso como para hablar. En mi mente pude ver retratado a Alen tocando el piano para mí. ¿Voy a traicionar a la única persona que me ha amado?

—¿Qué pasa? Pareces enfermo —dijo mi madre.

—¡Oh no!, no es nada —le respondí. Y me tomé unas anfetaminas delante de ellos.

Había llegado demasiado lejos para que pudieran curarme. Les expliqué que tenía que irme urgentemente, así que dejé a mis padres y a Camilla en un taxi y yo me fui inmediatamente a Chelsea.

La reunión tenía lugar en un bloque de pisos muy lujoso. Me bajé del ascensor en la quinta planta y me recibió un americano de unos cincuenta años y con una calva incipiente. No se parecía en nada al resto de la chusma, más bien tenía aspecto de banquero. Me llevó a una habitación llena de gente y, tras hacer que me sentara, procedió a explicarme el despiadado negocio. Todos nos quedamos mudos durante su discurso. Se necesitaba a la Copel Pure Lindon Dark & Co. como tapadera para una gran estafa. No tenía por qué entender todos los detalles técnicos porque mi actuación era muy sencilla: tenía que convencer a Alen de que fuera a un hotel donde se le harían fotografías que le incriminarían sexualmente. Los Kray utilizarían estas fotos para chantajearle con el fin de que hiciera lo que ellos querían. El americano explicó que había en juego una fuerte suma y que se me pagaría espléndidamente.

—Necesito tiempo para pensarlo —le supliqué con cierto malestar.

—Pensar no es bueno para tu salud —me susurró, dándome golpecitos en la cabeza con los nudillos.

¿Cómo podía hacerle esto a Alen? Pero no tenía elección. Me fui muy confuso de aquel apartamento de Chelsea, y pasé la noche conduciendo por la ciudad. ¿Por qué no podía ser como el resto de los muchachos de mi edad que disfrutaban pateándose Londres y las tiendas, los cafés y los clubes de Carnaby Street? Pasé delante de un cine en el que se estrenaba la película de los Beatles *Help*.

—¡Coño, que alguien me ayude! —grité—. ¿Qué es lo que está pasando?

Al día siguiente por la mañana temprano llamé a Alen por teléfono para decirle que necesitaba verle urgentemente. Me citó para comer y una hora más tarde ya estaba en la puerta de su casa.

—¡Tienes muy mal aspecto! —dijo, invitándome a entrar.

Mientras iba a la tienda a hacer algunas compras me pidió que tomara café con mi madre. La anciana y yo nos sentamos en el cuarto de estar y nos miramos.

—¿Me vas a contar cuál es el problema ahora? —dijo al cabo de un rato

Era muy extraño, como si ya lo supiera. El estar sentado allí con aquella refinada señora me producía la sensación de estar muy lejos del endemoniado mundo del crimen en el que me encontraba atrapado. De repente, se puso de pie y con ayuda del bastón recorrió la habitación entera para ponerse enfrente de mí. Me puso las manos sobre los hombros y dijo con tono de reproche:

—Si afecta a mi hijo, dímelo.

La miré y le pregunté:

—¿Qué haría usted si la obligaran a hacerle algo terrible a alguien a quien amara?

—Simplemente no lo haría. Quien encuentra el verdadero amor una sola vez en la vida, es una persona afortunada. Vale la pena morir por ello. Mi hijo Alen te quiere. Sea lo que sea, ¡no lo hagas! —contestó sentándose a mi lado.

Me senté en silencio. Ella tenía razón. Había cosas por las que merecía la pena morir. Prometí no seguir con aquello.

—Te sentirás mucho mejor contigo mismo y ya no necesitarás esas pastillas que tomas en secreto —me dijo sosegadamente.

En ese momento, Alen entró en la habitación.

—Tienes mejor aspecto —dijo—. ¿Qué le has hecho, mamá?

—Sencillamente le ayudé a enfrentarse a la vida —sonrió.

Durante la comida empezó a desbordarme un sentimiento de libertad: una señora mayor me había liberado del temor de los Kray. Ahora le tenía más miedo a ella, había hablado con la voz de mi conciencia.

Gracias a la madre de Alen había tomado la decisión de luchar. Reservé habitación en un hotel regentado por unos malteses que conocía, cerca de Kings Cross. Al cabo de unas horas y con ayuda de un experto, conecté una grabadora debajo de la cama para registrar todo lo que se dijera en aquella habitación. Por la noche llamé a Cowley para decirle que quería discutir algunos puntos sobre el trato, antes de seguir adelante con la sesión de fotos. Una hora después, él y el americano llegaron a la habitación del hotel. Hablaron como estúpidos del plan con todo detalle, respondieron a todas mis preguntas y se marcharon cuando les mostré mi conformidad. Acordamos que harían las fotos la noche siguiente.

Inmediatamente hice tres copias de la cinta y puse cada una en un sobre diferente. Uno con la dirección del cuartel general de Scotland Yard y otro con la del periódico *News of the World;* el tercero lo llevé a un abogado que conocía, y a quien expliqué todo lo que había ocurrido. Le entregué los dos sobres con las otras cintas y le pedí que los enviara si los Kray o Cowley me hacían daño. La prueba era suficiente para poner a mucha gente entre barrotes.

Al día siguiente estaba como loco, como un piloto de kamikaze en su misión final, esperando en la habitación del hotel a que llegara la hora de la verdad. Me senté en la cama con una pistola en la mano, demasiado enloquecido como para preocuparme. Cuando Cowley y otro hombre irrumpieron en la habitación con sus cámaras, me levanté de un salto, gritando:

—¡Todo está grabado! ¡Leed estas cartas! —Apunté a mi cabeza con la pistola y chillé—: ¡Y ahora qué coño vas a hacer! ¿Matarme? ¡Yo lo haré por ti! ¡Luego os cogerá la policía e iréis todos a la cárcel!

Gracias a las drogas me había transformado en un lunático suicida, sin temor a nada. Cuando me mataran el abogado ya habría enviado las cintas y alertado a la policía.

—Cálmate —dijo Cowley—, vamos a hablar con Terry.

Puede que Tommy Cowley fuera un gamberro pero no era tonto y quería dar por terminado todo el negocio, ahora que su libertad se veía amenazada. Prometiendo que jamás se volverían a acercar a Alen, me dejaron solo en la habitación. Esta vez las drogas, como el vino de mis padres en el episodio del perdonavidas hacía tantos años, se habían puesto de mi parte y me habían trastornado lo suficiente como para lograr engañar a los gángsters.

El miedo que tenía hacia una frágil señora de cien años había dado el jaque mate a los Kray.

Aliviado, me fui a casa completamente agotado y rendido. No había dormido en varios días y era lo único que quería hacer.

En cuanto me tumbé en la cama, oí sonar el teléfono y a continuación gritar y llorar en la planta baja. Camilla entró en la habitación y dijo con una voz entrecortada:

—Mamá está en el hospital. Se está muriendo.

9

Muerte en Malta

Acababa de pasar por una pesadilla, cuando la noticia desde Malta me dejó desolado. Por entonces Roseanna, la mayor de las hermanas de Camilla, estaba pasando unos días con nosotros en Inglaterra y, a sus quince años, ya era lo suficientemente mayor como para cuidar de Tessa. Conmocionados, Camilla y yo nos dirigimos al aeropuerto para coger el próximo vuelo hacia Malta. Teníamos que ocuparnos de Isabella y de sus pequeñas.

En Heathrow, dejé a Camilla en el bar mientras yo iba a arreglar el asunto de los pasajes. El terminal estaba atestado de gente y apostado en la cola del mostrador, escuché los gritos desesperados de Camilla entre el bullicio del aeropuerto.

—¡Mamá está muerta! ¡Stephen, Stephen, ayúdame!

Miré por encima de las cabezas de la gente pero no conseguí verla. Volví a oír los gritos:

—¡Mamá ya se ha muerto!

Durante tres días había estado despierto bajo los efectos de las anfetaminas y me sentía entumecido. El empleado se dirigió a mí:

—El siguiente, por favor.

—Ya es demasiado tarde. ¡Isabella ya está volando hacia el cielo! —me limité a gritarle.

Me di la vuelta y pasé a empujones entre la gente y sus equipajes, mientras escuchaba el llanto de Camilla. Me apresuré hasta el otro extremo del edificio y la encontré apoyada contra la reja acristalada de la planta de arriba, llorando desconsoladamente.

¡Oh, Dios mío! Era cierto. Isabella estaba muerta

Las drogas reprimieron mis lágrimas. Estaba demasiado colocado como para ponerme a llorar. Había adorado a aquella mujer, pero ahora tenía que ayudar a la desconsolada Camilla. Conmocionado por el dolor, de repente me acordé de que, además, debía rescatar a tres huérfanas que estaban solas en Malta.

Haciendo acopio de la poca cordura que quedaba en mi mente, tomé el control de la situación y le dije a Camilla que se quedara en casa. Mientras tanto iría a Malta para recoger a sus hermanas y traerlas a vivir a Inglaterra con nosotros. Mis intenciones eran buenas pero mi adicción era tan fuerte que necesitaba suministrarme drogas y, por supuesto, no era la persona adecuada para convertirme en el guardián de las niñas.

Tras reservar un vuelo para más tarde, ayudé a Camilla a montar al coche. Estaba fuera de sí, llena de dolor, y durante el trayecto de vuelta a casa lloraba tanto que temí por su seguridad. Intenté tranquilizarla y así comencé mi monólogo de inspiración divina, el cual duró largo tiempo. Las drogas alimentaban el drama que había dentro de mi cabeza: le expliqué que la muerte era un viaje maravilloso, el último viaje a nuestra casa en el cielo.

—El corazón de tu madre murió con la muerte de tu padre. Desde entonces tu madre vivió para sus hijas —le dije. Y señalando al cielo, exclamé—: Mira, allí está tu mamá abrazando a tu padre. Dios les está llamando con señas. Qué felices son.

La descripción de la felicidad celestial continuó hasta que llegamos a casa. Mis palabras le sirvieron a Camilla para tranquilizarse. Roseanna se quedó muda cuando se enteró. Afortunadamente, un vecino se ofreció para quedarse con las dos y yo me marché de nuevo al aeropuerto.

Con mis emociones flotando en un mar de drogas, me fui en el coche gritando:

—¡Dios está conmigo! ¡Salvaré a las niñas!

Una hora después aproximadamente, en un estado mucho peor, ya estaba volando rumbo a Malta para mi «Misión de Salvamento». Aterricé en el aeropuerto de Lucca drogado como nunca, cogí un taxi para dirigirme al otro extremo de la ciudad, hasta la nueva casa de Isabella, en Sliema. No había nadie, el piso estaba cerrado. Era mediodía, hacía un sol de justicia y allí estaba yo, en la calle, perdido, sin saber a dónde ir. Estaba mareado y me senté en el bordillo. Entonces se me acercó un hombre y me habló en maltés. Me reconocía de mis anteriores visitas. Me llevó hasta un concurrido bar y allí habló con otros hombres, que se dieron la vuelta para mirarme. Yo no entendía lo que decían, pero escuché el nombre de «Isabella» varias veces. Me ofrecieron una copa y enfurecido, chillé:

—¡Esto no es una maldita fiesta! ¿Dónde están las niñas?

Salí corriendo a la calle y entonces una mujer me llamó desde un balcón:

—Señor inglés, espere, tengo algo que enseñarle.

Bajó y me explicó que a las niñas las estaban atendiendo una manzana más abajo, y me llevó hasta el final de una calle estrecha y muy empinada, después de bajar un montón de escalones llanos.

—Las niñas están allí abajo, al lado de la fuente.

Se marchó y me dejó solo. Isabella acababa de fallecer la noche anterior y todavía no se lo habían dicho a las niñas. El destino quiso dejarme a mí esa tarea.

La colada colgaba entre los altos edificios por encima de mi cabeza y había varias tiendas con montones de frutas en el exterior. Pasé por delante de una mujer que estaba barriendo la puerta de la calle y me detuve de repente. Las tres niñas estaban jugando en una placita y aún no me habían visto. «No debo llorar», pensé mientras ensayaba un segundo monólogo de inspiración divina. «Vuestra mamá está en el cielo, desayunando con vuestro padre. Huevos, muchos huevos.» «Joder, tiene que parecer real», pensaba mientras me iba acercando a ellas. No lo podía soportar y, con lágrimas en los ojos, me refugié en un bar para tomarme un brandy y algunas pastillas. Quise pagar pero el camarero me hizo una seña con la mano queriendo decir que no quería el dinero. Sabía por qué estaba allí e, invitándome a otra copa, me abrazó como si fuera a partir hacia el viaje más largo de mi vida. Los vecinos habían salido a sus puertas para ver al inglés que había venido a por las niñas de Isabella. Inseguro pero con la cabeza bien alta, me fui acercando a ellas lentamente.

La plaza se vació de repente; la gente nos dejaba solos a mí y a las niñas. Ellas estaban sentadas en los escalones de una fuente, dibujando en el suelo con una tiza. Cuando me vieron se acercaron a mí y preguntaron al mismo tiempo:

—¿Dónde está mamá?

Negando con la cabeza me senté junto a ellas. El sol calentaba cuando empecé mi historia.

—Mamá está ahora en el cielo.

Me miraron incrédulas pero escuchaban con atención todos los detalles. Afectado por las drogas, empecé a hacerles dibujos con la tiza, como un maestro de guardería.

—Esta es vuestra mamá y éste vuestro papá en el cielo —les señalé con la tiza—. Y este es su desayuno con huevos.

—¡Muuuchos huevos! —dijo Louisa.

—¡Mamá está muerta, mamá está muerta! —empezó a gritar Josephina.

Ella y Laura se agarraron a mí fuertemente y empezaron a llorar sin consuelo. Levanté la mirada y vi a Louisa caminar por la plaza desierta. Iba mirando al cielo y gritando:

—¿Por qué te has tenido que ir hoy al cielo? ¿No te podías haber ido otro día? —Se volvió hacia mí y me preguntó a voces—: ¿Por qué se ha ido hoy?

—¡No sé! —le contesté yo, enfadado—. ¡Dios es el que tiene el horario!

Louisa retrocedió despacio y se sentó a mi lado. Nunca volvió a llorar.

Permanecimos mucho tiempo al lado de la fuente, sentados en el suelo en círculo y con las manos entrelazadas. Los vecinos no se acercaron. El tiempo se había detenido y las drogas, la bebida y el sol empezaban a molestarme. Eché el cuerpo hacia atrás, cerré los ojos y me quedé dormido. Cuando desperté vi al dueño del bar y a otros vecinos alrededor de nosotros. Algunas mujeres lloraban. Alguien me ofreció una copa de brandy y entonces reaccioné. Una mujer se acercó, besó a las niñas y me dio las llaves del piso de Isabella.

Le agradecí a la gente todo lo que había hecho y me fui al piso acompañado de tres tristes niñas. Aquí es donde Isabella había estado postrada durante unos días. Todo el piso olía a muerte, las sábanas estaban todavía húmedas. «¿Por qué?, ¿por qué no podía haber estado aquí la semana pasada?», pensé con deseos de gritar. «¿Por qué no nos lo dijo nadie?» El piso estaba vacío, muchas cosas habían desaparecido. Más tarde entró un vecino a decirme que los primos de las niñas se lo habían llevado todo aquella mañana muy temprano.

—¡Esos hijos de puta van a pagar por esto! —grité.

Mi cabeza daba vueltas. ¿Dónde estaba el cuerpo de Isabella? ¿Quién la enterrará?

Estaba allí sentado, sobrecogido por la magnitud de la situación cuando escuché un grito que procedía de la calle. Me asomé por el balcón y reconocí al padre de Isabella. Bajé a conocerle. Era un anciano fuerte, de unos ochenta años y tenía la cara llena de arrugas y muy bronceada. Me abrazó por los hombros y sus ojos se llenaron de lágrimas. Dijo algo en maltés. De repente me soltó, apretó los puños y cayó muerto a mis pies.

—¡Oh, Dios mío, no! —grité.

¿Qué estaba pasando? ¿Por qué se moría todo el mundo? Los vecinos se apresuraron para echarme una mano y se llevaron a las niñas. Luego, para serenarnos, me llevé a las niñas a la playa, donde estuvimos sentados hasta que se puso el sol, tirando guijarros al agua. Ninguno habló demasiado.

Así las cosas, debería haberme concentrado en sacar a las niñas de la isla pero en mi desquiciado cerebro sólo me rondaba la idea de ajustar cuentas con el tío Tony, el hermano del difunto padre de las niñas. Isabella había dejado un escrito en el que explicaba cómo Tony la había estafado en la parte que le correspondía del testamento de los padres de su marido. Tras la muerte de éste, Isabella se encontraba demasiado angustiada como para vérselas con él. Alucinado por las drogas quería vengarme y, con una pistola, le habría matado de un tiro a plena luz del día, como en una película de John Wayne. Aquella noche, por suerte, no tenía pistola, pero en lugar de ella me llevé hasta el bar de su tío a las tres chicas, confusas.

Era medianoche aproximadamente cuando el taxi aparcó en la plaza del pueblo. Hice que las niñas entraran descalzas en el bar mientras yo las seguía como un bandido borracho, gritando:

—¿Son estas las hijas de tu hermano? ¡Mira, no llevan zapatos! ¡Hijo de puta! ¡Les has robado su herencia! —Y continué vociferando—: ¡Te volaré el bar! ¡Y el pueblo entero!

Tenía buenas intenciones pero era un adicto enfermo, sin contacto alguno con la realidad. Mi comportamiento confundió mucho más a las tres pequeñas, que acababan de perder a su madre y que ya no tenían nada. Deberían estar durmiendo. Finalmente, después de intercambiar unas cuantas amenazas más, regresé al piso con las niñas.

A la mañana siguiente arreglé todo para que enterraran a Isabella y, como sólo deseaba lo mejor para ella, mandé embalsamar su cuerpo. Pagué el funeral y un coche fúnebre tirado por seis caballos negros. El día del entierro me encontraba en un estado terrible, porque llevaba varios días sin dormir. Fui a la funeraria a ver el cuerpo de Isabella, solo, con el deseo de dar mi último adiós a una mujer que me había querido. Tenía la cara pálida y ojerosa pero parecía en paz, como si estuviera diciendo: «Cuida de mis tres pequeñas.» Entró un sacerdote, me estrechó la mano suavemente y rezamos juntos.

Una hora después, estaba fuera con las niñas viendo cargar la caja mortuoria en el coche. El sol picaba y me pareció oír voces que venían del cielo: «¡Stephen, Stephen, cuida de mis hijas!» Todo empezó a dar vueltas a mi alrededor y me desmayé en la calle.

Al día siguiente me desperté en casa de un vecino con las niñas mirándome fijamente.

—Queremos irnos con Camilla —dijeron todas.

Entonces descubrí otro problema: no tenían pasaporte, antes viajaban con el de su madre. Puesto que yo no era su protector legal, no dejarían que me las llevara de allí. Así pues, durante los tres días siguientes fui a visitar, en vano, los distintos organismos oficiales para conseguir los pasaportes. Incluso llegué hasta Mintoff, el Primer Ministro de Malta, quien me dijo que no podía ayudarme y que el asunto tendría que ir a los tribunales. Siguiendo el tradicional estilo mediterráneo del «mañana», la próxima vista se celebraría dentro de tres semanas. Colocado y muy molesto, agarré con fuerza a Mintoff y empecé a amenazarle. Inmediatamente, dos oficiales me separaron y llamaron a la policía; me sacaron de allí a rastras. Fui encerrado en una celda donde perdí el control y empecé a llorar. Estaba destrozado y toda mi chulería no podía ayudarme esta vez. Todo lo que me quedaba era Dios, así que me arrodillé, cerré los ojos y recé. Una hora después aproximadamente, cuando me desperté, Dios ya había dado respuestas a mis preguntas.

Había una mujer en la puerta de la celda junto con las tres niñas. Se presentó como Miss Spittuna, una trabajadora social.

—Voy a ayudarle —me dijo estrechándome la mano a través de los barrotes—, le conseguiré un pasaporte. Mi primo trabaja en la oficina de emigración.

La policía se negó a liberarme pero dejaron que las niñas entraran en la celda. Como no habían dormido bien la noche anterior, estaban muy cansadas y todos nos quedamos dormidos en el suelo de la celda. Al cabo de unas horas nos despertó una sonriente Miss Spittuna. En el pasaporte que nos entregó aparecía una foto con las caras de las tres niñas juntas:

—No es que sea estrictamente válido pero le sacará de la isla —explicó.

Pagué una multa que fue a parar directamente al bolsillo de un policía, y la puerta se abrió. Con un gran alivio, caminamos bajo el sol.

Antes de marcharnos a Inglaterra, quería que la abuela de las niñas las viera una última vez. Ya enferma y vieja, era casi imposible que las volviera a ver.

Me las llevé de compras a un centro comercial de Valletta, de donde salieron vestidas con ropa nueva de pies a cabeza: vestidos amarillos, zapatos de marca negros y calcetines blancos hasta el tobillo. Para terminar, les compré unos abrigos rojos y gorros a juego. Las niñas de Isabella parecían princesas. Por desgracia iban acompañadas de un príncipe bastante puesto que les llevaba a ver a la anciana abuela.

Al llegar a su casa nos invitó a entrar otra señora mayor. La abuela estaba sentada en la cama, en una habitación oscura, para darnos la bienvenida. Le dio un abrazo a cada una. Otros niños del pueblo se asomaban por la ventana. Finalmente, la abuela me llamó por señas y besándome, me dijo algo en maltés.

En el avión, Laura, la más pequeña, incapaz de comprender que la muerte era para siempre, se dirigió a mí para premente solo en

3-1 (57m) **Movilla** ...

vechar dos rechaces a sendos tiros su...

3-2 (59m) **Celades** remacha a puerta vacía el 'pase de la muerte' de Munitis.

3-3 (81m) **Guti** cabecea una falta de Figo.

Ocasiones

(1') Darío Silva, pese a quedarse solo al borde del área grande, dispara muy alto.

(4') Agostinho dispara cruzado junto al poste.

(38') Falta directa de Figo que coloca junto al larguero y que desvía a córner Contreras.

(46') Basti no llega por muy poco para remachar una gran jugada de Rufete.

(66') Figo no acierta a remachar un tiro de Savio.

(75') Dely Valdés no remata bien desde el punto de penalti y el rechace lo cruza Ruano.

(77') Munitis cabecea alto un pase de Savio.

(83') Raúl cabecea desviado un pase de Figo.

(89') Contreras para a Raúl el penalti señalado por caída de Munitis ante el meta local.

(90') Entre Contreras y Movilla, posiblemente con la mano, evitan el 'gol olímpico' de Figo.

(94') Karanka desvía un tiro de De los Santos.

Incidencias

La Rosaleda: 18.500 espectadores. Se guardó un minuto de silencio por Ana Elena Lorente, empleada del Málaga asesinada esta semana.

tuvo ma...

Sea como l...
no puede ir por ...
partido tras parti...
bos. El Real Madr...
plantilla extraordinar...
gue sin equipo. No jueg...
miento, como sucedía ya...
porada pasada. Juega a im...
El Real Madrid no puede ...

EL DEBATE

¿Lo del Madrid es...

No se puede explica...
cuando las fuerza...
sea mucho más le...
final cuando el r...
ponde a una ma...

ONFIA CTORIA AMORA

el mundo de 125
l mejor español
o valenciano de
Por su parte,
villé y Carlos
adrán que
elo todo.

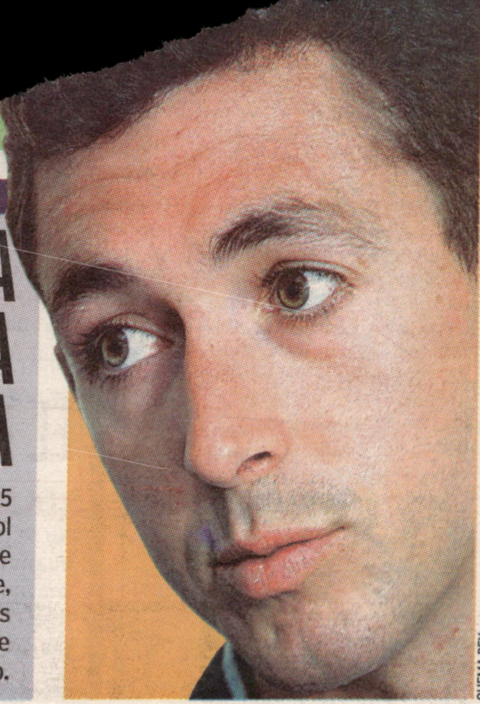

CHEMA REY

guntarme si su mamá estaba ya en Inglaterra con Camilla. Como no supe qué contestar, la abracé y, tomando más drogas, contuve mis lágrimas.

Vamos, no llores, me decía a mí mismo cuando aterrizábamos en el aeropuerto de Heathrow. En el control de pasaportes nos encontramos con los problemas que había sospechado. El oficial echó un vistazo al pasaporte, se marchó a algún sitio y volvió con su superior. Éste nos llevó a una oficina donde me hizo muchas preguntas pero en vista de las trágicas circunstancias, al final hizo la vista gorda y nos dejó pasar. Por fin, cogí el coche y me llevé a las tres niñas, cansadas, a casa con Camilla, quien se ocupó de su educación desde aquel día, como si fuera su propia madre.

Fue una gran responsabilidad para Camilla, que era una muchacha de tan sólo veintiún años. Dicho sea de paso, pudo enfrentarse perfectamente a aquello.

Por fin las hijas de Isabella estaban a salvo. Crecieron juntas, sin tener que vivir en orfanatos diferentes. A lo largo de los difíciles años que se les avecinaron, permanecieron unidas, se casaron y pudieron ver crecer a los hijos de cada una de ellas. Isabella hubiera deseado ver aquello.

Una vez que las niñas se quedaron dormidas, salí solo al jardín, miré al cielo y lloré de todo corazón. Me había llegado el turno, ya había esperado bastante.

Yo había amado a esa mujer e Isabella me había amado a mí.

10

El sermón del andén

Después de la muerte de Isabella, las niñas se adaptaron muy bien. Se daban ánimos la una a la otra y Camilla las cuidaba, así que se sentían seguras. Roseanna trabajaba en Hampstead como interna, ayudando en una casa, mientras que Louisa, Laura y Josephina vivían con nosotros. Las tres estaban muy contentas en sus colegios católicos del barrio. Nuestra casa de Totteridge era bastante amplia y cinco dormitorios eran suficientes para todos. Con dos coches y el jardinero, que venía dos veces por semana, todo parecía muy respetable, pero nada más lejos de la realidad. Detrás de esta fachada, vivía un lunático perturbado con sus bolsas llenas de dinero robado y cientos de frascos de pastillas. El constante consumo de drogas me hacía ser cada vez más reservado pues el deseo de estar hipnotizado absorbía por completo mi vida entera.

Terry y el modo en que me traicionó con los Kray me molestó más de lo que yo creía. Entonces no había llegado a comprender la gravedad del chantaje de Alen, y tardé un tiempo en hacerle frente a todas sus consecuencias. Esto, a su vez, me llevó a la primera de muchas trifulcas que tendría con mi querido Terry y, a partir de este momento, empecé a perder el interés por Highheat. Nos separamos gritándonos injurias el uno al otro; sin embargo, estaba contento de dejarle porque me liberaba de toda responsabilidad y me dejaba más tiempo para tomar drogas.

Durante las primeras semanas a lo largo de mi período de reclusión en casa, me relacionaba, hasta cierto punto, con Camilla y las niñas. Comía abajo con ellas y a veces metía la cabeza en el cuarto de estar, pero todo esto cambió enseguida. El tiempo corría y empecé a encerrarme con llave en la biblioteca para tomar drogas, de donde no salía en muchos días. El único contacto con el mundo exterior era mi hija de tres años, Tessa. Caía desmayado en el suelo de la biblioteca y ella me despertaba con sus gritos al otro lado de la puerta:

—¡Papi, papi, déjame entrar que juego!

A veces Tessa se quedaba dibujando en mi habitación todo el día y como no quería marcharse, Camilla tenía que subirle la comida en una bandeja. Mi hija y yo íbamos a pasar los próximos seis meses juntos en aquella biblioteca, creando así un vínculo permanente entre nosotros. Tessa me regalaba el amor que nunca obtuve de mi esposa. No obstante, sin que me diera cuenta, esta habitación se convirtió en mi primera jaula en la isla de la droga. Era una celda confortable con una vasta moqueta negra y estanterías altas en todas las paredes. Expuestos en ellas había más de diez mil libros, y no es que yo leyera mucho, sino que los coleccionaba para hacerme sentir bien. Obsesionado con esconder cosas, recortaba un cuadrado en las páginas interiores de muchos de los libros grandes creando así lugares secretos. En una estantería guardaba los libros de las pastillas y en otra los libros del dinero. A menudo, drogado hasta la médula, olvidaba qué libros eran cuáles y tiraba docenas de ellos al suelo en busca de algo. Había un escritorio blanco y dos sillas de cuero negro, la silla de papá y la de Tessa. El resto del mobiliario eran dos armarios con llave, uno para mis pastillas y el otro para los dibujos de Tessa. Estaba creando un mundo de invención propia dentro de una pequeña habitación, olvidando lo que pasaba en el exterior, como la victoria de Harold Wilson en las elecciones de marzo. En cuanto me tomaba las pastillas, el mundo se tornaba maravilloso fuera quien fuera el que estuviera en el poder. Aunque vivía en una casa con otras cinco personas, era como si no existieran. Alejado de todo, yo flotaba en una vida propia.

Permanentemente colgado, desarrollé una visión del mundo entero con ayuda de las pastillas de la felicidad: políticos, jueces, todos cantando en perfecta armonía. Ya no habría más guerras, el mundo sería un lugar más agradable en el que volaríamos tan alto como cometas. No era un sueño estúpido; creía que era mi deber divino permitir que la raza humana tomara su dosis diarias de Dexidrina. ¿Qué mejor lugar para empezar que en mi propia calle? ¿Pero cómo iba a conseguir que todos se tomaran sus pastillas? No podía llamar a cada puerta y decir: «¡Bébete este vaso de cola!» Esto no era el Hospital Halliwick. Tenía que haber otro modo de hacerlo.

Una mañana, mientras observaba al lechero con su reparto diario, encontré la respuesta: mezclar la anfetamina con la leche. Consciente de que no podía sobornarle, tenía que poner el cócktel de drogas en mis propios cacharros de leche y luego quitarle a él de en medio durante el tiempo suficiente como para cambiar mis botellas por las suyas. Cuando llamaba el lechero yo tenía diez cacharros preparados en la puerta del garaje donde, con cuidado, levantaba la tapa de cada recipiente y mezclaba el líquido con las anfetaminas. Completamente colgado, trabajé durante toda la noche para llevar a cabo la tarea pero, a primeras horas de la mañana, ya me sentía fatal y tenía toda la leche derramada por todas partes. Mi estupendo batido de leche anfetaminado no había funcionado y al final de la noche tomé por error pastillas para dormir, y me desmayé. El jardinero me encontró durmiendo en el césped, pero dos botellas de mi leche especial bastaron para recuperarme. Desgraciadamente, a esas horas los vecinos ya se habían marchado a trabajar con sus aburridos *cornflakes* en el estómago. Su ingreso en un nuevo modo de vida se había cancelado oficialmente.

Después de este episodio, me dio por salir de tiendas, donde solía montarme unas juergas lunáticas que, bajo los efectos de las drogas, no podía controlar. En este estado no se puede parar de hablar y en las tiendas me garantizaban una amable acogida. Ningún comerciante iba a mandarme a la calle o a pedirme que me gastara el dinero en otro sitio. Me era imposible dejar de comprar cosas; como no necesitaba nada, todo valía: zapatos, bolígrafos, fruta, pan, carne cocinada; no importaba porque como si de un arrebato se tratara, no podía parar de entrar y salir de las tiendas. Compraba y charlaba sin cesar por High Street, cargando con paraguas, madera, mantas, verduras, taladros, libros, ropa y más cosas. Por fin, cuando ya me resultaba imposible cargar con más, le pedía a un amable comerciante que me guardara todas mis golosinas para después olvidarme de dónde las había dejado. Un día, mientras compraba un paquete de tabaco, alguien se presentó con cinco bolsas llenas de cosas que no recordaba haber comprado jamás. Otro día entré a una tienda de pompas fúnebres y dije: «Hola, nadie se ha muerto aún pero necesito planificar mi propio funeral», y compré la caja más cara que tenía en venta. Al hacer memoria, lo veo como algo muy triste. Me encontraba tan solo que necesitaba hablar con alguien sobre algo, incluso de mi muerte. Una tarde, en una peluquería, la gente empezó a mirarme con caras raras. Cuando llegó mi turno, el peluquero me dijo que ya me había cortado el pelo por la mañana temprano.

—¡Sólo quiero que me dé un par de tijeretazos en la coronilla! ¡Le volveré a pagar! —le repliqué, a la vez que me sentía estúpido. Dos tijeretazos después le pagué a un peluquero feliz que me acompañó a la puerta.

—Vuelva cuando quiera. Hoy estaremos hasta las seis.

El día que Inglaterra se enfrentó a Alemania en la final de la Copa del Mundo fui a ver el partido de fútbol a Wembley, pero mezclé ácido con *speed* y me coloqué tanto que pensé que

Inglaterra había perdido por 4 a 2. Multitud de seguidores del equipo inglés me lanzaban miradas curiosas cuando salíamos del estadio. Yo les dije unas palabras de compasión:

—No estéis tristes. Ha sido un buen partido.

Fue después en un bar, al ver sus caras sonrientes, cuando descubrí que Jeff Hurst estaba de nuestra parte.

Y así es como transcurrió mi vida durante el año siguiente: en medio de una bruma púrpura. Corría el verano de 1967, los Beatles estaban de meditación y su *manager* Brian Epstein acababa de morir. Fue entonces cuando empezó a florecer en mí una olcada de buena voluntad.

Una noche mientras todos dormían recibí la última llamada del propio director de la prisión. No era una llamada telefónica sino una alucinación mental. Al principio se oían ruidos a través de la línea, así que tome más pastillas para conseguir oír mejor. Cuando las drogas hicieron efecto, se volvió a establecer la comunicación. Dios estaba al otro lado.

—¡Ostias!, ¡hola Dios! —dije—. ¿Cómo estás? Es un verdadero honor.

—Cállate —dijo Dios, autoritario—. Escucha con atención —continuó—. Regálalo todo a los pobres como hizo Robin Hood. Nunca repartiste un centavo durante los días de los tirones de bolso, por eso te cogieron. Dáselo todo y te llevaré por el buen camino. ¡Tendrás siempre buena suerte, hijo mío!

¿Ha dicho hijo mío? Me quedé boquiabierto. Sí, lo dijo. ¡Me estaba diciendo que yo era Jesús! Ahora, Camilla y los vecinos puede que vieran algo bueno en mí, al menos el sacerdote se dignaría a mirarme. Arrodillándome en el suelo, recibí órdenes de realizar el último sacrificio para demostrar mi fidelidad a los personajes bíblicos. Como no tenía un hijo como Abraham, debía ser mi hija. Fui al dormitorio de Tessa, que estaba durmiendo, la besé en la frente y luego, con los ojos cerrados, me quedé ante ella y dejé las llaves de mis coches a su lado.

—¡Caminaré junto a los pobres!

—Es uno de los nuestros —le oí decir a Dios con un acento del este de Londres mientras salía de casa con una bolsa llena de dinero.

Dos calles más abajo, al pasar delante de una cabina de teléfono, Dios volvió a hablarme:

—¡Detente! Ya nos lo has demostrado. Coge un taxi.

Me sentí aliviado porque incluso para un muchacho de veintidós años, Euston quedaba muy lejos.

Veinte minutos después, el taxi me dejó en la estación de tren de Euston y ya estaba preparado para mi «sermón en el andén». En un estado de desenfreno celestial, empecé a buscar a los indigentes. La zona de Euston estaba siempre llena de mendigos y era fácil encontrarse uno de ellos en cada banco de la calle. «¡Maravilloso!», pensé mientras contemplaba aquella multitud. Mis primeros beneficiarios fueron un viejo polaco y su hija de sesenta años. Era un hombre flaco, jorobado y de pelo largo canoso. Ella era una mujer menuda con un abrigo de caballero tan largo que lo arrastraba. Esta decrépita pareja llevaba años en las calles, durmiendo en las entradas de las tiendas y comiendo de las sobras que encontraban en los cubos de basura, fruto del rechazo de la sociedad. Estos inmigrantes polacos no eran alcohólicos sino dos frágiles personas solitarias. Cargado con las divinas pastillas, mi misión dio comienzo.

—El Señor me ha enviado para que os dé alimento —les dije, acercándome con ellos hasta un café.

Me siguieron muy despacio. La mujer se tropezaba constantemente con el abrigo; así que, como no podía actuar al paso de tortuga que me marcaban, cogí a la mujer y la llevé a hombros hasta el café. Al principio esto les asustó, pero con la comida gratuita que les ofrecí, se arriesgaron a permanecer con su benefactor espacial. Colocados en la cola para ser servidos, observamos a un extraño trío entre los mañaneros trabajadores, ignorantes del milagro que se había producido a su alrededor, que ingerían sus suculentos desayunos de dos huevos y dos salchichas. Cuando llegó nuestro turno de ser atendidos, en la radio de la cafetería se oyó cantar el *All you need is love* de los Beatles.

—Pedid lo que queráis —les dije, poniendo tres tazas de té en la bandeja.

En lugar de atiborrarse con un buen desayuno inglés, mis amigos polacos, temerosos de abusar de la generosidad de su anfitrión celestial, optaron por un pastel de frutos secos cada uno. Mientras esperábamos para pagar, el viejo extendió su mano mugrienta con aire de culpabilidad y cogió un tercer pedazo.

—Un pastel y medio cada uno, ¿vale? —refunfuñó nervioso.

¡Joder! Mis narcotizadas emociones no podían soportar aquello por más tiempo y, metiéndoles dinero en sus bolsillos, salí corriendo hacia la calle.

—¡Para que os compréis una comida decente! —grité desde la puerta. Confuso y enfadado empecé a dar voces—: ¿Por qué es tan pobre esta gente? ¿Por qué no tienen una maldita casa?

Continuando con la tarea del Señor, me acerqué a todo indigente que encontraba y les daba dinero, asegurándome de que actuaba con rapidez para no verme envuelto en otro drama sensiblero. A muchos vagabundos que no se despertaron les metí el dinero en los bolsillos, mientras dormían la borrachera del vino de la noche anterior.

Horas después, cuando me quedé sin dinero, telefoneé a uno de los gángsters más duros de Londres. Este hombre era un asesino, pero sin acordarme del tipo de persona que era, le grité por el teléfono:

—¡Mick, acércate hasta aquí con algo de dinero para los pobres!

—¡Que te jodan, hijoputa! ¡Llama otra vez y te corto los dedos! —gruñó, colgando el teléfono de un golpe.

Gracias a Dios no tenía la dirección y jamás me pasé por allí, si no me hubiese cortado algo.

Como Mick «el Bautista» no acudió, no me quedó más remedio que esperar a que los bancos abrieran. Cualquiera de ellos serviría porque tenía dinero en todos. Tenía frío y me apetecía tomar una taza de té en la calidez de una cafetería. A cambio de unas cuantos billetes que me sacaran del apuro, dejé mi reloj de oro al guardia de seguridad de un hotel. Luego me fui a cobrar un cheque y a la vuelta recogí el reloj, antes de continuar con la tarea que Dios me había encomendado. Al salir del hotel vi a una señora, a quien creía haberle dado dinero con anterioridad, que se apresuraba hacia el café de la estación. La perseguí y le puse más dinero en su mano.

—¡Te debes estar muriendo de hambre, cariño! ¡Toma más! —le grité.

Me equivoqué. No era mi vagabunda, sino una viajera corriente que contestó con una acento del norte:

—¡No, es que llego tarde a coger el tren! —Asustada por mi comportamiento, echó a correr aún más aprisa.

Incapaz ya de distinguir la diferencia entre vagabundos y gente normal, me dediqué a repartir dinero a diestro y siniestro, lo que pronto llamó la atención de la policía de la estación. Cuando uno de los inspectores de la estación se me enfrentó, desaparecí rápidamente para coger el tren de vuelta a casa, en Totteridge. En el metro me tomé una gran dosis de somníferos para dormir con la intención de poder llegar a casa antes de que me diera un colapso, cosa que conseguí. Muchas otras veces no lo hice y Louisa o Laura me habían encontrado dormido en el jardín cuando se iban para el colegio. Al entrar a casa me tropecé con Camilla dando voces.

—¡Necesito más dinero para casa!

Disgustado, subí corriendo las escaleras hasta la biblioteca.

—¿Crees que estamos hechos de dinero? —le grité.

Desde el otro lado de la puerta de la biblioteca se puso a discutir conmigo, pero era demasiado tarde: yo estaba en paz. Las pastillas para dormir funcionaban. No se puede discutir con nadie que está inconsciente.

Con mi misión filantrópica a las espaldas y los conductos de ventilación cerrados, dormí durante dos días seguidos en el suelo de la biblioteca.

11

Mi separación de Camilla

Después de este período espiritual volví a sentir ese deseo de alboroto, de buscar la máxima actividad. Mi última fantasía inducida por las drogas era convertirme en el corredor más rápido del mundo. Las anfetaminas hacían que se convirtiera en una obsesión. Encerraba mi cerebro en coches de carreras excluyendo todo lo demás. Como de costumbre, hasta que conseguí sacarlo de mi cerebro, no existía nada más.

Llegué a hacerme muy buen amigo de Steve Ladd, un conductor que trabajaba para Highheat. Era dos años más joven que yo pero muy ingenioso y un experto en coches. Todos los fines de semana, Steve ponía a punto el motor de mi mini rojo. Su coche era más viejo que el mío y con frecuencia nos disputábamos carreras en tranquilas carreteras rurales. Era un corredor muy rápido y eso me molestaba porque yo siempre tenía que ser el mejor en todo; por ello le reté a la carrera de coches definitiva. Para que no hubiera ventaja a favor de ningún corredor, compré otro mini idéntico y le dije a Steve que si ganaba podía quedarse con el que quisiera.

Juntos planeamos una carrera de cinco millas por carreteras rurales y de madrugada, cuando con toda seguridad estarían vacías. La línea de meta era el final de un estrecho puente por el que sólo cabía un coche, así que el primer coche que llegara al puente tenía la victoria asegurada automáticamente. Estuve durmiendo durante dos días antes de la carrera y Louisa me despertó dos horas antes de la salida. Enseguida ingerí la mayor dosis de anfetaminas que jamás un ser humano haya podido tomar y que le haya permitido seguir viviendo. Todavía era de noche cuando me marché de casa. Louisa me deseó suerte y me regaló un ramo de flores silvestres que había cogido del jardín. Al principio estaba tan drogado que se podían oír los latidos de mi corazón; sin embargo, Steve, que llevaba un chaleco indio, estaba completamente relajado, sonriendo y cantando: *Those were the days my friend*.

La carrera dio comienzo y pronto ya estábamos corriendo como locos, con los coches golpeándose entre sí a velocidades de hasta 130 kilómetros por hora. Cuando nos acercamos al puente, los dos coches estaban a la misma distancia, lo que significaba que uno de nosotros tendría que adelantarse o los dos nos chocaríamos de frente con el muro de piedra. Era un juego de gallinas, cobarde hasta para perder.

Steve me miró y sonrió. Yo le sonreí también. Me saludó con la mano. Yo también le saludé. Aceleró. Frené y giré el volante con brusquedad para salirme de la carretera y meterme en pleno campo. Steve había ganado, dejándome el coche ligeramente abollado y con mi ego por los suelos. Le eché una ojeada a las flores de Louisa, que estaban en el asiento del copiloto y lloré, tomando más pastillas para consolarme, mientras veía a Steve volver a pie por el puente. Siempre me ponía muy sensible cuando me drogaba y, tirando las pastillas al suelo grité:

—¡Has ido a por todas y yo me muero de miedo incluso con estas jodidas pastillas!

Steve recogió el frasco, me puso un brazo alrededor y dijo:

—Te enseñaré a no asustarte. ¡Vámonos a conducir por los acantilados de Brighton juntos! ¡Tira esas estúpidas pastillas y nunca más tendrás miedo! ¡Nadie necesita esa mierda dentro de su cuerpo!

Quedamos para el fin de semana siguiente. Nos reunimos y muy contentos salimos en su nuevo coche azul.

Las drogas empezaban a cambiar toda mi personalidad, me comportaba como un loco y a la gente le resultaba cada vez más difícil estar conmigo. Esto también incluía a Alen, quien se disgustó mucho al descubrirme tomando pastillas en la sala. Aquel sábado la cena había sido algo sombría porque Alen se cebó a hablar del reciente asesinato de Martin Luther King, en Memphis.

—Es una tragedia para la humanidad —dijo—. Mira, la vida es muy corta. ¿Por qué te estás haciendo esto? ¿Por qué necesitas esa basura dentro de ti?

—Hago lo que me da la gana —le chillé desafiante, tomándome otras cuantas pastillas más delante de él.

Siempre había sido amable con Alen, pero esta vez le insulté y le dije que no se metiera en mis asuntos. Su madre se despertó al oír los gritos y entró en la sala para enterarse de lo que ocurría.

—Dígale a su hijo que se meta en sus asuntos —salí gritando de allí—. Tengo que irme. ¡Mañana me voy a tirar en coche desde un acantilado!

Todo era diferente a las veladas de antaño en las que Alen tocaba el piano. Las drogas se encargaban de ello.

Jurándome que no volvería a ver a Alen, nos dirigimos a la costa. Steve condujo el nuevo coche azul que compramos especialmente para tirarnos desde la montaña. Le había quitado las puertas para que pudiéramos saltar rápidamente. La idea era tirarse con el coche desde el acantilado y saltar fuera de éste en el último momento, cuando el coche estuviera en el aire. Lo más importante de todo era que había prometido hacerlo sin drogas.

Era bastante tarde cuando me vi allí con Steve, en la cumbre de los acantilados, al otro lado de Brighton, cerca de Seven Sisters.

—Sólo se vive dos veces —bromeó, refiriéndose a la última película de James Bond.

Cuando ya estábamos los dos listos, con los cascos puestos, conduje el coche a lo largo de la verde pendiente hasta el acantilado, intentando que Steve no percibiera mi pánico. Cuando me decidí a saltar, Steve me agarró del brazo y gritó:

—¡Espera, todavía no corremos peligro!

Unos segundos después, me tiró del automóvil de un empujón. Asombrado, miré a mi alrededor, pero Steve seguía en el coche, riéndose. Un par de centímetros antes del desplome total, saltó del vehículo y se puso a salvo. El coche explotó abajo, entre las rocas. Me quedé allí tendido, paralizado, observando a Steve trepar hacia mí con la cabeza sangrándole ligeramente.

—¡Lo has hecho sin pastillas! —gritó abrazándome, los dos tumbados en la hierba.

Steve estaba tremendamente feliz. Se rió y bromeó de camino al hotel, donde había dejado a dos chicas esperando para celebrarlo.

Cenamos los cuatro juntos y después de un montón de copas nos fuimos a nuestras habitaciones.

—¡Es fácil! —se rió, mientras salía del ascensor.

Bastante ebrio e incapaz de entregarme al sexo, dejé a mi chica medio desnuda en la cama de mi habitación y yo me fui al baño. Me miré en el espejo y lloré, sacando un frasco de pastillas del bolsillo. Había mentido. Había estado bajo los efectos de las drogas como cualquier otro día de mi vida. Era un adicto. Hice añicos el espejo con el frasco de pastillas.

Steve y yo éramos un par de lunáticos. La única diferencia era que él hacía todo sin drogas. Se convirtió en un conocido especialista en riesgos y llegó a aparecer en el Libro Guinnes de los récords. La prueba consistía en un paseo en coche a través del túnel de fuego más largo jamás visto. Logró atravesarlo y batió el récord, pero quiso doblar su gloria y volvió a intentarlo. A mitad de camino del túnel el coche explotó formando una bola de fuego. Murió como había vivido, sin miedo y sin drogas.

Mientras tanto, Terry, a pesar de ser un sagaz bastardo, seguía siendo mi héroe. Le admiraba o le despreciaba, dependiendo de cómo me afectaran las drogas cada día. Vivía en un mundo tan oscuro que enseguida me olvidé de todo lo referente al chantaje de Alen. Nada me parecía ya real.

Una mañana, Tel me telefoneó para invitarme a su casa a tomar el té con el capo Reggie Kray. Hasta entonces sólo había tratado con su hermano gemelo Ronnie e, inconsciente del peligro, acepté la invitación. La única precaución que tomé fue escribir una nota, que guardé en un sobre lacrado, y que decía que me encontraba en Aylmer Drive, Stanmore, tomando el té con Reggie Kray y Terry Marvin. Se la entregué al taxista que me llevó hasta allí, con instrucciones precisas de que esperara en el exterior y de que si no salía en una hora, llevara la carta a la policía. No existía ningún motivo especial por el que debiera ir ni por el que Terry me invitara; formaba parte de su estrategia de gángster. La única persona sensata del trío era el señor Kray, quien recibió un fajo de billetes a cambio de representar un papel en la ilusoria vida de Terry, en la que pretendía ser Al Capone. Terry les daba verdaderas fortunas a los hermanos Kray sólo para formar parte del mundo de éstos. Incluso una tarde vi entregarle a Ronnie una fuerte suma. De camino a la casa de Terry, me tomé una dosis sobrecargada de anfetaminas llegando allí como loco.

Reggie, bebiéndose el té a sorbos, contó su historia favorita en la que un cangrejo engaña a un escorpión. El escorpión entonces se venga y el cangrejo muere. La moraleja de la historia era avisarme de que si alguna vez intentaba traicionarles a ellos o a Terry, sentiría la picadura, al igual que el cangrejo. Durante el cuento Terry permaneció sentado con su acostumbrada sonrisa sentimental. Se suponía que el aviso críptico me haría tener temor de Dios pero, colocado como estaba, todo me parecía divertidísimo. Interpreté la historia como lo habría hecho un niño de cinco años, inconsciente del peligro que para un niño entraña el fuego. El capo más cruel de Londres me amenazaba pero yo simplemente me limité a replicarle:

—¡Es una historia magnífica! ¿Se sabe alguna otra de animales?

En lugar de «Escucha a mamá» era «Escucha a Reggie». Como las historias de animales no me asustaban, Terry se desesperó, me puso una escopeta en la frente, y me preguntó enfadado:

—¿Cómo te sientes con esto?

Pensé que todo aquello era una ampliación de las historias de Reggie y que ahora nos encontrábamos en la fase de preguntas. Con la escopeta en la nariz, me quedé quieto y puse los ojos en blanco, pensando en la respuesta correcta.

—¿Y bien? —gritó Terry—, ¿cómo estás?

—Espera, no me digas nada. Dame un minuto. A ver si lo adivino —dos sonidos fríos en mi frente.

Quité el seguro de la escopeta y agregué:

—Quizá me sienta distinto con el seguro quitado; más peligro.

Tembloroso, Terry bajó la escopeta, que se disparó en el suelo, y yo me eché a reír:

—¡Qué suerte!

Reggie ya estaba harto de esta retrasada fiesta de adultos y sólo quería recoger los honorarios por el espectáculo y marcharse a casa con Ronnie.

—¿Me disculpa? Tengo unos asuntos privados con este caballero —dijo dirigiéndose a Tel.

Me marché, muy drogado pero feliz, intentando dar con la respuesta del concurso de la pistola.

Una o dos semanas después me encontré otra vez con Reggie Kray en las oficinas de Terry. Me vio tomando pastillas y me llevó en privado a una esquina para darme la perorata más extraña de toda mi vida.

—Estas drogas te van a matar. Son el diablo —dijo Reggie—. Escúchame, hijo, sólo en alguna ocasión hacemos daño a los nuestros, no a chicos jóvenes e inocentes. Por eso Ronnie y yo no nos mezclamos con drogas. Es demasiado perverso para nosotros. Que te ayuden.

Me quedé asombrado. El gángster más peligroso de Londres me estaba echando una mano. Los valores de Reggie Kray eran más altos que los de otros muchos que conocía. De hecho, este hombre se preocupaba por la sociedad. En mayo, cuando leí que habían arrestado a los gemelos, me quedé confuso, pensando si, después de todo, eran tan sumamente malvados. Terry, sin embargo, estaba mucho mejor económicamente desde que los encarcelaron, ya que dejó de pagar esas sumas astronómicas a Ronnie. Pero sólo fue un ahorro temporal puesto que pronto empezó a pagar a otros gángsters para formar parte de sus bandas.

En casa llegó la hora de enfrentarme a la realidad y me sentí desolado. Todo en lo que Camilla había pensado era en tener una casa limpia o en ír a misa. Me hablaba como si fuera un extraño y cuando me miraba, sus ojos parecían decir: «¡Oh, Dios mío! ¿Por qué he tenido que terminar con este majadero? ¡Espero que no quiera sexo esta noche!» Con el corazón roto le chillaba a menudo:

—¿Qué te crees que soy, una puñetera máquina de hacer dinero? ¡Si no tuviera dinero, tú y tus malditas hermanas os marcharíais enseguida!

Con frecuencia, desde la ventana observaba a Tessa jugar en la calle con Caroline, una niña de su edad que vivía unas casas más abajo. En una ocasión vi a Camilla sonreír a los vecinos. «¿Por qué no puede ser amable conmigo?», me pregunté, asomándome por detrás de las cortinas. El único momento de paz para mí era cuando estaba dormido. Algunas veces lo hacía durante dos días enteros después de varias noches en vela bajo los efectos del *speed*. Si alguien llamaba durante estos periodos de aletargamiento, Camilla les decía: «Vuelva a llamar dentro de un par de días, cuando se haya levantado.» Mientras permanecía en mi habitación, Louisa, Laura, Josephina y Tessa jugaban como siempre; con esas dosis sedativas tan altas no me molestaba nada. No sólo estaba dormido, era como si estuviera muerto. Había una oscura nube permanente sobre mí que sólo me dejaba ver la desgracia en el mundo. Aquel mes de junio, cuando dispararon sobre Bobby Kennedy, eché mi vista atrás para contemplar mi propia miseria durante la época en que su hermano Jack Kennedy fue asesinado. Nada había cambiado y parecía que sólo las drogas me proporcionaban el deseo de seguir adelante.

Ya estaba demasiado enloquecido y era imposible convivir conmigo mientras estaba despierto. Tenía broncas constantes con Camilla y una de las peores ocurrió a causa de una casa de juguete gigante que estaba construyendo en el salón. Había estado trabajando día y noche durante varios días, cortando y clavando tablas en el jardín. El tercer día, a eso de la medianoche, llegó un vecino en pijama gritando que qué era ese ruido que no le dejaba dormir. Yo le había prometido a Tessa que la casa estaría lista para el fin de semana, así que decidí seguir serrando en el salón. Entonces fue Camilla quien se despertó y bajó al salón. Al ver el serrín esparcido por toda la moqueta se volvió como loca, obligándome a parar. A la mañana siguiente la discusión volvió a empezar cuando pasaba la aspiradora. Las voces eran tan altas que las niñas se asustaron y se fueron a casa de un vecino, donde permanecieron todo el día durante el tiempo que duró la discusión.

Nunca pegué a Camilla pero para que dejara de gritar solía romper una de las ventanas de la fachada de la casa. El ruido del cristal al hacerse añicos, y que todos los vecinos podían oír, era suficiente para hacerla callar. Era un remedio garantizado para la paz y se convirtió en un acontecimiento tal, que los cristaleros de la zona desarrollaron un sistema para ahorrar tiempo: medían y enumeraban todas las ventanas de tal modo que sólo tenía que llamarles y decirles: «Hoy es la número seis.» Durante el peor período tuvieron que venir hasta cuatro veces por semana. «¡Oh, la número dos otra vez! ¡Esto va bien!», solía bromear el cristalero al otro lado del teléfono.

Algunas noches, aprovechábamos los curiosos descansos en la tormenta para practicar el sexo. Nueve meses después de una de estas peleas nació nuestra segunda hija, Antonia. Cuando Camilla se dio cuenta de que estaba embarazada, las cosas empezaron a ser más humanas, incluso los vecinos a veces me preguntaban por mi esposa. El día del nacimiento de Antonia, Tessa que tenía entonces cinco años, estaba muy ilusionada de que la llevara al hospital para ver a su nueva hermanita. Madre e hija estaban preciosas pero por la expresión de Camilla, me pareció que no quería que cogiese al bebé. Aquella misma tarde, dos vecinas se acercaron hasta el coche y preguntaron:

—¿Qué ha sido?

—Una niña —les respondí.

Se miraron la una a la otra y dijeron:

—Tenemos que ir a verla mañana —y echaron a andar sin darme la enhorabuena.

Me sentía como el celador de un hospital repartiendo noticias, como si no tuviera nada que ver con el bebé y no perteneciera a ninguna parte.

Desgraciadamente así era: veía el mundo a través de una nube de drogas.

Cuando Antonia nació yo ya era un frasco de pastillas andante. Mi adicción había empeorado. Nunca pasaba un rato con ella o jugaba con Tessa. Al contrario que su hermana mayor, quien por lo menos había visto a un papá drogado durante unos años, la pobre Antonia no tenía padre.

Ningún niño merece un padre tan malvado, tan adicto.

Unas semanas después del nacimiento de Antonia, las cosas se tranquilizaron un poco; sin embargo, las discusiones volvieron a hacer acto de presencia. Nada dura, pensé al leer que John Lennon y Cynthia iban a divorciarse. Incluso se rumoreaba que los Beatles iban a separarse. Lo único positivo en los periódicos era que Jackie Kennedy iba a casarse con Onassis, pero incluso aquello parecía muy precipitado.

Mis padres empezaron a visitarnos todos los domingos por la tarde, pero durante la mayor parte de sus visitas yo estaba arriba, durmiendo. Un día me despertaron los gritos. Mi madre sugería que Camilla se convirtiese a la religión judía y mi padre nos reprochó el que tuviésemos el crucifijo de Jesucristo colgado en el vestíbulo. Hubo mucho ruido pero para cuando mis pastillas me hicieron efecto y pude bajar tambaleándome, mis padres ya se habían marchado. Camilla, en uno de sus fuertes ataques de histeria, les prohibió que vinieran a visitar o volver a ver a nuestras hijas otra vez, y desde entonces jamás lo hicieron. Era una pena, porque a mi padre le encantaba verlas; quizás entonces se dio cuenta de que nunca había visto a sus propios hijos. Me sentí muy apenado por él pero, al contrario que cualquier marido normal que hubiese contradicho la decisión de su mujer, me tomé unas cuantas anfetaminas, rompí el cristal de una ventana y me fui. Hasta entonces nuestro matrimonio había sido una farsa y nuestro hogar un sitio para dormir y almacenar mis pastillas.

Papá había perdido todo su dinero en el juego. Le quedaba su casa pero eso era todo. El único ingreso de mis padres era la exigua renta procedente de la tienda, más unos pocos billetes que yo les pasaba todas las semanas. Desde el principio les engañé diciéndoles que el dinero se lo daba Terry, quien pagaba a mi padre para que no montase un negocio competitivo. Era una historia ridícula que nadie podía creerse, pero así se ahorraba tener que darme las gracias. Haciendo uso de mi antigua fórmula, compré el cariño de mi madre y de mi padre. Incluso los adictos quieren que sus padres se preocupen. Un día mi padre y yo tuvimos una discusión y en un arranque de ira, le miré a los ojos y le grité:

—El jodido dinero viene de mí. El ladrón de bolsos está dando de comer a dos paletos.

Según salían las palabras de mi boca me arrepentía de haberlas dicho. Le quería y le odiaba al mismo tiempo.

Una semana después de nuestro enfrentamiento, tuve que llevar a mi padre al hospital. Me quedé boquiabierto cuando el doctor me dijo que su cuerpo estaba plagado de cáncer. Cuando Camilla se enteró de la enfermedad se mostró impasible y seguía sin permitirle ver a sus nietas.

—Mi padre se está muriendo. ¿Cómo puedes hacerle esto? —le grité, pero le dio lo mismo.

Se negó a hacer las paces. Aquella mañana, sentado en las escaleras, lloré amargamente ante esta situación.

—¡Vete de aquí, puta! —le chillaba—. ¡Y llévate a tus malditas hermanitas contigo!

No podía soportar mirar a la mujer a quien había amado reaccionar con tanta indiferencia ante el cáncer de mi padre. Estaba tan molesto que me puse hecho una fiera, obligando a Camilla y a las niñas a marcharse de casa y alojarse en un hotel próximo. Hacia allí nos dirigíamos cuando me dio un ataque de histeria y empecé a dar voces:

—¡Mierda de dinero! ¡Eso es lo único que habéis querido de mí, cabrones!

Y en un arrebato de ira arrojé varios cientos de billetes por la ventanilla del coche. Cuando volvía a casa, me di cuenta de lo que había hecho y me puse a buscar el dinero, pero ya había desaparecido. Para quien caminase por Totteridge Lane aquella tarde, fue su día de suerte.

Empecé a despreciar el dinero y al final advertí la falsedad que me había comprado.

La segunda noche que pasaba solo en casa, estaba viendo por televisión la celebración de la victoria electoral de Nixon cuando llamaron a la puerta. Dos policías estaban frente a mí con una orden judicial de registro por tenencia de drogas. No hubiera hecho falta ser Einstein para averiguar quién les había informado. Me entró el pánico cuando pensé que aún podían quedar cientos de frascos arriba y que los tribunales nunca iban a creer que todos eran para mí. Me acusarían de camello. Milagrosamente, la policía sólo encontró un frasco grande, creyendo que era todo lo que tenía. Me llevaron a la comisaría en donde fui acusado de estar en posesión de drogas y me soltaron bajo fianza hasta la semana siguiente, fecha en que se produciría la vista.

Volví a casa y subí a la habitación para sacar el resto de los frascos, temeroso de una segunda redada. Abrí el armario y vi que sólo quedaba uno. Busqué desaforadamente por todos mis escondites, incluido el desván, pero enseguida me di cuenta de que no había necesidad de ponerse nervioso porque la policía encontrase más drogas. ¡Ya no quedaban!

Me las había comido absolutamente todas. Una provisión de drogas para diez años, un cargamento entero, había desaparecido en menos de cinco.

Eran auténticas situaciones de pánico. Tenía verdaderos problemas, y no me refiero al asunto de ser acusado por la policía, o al hecho de que mi mujer y mis hijas estuvieran en un hotel, tampoco a que mi padre se estuviera muriendo de cáncer. ¡Tenía problemas muchísimo más graves! ¡Me estaba quedando sin pastillas! Tenía que encontrar provisiones frescas, pero ¿de dónde? Al principio contaba con unos seis médicos privados que me recetaban anfetaminas pero en ningún sitio tenían lo suficiente como para satisfacer mi tremenda ansia. Llevado por la desesperación y siempre «necesitado de mucho combustible», entré en una farmacia que, al menos de momento, aumentó mi suministro. Tenía que encontrar otra solución a largo plazo y empecé a trabajar en un plan: un robo a mano armada, pero no por dinero. Mi idea era atracar una compañía de fabricación de medicamentos. Iba a ser el gran atraco, con sacos de pastillas que esta vez irían a mis propios camiones. Para un adicto como yo este era el sueño definitivo: toda una vida llena de píldoras. Un montón de víveres en drogas me producían la misma sensación que a otros consultar sus ahorros en los libros de haberes. Gracias a Dios el Gran Atraco de la pastilla nunca pasó de ser un mero plan.

La semana siguiente mi padre me sorprendió; estaba a la puerta de los Juzgados Barnet, muy típico de él después de mis crueles pullas por el dinero. Fue mi primer delito y fui multado por ello.

Vivir solo en aquella enorme casa, cada vez me deprimía más. Un día recibí una llamada del cristalero, el cual quería saber si todo iba bien porque no había sabido de mí desde hacía mucho.

—Estamos bien —le dije—, mi mujer se ha ido de vacaciones.

—Ah, eso lo explica todo —replicó.

Aquella tarde, completamente fuera de mí, empecé a beber después de tomarme las anfetaminas. El alcohol y las pastillas eran un doble veneno y así lo demostré aquel día cuando, con la risa histérica, rompí todos los cristales de la fachada de la casa. Cogí el teléfono y me puse a gritarle al cristalero:

—¡Bingo! ¡Toda la casa! De la uno a la dieciséis, ambas incluidas.

Unos minutos más tarde llegó la policía.

—¡Intrusos, putos camorristas! Se han ido corriendo —les dije sonriendo.

No pudieron hacer nada, así que se fueron. Al cabo de una hora, yo lloraba a moco tendido. El jefe de la compañía de cristales me ayudó con la tarea e intentó compadecerme. Era artesano y terapeuta a la vez.

Unas semanas después dejé que Camilla y las niñas regresaran, pero ahora, había una diferencia: yo había aceptado, por fin, el que a ella no le importara en absoluto lo que yo hiciera, pero a pesar de todo quería que saliera bien por el bien de las crías. Por primera vez en mi vida, intenté comportarme con normalidad y dejar las drogas. No salía por las noches y me portaba lo mejor que podía. Incluso cerré la biblioteca y se convirtió en el cuarto de Josephina. Pensé que esto mejoraría nuestro matrimonio pero, dos meses después, ocurrió exactamente lo contrario. Las disputas eran diez veces peor y el cristalero casi tuvo que quedarse allí a vivir. Las hermanas de Camilla se ponían siempre de su parte y apenas me hablaban ya. Para restablecer la paz, tuve que empezar a dormir en un sofá en la planta baja, pero la mayoría de las noches lo hacía en el Jaguar, en el aparcamiento, cuando ya los gritos se oían como truenos.

La vida en casa continuó así durante unas cuantas semanas hasta que, entre el estruendo de los cristales, la voz de Terry se oyó de nuevo al teléfono. Disfrutaba de mi compañía porque mi juventud también le hacía sentirse joven a él. En esta ocasión me pidió que le acompañara a Manchester durante un par de semanas.

Te daré un buen pellizco de dinero por acompañarme —dijo.

Pensando en que podría ser un descanso de la guerra doméstica, acepté. No sabía exactamente a qué íbamos allí, aparte de a charlar y a que Terry viera a la actriz Billie Whitelaw, que estaba rodando en Manchester. Estaba colado por ella y paradójicamente, años después, representó el papel de la madre de los gemelos Kray en una película sobre ellos. A mí esa obsesión romántica me parecía ridícula; era demasiado viejo. «Las personas de cuarenta y cinco no se quedan coladas por nadie», pensaba yo.

A la mañana siguiente vino a recogerme en su Rolls Royce azul y me presentó a John Black, que venía con nosotros. John era un jugador de apuestas de los de tres al cuarto que tenía a su lado a uno de los más importantes promotores de boxeo. Hasta arriba de drogas, me senté detrás para escuchar hablar con fascinación de nombres como Jarvis Astaire, Jack Solomons, Micky Duff, etcétera.

—Es el gran momento para nosotros —alardeó Terry.

—¿Con quién? ¿Muhammed Ali? —me carcajeé.

—No, ¡con Jack Contel! —me respondió con arrogancia.

En aquella época Jack Contel no era conocido aún. Boxeaba fuera de Liverpool, pero en unos cuantos años se convertiría en el campeón del mundo de los pesos semipesados.

—Si pudiéramos controlar a un solo campeón del mundo y pudiéramos convencerle de que perdiera deliberadamente un combate, podríamos dar un sablazo a todos los corredores de apuestas de aquí a Las Vegas —exclamó Terry con esa fantasía suya.

Jack Contel, que jamás supo nada de esta conversación, en un principio vino a Londres bajo el control financiero de Terry. Como era de esperar, no obstante, justo antes de que Jack se convirtiera en el campeón del mundo, Terry renunció a todos los intereses económicos a tenor de la presión recibida de ciertos individuos duros. Al contrario que el auténtico Al Capone, Terry siempre estuvo supeditado a dicha presión.

En Manchester estuvimos alojados en el mejor hotel de Piccadilly y no hicimos absolutamente nada sino estar todo el día sentados escuchando las versiones ampliadas de las fantasías de Terry. No obstante fue muy divertido eso de llamar sin cesar al servicio de habitaciones para que nos trajeran más golosinas. No había mujeres, sólo vino y Terry, cuando no estaba fuera persiguiendo a Billy Whitelaw.

Fue durante las dos semanas de tranquilidad en Manchester cuando acepté lo que ya sabía desde hacía muchos años: no merecía la pena continuar mi matrimonio y, con una mezcla de tristeza y de sosiego, decidí acabar con ello. Ya en Londres, cuando Terry me dejó en mi casa, me sentí apenado porque sabía que era el fin. A mi manera, idolatraba a mis hijas y seguía amando a Camilla, pero tenía que salir de aquel campo de batalla. No tenía a dónde ir pero había tomado la determinación de marcharme al día siguiente. Con un talante pesimista me tomé una dosis extra de somníferos, con el fin de asegurarme la paz en mi último día.

12

ADIÓS PAPÁ

A la mañana siguiente fui a la oficina de Terry para recoger el dinero de Manchester. Allí me encontré con Thelma, una chica a la que conocía desde hacía algún tiempo. No había nada entre nosotros pero a ella le gustaba pasarlo bien y de vez en cuando salíamos por las noches a los clubes. Thelma sugirió que fuésemos a tomar una copa y luego, esa misma noche, quedó con Jean, su compañera de piso, una llamativa modelo de pelo largo y negro. Thelma nos presentó.

—¿Ves a éste?, es un lunático —dijo en tono jocoso.

La delicadeza de Jean y su simpática sonrisa me atrajeron desde el primer momento y, cuando decidieron marcharse del club, me fui con ellas hasta su piso en Baker Street. Me dirigí directamente hasta la habitación de Jean y me senté en su cama para charlar.

—Debes irte a casa —dijo al cabo de un rato—, mañana tengo que trabajar y necesito dormir.

—En casa estoy —le dije riendo—. A partir de ahora voy a vivir contigo. ¡Me gustas!

Aquella misma noche me quedé allí y durante los dos años siguientes viviríamos juntos, primero en un apartamento en Baker Street y después en un piso pequeño a espaldas de Harrods, en Pond Street. Jamás regresé a la casa de Totteridge, así que allí dejé toda mi ropa; además, como ya no quedaban drogas, no merecía la pena acercarse por esa calle tan infeliz. Ni siquiera Camilla vino a buscarme y parecía satisfecha de recibir un cheque todas las semanas que le permitía seguir viviendo en la casa.

No quería a Jean pero con ella había encontrado la paz en lo que a las mujeres se refiere.

Quizá tampoco con Camilla fue amor sino más bien una adicción a la imagen de lo que yo había imaginado que podía ser el amor.

Jean me ayudó a superar mi separación de Camilla, y todo el dolor que esto trajo consigo. Era una chica poco exigente que me permitía hacer lo que quisiera sin hacerme preguntas e, irónicamente, empecé a tranquilizarme y a tomar cada vez menos pastillas.

Empezamos a visitar a mis padres con regularidad y a ellos les gustaba. Hasta entonces, la salud de mi padre se había ido deteriorando y parecía empeorar entre visita y visita. La mayoría de los fines de semana también íbamos a ver a los padres de Jean al sur de Londres. Su padre, que había sido un trabajador incansable durante toda su vida, me odiaba; para él yo era un chulo de veinticinco años con un Jaguar blanco nuevo a la puerta de casa.

—¿Eres uno de los ladrones del Gran Tren? —preguntó.

—No, yo era demasiado joven. No me hubieran aceptado —bromeé.

—Bien, ¿entonces de dónde has sacado ese cochazo? —insistió.

—De un concesionario —le respondí.

—¿Cómo pudiste pagarlo? —me preguntó furioso.

—Con billetes, abuelito.

Y así de desagradables eran nuestras conversaciones en cada visita.

—Al menos esos tienen trabajos dignos —bromeó el padre de Jean un día que veíamos en la televisión a los primeros hombres que pisaron la Luna.

«Es un pequeño paso para el hombre pero un paso gigante para la humanidad», decía Neil Armstrong satisfecho según bajaba del módulo lunar.

—La semana que viene iré yo; la nave espacial estaba llena—repliqué con la intención de seguir tomándole el pelo al desconcertado padre de Jean.

Poco tiempo después nos mudamos a nuestro pequeño piso detrás de los almacenes Harrods. Yo me dedicaba a deambular durante todo el día y, aunque todavía tomaba drogas, me había estabilizado. De nuevo empecé a ver a Alen quien, a pesar de todo, seguía enamorado de mí, y me había vuelto a perdonar. Continuamos pasando nuestras noches de sábado en su casa e incluso su madre, ahora con bastante más de cien años, comentaba lo bien que me encontraba. Por esta época nunca pedía dinero pero en alguna ocasión, Alen me hacía regalos carísimos. Cuando no tenía contacto con Terry, era Alen quien representaba para mí la figura del padre.

Así siguieron las cosas durante varios meses, hasta que un día recibí la llamada de un viejo amigo de Hong Kong que tenía un trato para mí. Me dijo que llamara a un teléfono en Frankfurt y cuando lo hice, un americano me pidió que volase a Alemania para hablar con el. Cogí un avión a la mañana siguiente y me encontré con una multitud de reposados operarios en sus elegantes oficinas en el centro de Frankfurt que me pidieron que les acompañara. Yo no sabía exactamente para qué, pero sonaba bien y como me ofrecieron bastante dinero, convine en empezar dentro de unas cuantas semanas.

Sin embargo, primero tenía que regresar a Londres para llevar a mi padre al hospital, en espera de su muerte. El fin estaba cerca y quería que fuese yo quien le llevara. Ámale u ódiale. Era mi padre y había un problema que no podía solucionar. Ni con todo el dinero del mundo podría hacerlo. Tenía que aceptar que pronto estaría muerto y, mientras en el pasado las drogas me hubiesen protegido de la tristeza, ahora mi pesar por el cáncer se perpetuaba. El hombre podía pisar la Luna pero no tenía ningún remedio para el cáncer.

Cuando volví de Frankfurt, pude ver con claridad que aún le quedaban, como mucho, unas semanas de vida. Adicto al juego hasta el fin de sus días, papá seguía haciendo sus pequeñas apuestas en las administraciones de la zona. Los tiempos de gloria en los que jugó con Terry Savallas en el Cockfords ya habían desaparecido hacía mucho, pero en sus ojos éste permanecía como un pez gordo cercano. Arriesgando los pocos kilos que le quedaban, su ansia, al igual que mi propia adicción, era peor que nunca. Mi padre había fumado hasta ochenta cigarros diarios a lo largo de su vida y ahora estaba perdiendo la apuesta final contra el cáncer. La parte superior de su cuerpo, antes grueso, se había consumido, y sus piernas se hinchaban como troncos según el cáncer iba penetrando para matarle. Para superar el sufrimiento de verle en este estado, aumenté el consumo de anfetaminas hasta el punto de llegar a estar tan contento que cualquiera hubiese pensado que me había tocado la lotería. Después de cada visita, solo, en el coche, rompía a llorar. Un día empecé a pensar que si iba a morir, por qué no podía tomar mis drogas e irse feliz. Gracias a Dios, no pasó de ser un simple pensamiento. El verle tomar tantas pastillas para el cáncer me produjo un extraño sentimiento de unidad: los dos las tomábamos, cada uno para aliviar su propio dolor. Una mañana en que me encontraba extraordinariamente afectado me tomé dos de sus pastillas para el dolor, y me hicieron sentir muy bien, me produjeron un nuevo tipo de actividad. Desde entonces, en cada visita diaria le robaba una o dos de estas pastillas.

Como francmasón que era, papá seguía encargado de la organización de la cena anual de la Ladies Night. Los miembros de la logia siempre habían apreciado sus esfuerzos y le mostraron el reconocimiento que tanto había deseado desde su infancia. Su vacío interno le había condenado a una vida de adicción al juego. Después de la cena de aquel año, su última cena, abandonó su dolorosa lucha por mantenerse vivo. La rueda de la ruleta de la vida de papá se había detenido, girando mientras Dios decía: *Rien ne va plus.*

Al día siguiente mi padre y yo fuimos al hospital. Al llegar aparcamos el coche y entramos por las inmensas puertas oscilantes. Su unidad estaba en la segunda planta y tuvimos que andar a lo largo de un interminable pasillo para coger el ascensor. Las piernas de mi padre estaban tan hinchadas que apenas podía mantenerse en pie y, a cada paso que daba, creía que le iban a estallar como globos. Le sugerí traerle una silla de ruedas pero se volvió hacia mí y sonriéndome, me dijo:

—Este camino lo estamos haciendo juntos, hijo, solos tú y yo.

Me agarró la mano con fuerza y avanzamos poco a poco. Tardamos veinte minutos en andar cuarenta y cinco metros pero con las drogas nadando en mi cerebro, me sentía como un niño de la mano de su padre, como si fuera a llevarme al parque. Algo que no había hecho nunca. Tuvieron que transcurrir veinte años y pasar por un cáncer terminal para que estuviéramos tan unidos.

Con las prisas del resto de los pacientes, enfermeras y médicos a nuestro alrededor, le agarré la mano con más fuerza y le grité:

—¡Papá, qué super paseo! ¡Qué día más bonito!

Tan concentrado iba en su paseo y acompañado de tanto dolor que no me oyó. Un celador se acercó para ofrecernos una silla de ruedas.

—¡Déjanos en paz! ¡Mi padre está dando un paseo conmigo! ¿Es que no lo ves?— le grité.

Tras lo que parecieron horas, llegamos al ascensor y apretando al botón dijo:

—Lo hemos hecho, hijo.

Estaba llorando. Era la primera vez que veía llorar a mi padre. En la segunda planta, cuando la puerta del ascensor se abrió, había una enfermera esperando con otra silla de ruedas. La empujé y le dije:

—Mi padre no necesita eso. Además no hemos acabado con el paseo.

Intentamos continuar pero dio un traspié y dos enfermeras le pusieron en la silla para llevarle a su sala.

Fui llorando al servicio y me tomé más pastillas con media botella de brandy para tranquilizarme, y darnos nuestro último adiós. Tenía muchas cosas que compartir con mi padre. Con tristeza, según me acercaba a su lecho de muerte las palabras se iban consumiendo. Todo lo que había querido decirle durante tantos años no podía salir ahora y cuando le miré, allí tumbado, me vi reflejado en sus ojos.

Era extraño. De nuevo me sentía un niño. Un jodido y solitario niño.

Mis labios se entreabrieron para hablar, pero todo lo que conseguí decir fue:

—Me marcho a Frankfurt esta noche. ¡Hasta pronto!

Tumbado boca arriba, me miró y negando con la cabeza, dijo:

—No, hijo. Ya no vas a verme más. ¡No ensucies tu reputación!

Quería decir que no me metiera en problemas. Encogiéndome de hombros le contesté:

—Lo intentaré, papá —y así me di la vuelta y desaparecí.

Apreté el botón del ascensor y desde allí pude verle en la cama. Deseaba volver y decirle: «Papá, te quiero.» Quizá también le oiría a él pronunciar las palabras que tan desesperadamente había querido oír toda mi vida: «Hijo, te quiero.» El ascensor llegó y allí de pie, mirando a mi padre, la puerta se cerró y empezó a descender de nuevo. Volví a apretar el botón y esperé. Seguía mirando a mi padre en su cama. El ascensor llegó. Ahora ya es demasiado tarde, pensé con amargura. ¡Todo esto tenía que haberse dicho hace veinte años, no ahora! Esta vez, el ascensor descendió conmigo dentro.

Dos horas después estaba volando hacia Frankfurt. En el avión lloré y bebí hasta que me quedé dormido. ¡Cómo me hubiera gustado dejar que el ascensor bajara sin mí. Lo siento papá!

La mañana siguiente amanecí con dolor de cabeza, pero después de mi anfetamina matinal me fui a ver al jefe americano. Para él, que no sabía de mi adicción, al igual que para muchos otros, yo daba la sensación de estar nervioso y emocionado. Me saludó con un: «¡Hola, Steve!», y empecé mi trabajo. «Extraño equipo», pensé, «ni siquiera sé a lo que se dedican». La entrevista que tuve unas semanas antes fue algo así:

—¡De modo que eres amigo de Terry! Puedes empezar dentro de tres semanas.

Enseguida me di cuenta de que ni siquiera sabían mi apellido. El jefe se dirigió a su colega y le preguntó:

—¿Dónde podemos enviar a este chaval?

Inmediatamente estaba en una avión con destino a Berlín sin saber qué pasaba, excepto que iba a cobrar un buena cantidad semanal.

En el aeropuerto de Berlín me estaba esperando otro americano que me reservó habitación en un hotel de lujo.

—Cualquier cosa que necesites, incluso una mujer. Inclúyelo en los gastos —me dijo sonriente.

Tres días después, sin haber hecho otra cosa que comer, beber y disfrutar de las chicas alemanas, mi amigo americano me telefoneó para decirme:

—Te vas a Colonia.

Aquí se repitió la misma escena con la excepción de que, con el nuevo anfitrión, vimos un espectáculo de lesbianas. Así desde Colonia hasta Hamburgo. Todas las noches me llevaban a fiestas con lujosas cenas en las que todo el mundo tenía una mujer atractiva en sus brazos. Le pregunté a uno de mis jefes si podía traer a mi novia de Inglaterra.

—¡Haz lo que quieras, chico, tú disfruta! —fue su contestación.

Al día siguiente llegó Jean, que había dejado su trabajo nocturno como modelo. Este estilo de vida con todos los gastos pagados continuó hasta que un día nos mandaron volver a la oficina central de Frankfurt. El jefe inicial estaba mirando en un mapa del mundo los países de habla inglesa a los que podría enviarme porque yo no sabía idiomas. Pensé en preguntarle qué estábamos haciendo, pero me contuve para no poner el negocio en peligro.

—Malta, conozco Malta —le sugerí.

—Buena idea —me contestó—. Vete con George.

Me presentó a un londinense de unos treinta y ocho años y que nos llevaría a Jean y a mí hasta Malta, en coche.

Mientras hablábamos, se recibió una llamada de mi madre y me pasaron con ella. Sus palabras fueron:

—Malas noticias, Stephen. Papá ha muerto esta mañana.

El jefe me dio el pésame.

—Tómate el tiempo que necesites. Vete a casa y ya te reunirás con George más adelante. Tú eres un muchacho valiente.

¿Valiente?, pensé. Qué farsa. Había dejado que mi hermano Paul ayudase a morir a mi padre. Castigué a papá y le dejé morir sin mí, sólo por los cuentos de dormir que no me contó cuando era un niño.

Acordamos encontrarnos con George a la puerta del Hotel Phoenicia en Valetta, y Jean y yo volveríamos a Inglaterra. Jean fue a casa de sus padres mientras yo recogía mi coche, que había dejado aparcado en el garaje de mi casa en Totteridge durante el tiempo que estuviera en el extranjero. En la puerta de mi casa me saludó mi hija de seis años, Tessa:

—¡El abuelito está enfermo!

—¡Está en el cielo, cariño! —fue mi respuesta.

Tessa me dijo que su mamá había salido con mi coche, pero enseguida vi a Camilla pasándoselo en grande con unos amigos en un bar del barrio. El *pub* quedó en silencio cuando grité:

—¡Dame las llaves del coche, mi padre acaba de morir!

—¿Y qué? —respondió fríamente.

Me hizo tanto daño que quise matarla.

Fui a casa de mis padres y allí estaba el ataúd de papá, encima de la mesa del comedor. Estaba desolado y tomé tantas pastillas que todo parecía una película en la que yo representaba el papel principal de plañidero. Estaba tan fuera de mí que incluso me tumbé encima de la caja. Con tantas anfetaminas, era imposible comprender que mi padre estaba muerto; tampoco podía llorar. Una hora después, llegó mi hermana Annette desde Suiza y junto con mis dos hermanos, mi madre y el cuerpo de mi padre, estuvimos unidos como una verdadera familia por última vez. Annette insistía en abrir la caja para que pudiéramos ver y recordar a nuestro padre. Me horrorizó tener que ver su cuerpo muerto y me fui corriendo al baño para tomar más pastillas. Mi madre siguió rogándome:

—No necesitas tomar más pastillas para ver a tu padre por última vez —y me abrazó—. ¡Tíralas! A papá le hubiera gustado.

Durante un breve instante, con mi madre abrazándome, me sentí seguro y arrojé todas las pastillas por la taza antes de bajar a ver a mi padre muerto. Un poco después, el rabino vino a abrir la caja. Me quedé sorprendido al ver que mi padre tenía un aspecto apacible. Todo su dolor había desaparecido. No tenía más apuestas que ganar o que perder.

Sin pastillas, me encerré muy pronto en una habitación con una botella de brandy y allí me desmayé. Al día siguiente enterramos a mi padre en el cementerio judío de Waltham Abbey, acompañados de treinta miembros de la logia masónica de Earlam que fueron a presentar sus respetos. De algún modo, la logia masónica de papá le había dado lo que su esposa e hijos no pudieron ofrecerle. Cuando el féretro fue descendido, arrojé encima una nota que decía: «Papá, te quise de verdad, tú fuiste el único padre que nunca tuve.» Cuando todos se fueron, me quedé un rato solo, junto a la tumba recién cargada de mi padre, y lloré, sintiendo que su alma se iba volando con el fuerte viento. Luego me despedí de mi madre en el cementerio y cogí un taxi hasta el aeropuerto, donde me reuní con Jean. Estaba decidido a dejar las pastillas y marcharme a Malta sin ninguna. Había estado casi dos días sin probar las drogas y esto era un récord.

Me pasé todo el vuelo durmiendo y continué haciéndolo en el taxi que nos llevó hasta el hotel en Sliema. Durante las dos semanas siguientes permanecí en la cama la mayor parte del día, medio dormido o medio borracho, según los efectos que produjera en mí el síndrome de abstinencia de las anfetaminas. Dejar de ingerir drogas de forma tan drástica, me hizo cambiar. Lo único que quería era comer y dormir. Esta sensación de letargo duró semanas pero se fue reduciendo con el paso del tiempo.

Como pasaba tanto tiempo durmiendo, Jean decidió tumbarse en la playa de enfrente; así, cada día estaba más bronceada. Llevaba tanto maquillaje y unas pestañas postizas tan largas que parecía haber salido de una revista de moda. Transcurrió un mes y George seguía sin aparecer, pero al menos yo me sentía más despierto y empecé a salir. Un día fui a Gillard Street, donde murió Isabella hacía tres años. Me sentí triste pero era una tristeza normal. Sin anfetaminas todo parecía diferente. A pesar de que seguía bebiendo bastante, por primera vez en muchos años vi Malta sin drogas que distorsionaran mis impresiones. De hecho, durante mis momentos sobrios casi regresaba con la raza humana al observar las cosas corrientes, como el mar y los pequeños barcos pesqueros. Ya no había enemistades con los tíos y los primos de mi mujer. Sin drogas no se desean estas guerras. El tiempo pasaba y yo cada vez bebía menos. Algunas noches me iba a la cama presumiendo ante Jean:

—Hoy me he bebido una botella de brandy.

Esto seguía siendo alcoholismo pero si lo comparaba con los años anteriores, mi comportamiento era como el de un monje en un convento cerrado. Por primera vez en muchos años, empecé a leer los periódicos y me sorprendí al enterarme de que en Inglaterra, Edward Heath, que había ganado las elecciones, era ahora primer ministro.

George llegó una semana o dos después. Decía que se había liado con una mujer en Italia. Le interrogué sobre nuestro trabajo pero me contestó que con tal que el dinero siguiera llegando, podría esperar unos cuantos días. Necesitaba relajarse y, como yo conocía Malta, me pidió que le enseñara la isla. Dejé a Jean intensificando su bronceado, y George y yo empezamos una fiesta de ocho días de juerga despreocupada. Era algo que jamás había experimentado, dejando atrás esos médicos *gays* que me robaron mis años de adolescente, los ladrones de joyas y otros sucesos dramáticos. Mi vida había sido como un tren expreso que pasa a toda prisa de la pubertad a la madurez, pues anduve por las estaciones de la vida con tanta premura que ni siquiera las vi. Ahora, por primera vez, estaba disfrutando de forma sana, sin malvados, sin amenazas, sin una mujer gritona; sólo George, Jean, sol y brandy.

Todas las mañanas quedaba con George a las once para hacer la misma rutina. Primero echábamos una partida de ajedrez en la piscina de su hotel hasta las tres, después dábamos un paseo por la calle principal de Valetta, hasta llegar a un bar donde jugábamos al billar durante tres horas. A eso de las seis de la tarde empezábamos a beber. Sabía que terminaría borracho; todas las noches acababa así, pero tras las primeras copas empezaba a sentirme más seguro. Después de los billares nos recorríamos toda Malta; entrábamos y salíamos de los bares de mala muerte con un par de bragas. Jean, mientras tanto, me esperaba pacientemente en la habitación del hotel, untándose crema para después del sol.

Una noche fuimos a parar a un bar en medio de ninguna parte. Se parecía a una plaza de toros y había asientos para unas cien personas. Miramos abajo, hacia una pequeña pista de baile, o más bien un circo. Bastante borrachos los dos, nos sentamos en dos laterales distintos, uno enfrente del otro, riendo y gritándonos el uno al otro. Todo era rarísimo. Éramos los únicos entre todas esas filas de asientos vacíos. Al final, apareció un camarero que se esfumó cuando nos hubo servido una botella de brandy. El lugar permaneció en silencio durante otros veinte minutos aproximadamente y de repente se oyó música y se encendieron las luces. Luego apareció una chica con una falda tan corta que se le veían las bragas rojas mientras recorría la arena antes de sentarse. Enseguida entró una segunda chica y se sentó enfrente de la otra. Después vino una tercera, una cuarta, una quinta y en nada de tiempo, la arena estaba atestada de chicas. Ningún hombre, sólo mujeres jóvenes sonriéndonos. Al final, el dueño del local entró y nos explicó que podíamos tener tantas mujeres como quisiéramos, que todo iba incluido en el precio del cubierto. Bastante coherentes a la hora de preguntar cuál era el precio, nos dijeron que no nos preocupáramos y que disfrutáramos. No hizo falta que nos lo dijeran dos veces, así que enseguida nos tumbamos en el suelo, manteniendo relaciones sexuales con unas diez chicas. En mitad de la orgía vi que las chicas que no participaban en la orgía con nosotros estaban sentadas en sus mesas, charlando o leyendo como si se tratara de una maldita lavandería. Me puse en pie y muy borracho grité:

—¡Os importaría cerrar el pico mientras tengo el orgasmo! ¡Al menos podíais fingir que os interesa!

Mucho más tarde estábamos los dos desmayados en el suelo. Nos despertamos a la mañana siguiente con la salida del sol y, al mirar a mi alrededor, advertí que todas las chicas habían desaparecido. Apenas conscientes, apareció el propietario con dos amigos gigantes y con la cuenta. Hubo una gran discusión y pagamos una suma desorbitada pero, al menos nos fuimos de allí enteros. Obviamente habíamos sido los únicos clientes aquella noche y a las chicas las habían traído en autobús, especialmente para nosotros, desde los pueblos colindantes.

Seguía llevando una vida despreocupada, bajo el sol, hasta que apareció un americano.

—Lo siento, tíos, vamos a cerrar Malta. Volvemos a Frankfurt —dijo.

Qué pena, pensé, sintiendo mucho tener que decir adiós a nuestros tres meses de juerga. Ya tenía decidido dejar a Jean y embarcarla en un vuelo a Londres. Ella estaba demasiado sosegada y empezaba a aburrirme con ella; además, yo echaba de menos la marcha de Londres. George y yo nos pusimos en marcha en coche, vía Sicilia e Italia, pero al cabo de un día de viaje, me impacienté y dejé a George en Milán. Cogí un vuelo con destino a Frankfurt y le hice prometer que si llamaba Jean le dijera que estaba trabajando para la misma empresa en Australia. Pagaron varias semanas que me debían, el jefe me deseó suerte y me dijo:

—Lamento mucho que te vayas.

A menudo me pregunto qué es lo que querían. Los gustos de George y los míos propios les servían a ellos para algo que nosotros no podíamos comprender, pero una cosa era segura: todo ese dinero procedía de algún sitio y a mi me pagaban por algún motivo.

Con el fin de la *dolce vita* cogí el siguiente avión a Londres.

13

Solo en casa

Estaba deseando llegar a Londres, pero al aterrizar en Heathrow, el vacío me cayó encima como una tonelada de ladrillos. Aunque tenía mucho dinero, estaba solo y sin lugar donde vivir. Mi padre había sido como una especie de estabilidad distante pero ahora estaba incluso más lejos, vivía en el cielo. Colocado bajo el efecto de las anfetaminas hubiera sido más fácil; pero sin ellas, un futuro sin esposa, sin casa y sin padre me desanimaba tremendamente. Cogí un taxi a casa de mis padres donde llegué justo cuando mi madre volvía del trabajo. Se había puesto a trabajar para poder llegar a fin de mes. Mi hermana vivía en el extranjero y mis hermanos estaban en la universidad, así que estábamos solos.

Me resultaba raro volver a donde me había criado. Nada parecía haber cambiado desde que era un niño. Incluso la ropa y las corbatas de mi padre seguían colgadas donde las había dejado. Sentado con mamá en la vieja cocina, tomando una taza de té, me quedé mirando el reloj de la pared, esperando a que papá regresara del trabajo.

Aquella noche me emborraché para olvidar los problemas, pero a la mañana siguiente la confusión se apoderó de mí al despertar. Mi madre estaba trabajando y, solo, en aquella casa con todos los recuerdos, empecé a temblar, a morir de pánico al pensar en mi futuro. ¿Voy a ver a Tessa y a Antonia? ¿Qué coño hago? Estaba sudando y como de costumbre cuando estaba desorientado, me lancé a por el brandy.

A las nueve de la mañana ya estaba borracho y así durante todo el mes siguiente, excepto los ratos en los que dormía. Incapaz de enfrentarme a la realidad, me resultaba más sencillo permanecer intoxicado y escapar a mi infancia. Solo en casa, mis fantasías de borracho se hacían reales cuando fingía que era un niño de ocho años sin decisiones que tomar. Iba corriendo de una habitación a otra, manteniendo conversaciones imaginarias con mis amigos de la niñez, y, cuando el brandy me hacía efecto, más auténtica parecía mi fantasía. Cada día estaba más loco hasta aquel día en que fui a buscar a Eric, el chico que vivía enfrente, para salir a jugar a la calle. Su anciana madre me miró desconcertada cuando me dijo que Eric se había casado y que tenía hijos. Confuso, dejé a aquella señora de pie en los escalones de la puerta y eché a correr hacia el callejón que había detrás de su casa. Me estaba viniendo abajo; la fantasía se había hecho realidad cuando busqué entre la pandilla de amigos cuyo líder había sido yo de niño. La guardería a la que había prendido fuego había desaparecido y abierto paso a nuevas casas, pero nuestro viejo roble hueco seguía allí. Era un árbol enorme y, como críos que éramos, solíamos trepar por el interior del tronco hasta llegar a las ramas superiores. Con veinte años más y algo más grande, me quedé atascado, pero al final pude liberarme y trepar. Me senté en el árbol y un niño salió de una de las casas y levantó la mirada hacia mí.

—¿Eres Eric? —le pregunté ebrio.

—No, me llamo Bobby —contestó—. ¿Qué haces ahí arriba?

Antes de que pudiera responderle, apareció su madre y tiró de él hasta el jardín, regañándole y diciéndole:

—¡Ya te he dicho que no hables con desconocidos!

—¿Eric, dónde estás? —gritaba, mientras volvía a casa dando tumbos.

Pasé toda la tarde fingiendo que mis padres estaban en casa y entrando a gatas en su habitación les pregunté:

—¿Puedo dormir con vosotros esta noche?

—Sólo si no te has acercado a la habitación de los niños malos —era su respuesta imaginaria.

Esta habitación era una que había en la parte trasera y donde pillé a mi madre besándose con un albañil que estaba trabajando en casa.

Mi madre solía llegar del trabajo a eso de las cuatro y se quedó perpleja cuando la saludé con estas palabras:

—¡No me he acercado a la habitación de los niños malos!

—Muy bien —me contestaba para tranquilizarme pero sin tener ni idea de lo que le estaba hablando.

Se sentía intimidada por mí y por eso tenía que unirse a todos mis juegos. Todas las noches con la misma rutina: me iba a la cama con la acostumbrada bebida caliente, mitad de leche y mitad de brandy. Mamá, por coacción, se sentaba a los pies de mi cama y me leía historias de un surtido de libros de Robin Hood. No tenía elección. Si se negaba a hacerlo yo me enloquecía y amenazaba con quemar la casa. Por fin la tenía en el lugar que le correspondía, leyéndole cuentos a su pequeño para que se durmiera, cuidadosamente arropado. Sin una hermana abusona o hermanos pesados, este alocado niño de veintiséis años contaba, por fin, con la atención completa de su madre.

—Soy tan feliz de haber apuñalado a nuestra niñera Violet —le decía, quedándome dormido—. La odiaba. Sé una mamá buena y no te mataré.

Como la fantasía de mi niñez se iba haciendo realidad yo estaba más que feliz, hasta que una noche, en mitad del cuento, sonó el timbre de la puerta. Mi madre me dio el libro para que le echase un vistazo mientras ella bajaba a abrir la puerta. Borracho y medio dormido vi en los dibujos a Robin Hood abrazando a Lady Marian. Estaba quedándome dormido cuando, de repente, ahí estaba Jean, a los pies de la cama, parpadeando.

—Léele tú ahora —dijo mi madre muy contenta mientras salía de la habitación.

—Soy un niño pequeño y no me gustan las niñas —grité escondido bajo las sábanas.

Momentos después sentí el cuerpo desnudo de Jean a mi lado.

—Yo sé lo que les gusta a los niños —dijo Jean mientras empezaba a chuparme la polla.

Mis libros de Robin Hood junto con el interludio de mi infancia quedaron oficialmente cerrados.

La mañana siguiente me desperté furioso, me sentía traicionado por mi madre y Jean, que se habían marchado a trabajar. Todo parecía diferente. Yo estaba en una casa de personas mayores en una calle de adultos y mi padre estaba muerto. Ya no iba a venir jamás. Me obsesioné con ello todo el día, sin beber nada, y esperando a que esas dos mujeres adultas llegaran a casa.

Aquella noche, después de la cena, se sentaron en el sofá rojo a ver la televisión, tal y como solía hacer mi madre. Dos personas normales viviendo unas vidas normales. ¡Era todo tan ordinario! ¡Lo odiaba! ¡Quería chillar! Se lo mostraré, pensé, sentándome entre las dos en ese jodido sofá rojo. Jean empezó a escribir una carta y mi madre a hacer punto. Mientras tanto, yo me senté sonriendo para mis adentros.

Al cabo de cinco minutos pensé, «bien, ya estoy listo para marcharme», y con el reloj del vestíbulo repicando la misma melodía desde que mi vida empezó, sonreí, me puse de pie y salí de la habitación en silencio.

Con reparos subí las escaleras hasta la habitación de los niños malos. Ahora me tocaba a mí ser travieso. Me subí al alféizar de la ventana y llegué hasta el falso techo, donde años antes había acumulado una gran cantidad de anfetaminas. Estiré los dedos de la mano y mi corazón de adicto empezó a latir cuando comprobé que todavía había un frasco escondido. Con cierta dificultad, lo saqué de allí y ante mí tenía ahora cien pastillas de Dexidrina. Aterrado por el viaje que estaba a punto de comenzar quise pedir ayuda, pero ya era demasiado tarde; incapaz de controlar mi adicción de toda la vida, me tragué el primer puñado de pastillas.

De nuevo abajo y sin decir una palabra, me senté entre Jean y mi madre, con un lapicero y papel para anotar los cambios que se producirían en mi alocada cabeza. Esperé una eternidad pero no ocurría nada. Jean seguía escribiendo, mi madre seguía haciendo punto y el reloj del vestíbulo marcaba su tictac. Luego, de repente, la escritura de Jean empezó a interesarme y la labor de mi madre a fascinarme en el momento en que la cocaína hizo erupción dentro de mi cerebro. La habitación entera empezaba a cobrar vida. Las agujas de tejer de mi madre sonaban ahora como los palillos de una batería.

Empecé a escribir cómo me sentía cuando, de pronto, me puse a temblar. Estaba saliendo disparado hacia la isla de la droga. Me puse en pie de un salto y corrí a la calle a tirar a la alcantarilla las pastillas que quedaban; luego regresé al cuarto de estar para sentarme entre las siempre silenciosas mujeres. Sentado allí, intenté desesperadamente engancharme a la normalidad pero ya era demasiado tarde.

Parecía como si todo se hubiera hecho en el cuarto de baño del homosexual doctor Newam todos esos años atrás. Hice el esfuerzo de permanecer tranquilo y en el sofá, pero no pude. De repente tenía millones de cosas que hacer, de sitios a donde ir y de gente con la que hablar.

—¿Qué te pasa? —me preguntó Jean cuando me levanté.

Volví a salir a la calle para recuperar las pastillas que acababa de tirar. Intenté levantar la rejilla de la alcantarilla haciendo palanca con una pala, pero no se movió. Miré y vi docenas de pastillas amarillas flotando en la turbia agua. Entonces, recordé que había drogas en el desván y eché a correr desesperadamente hacia la casa. Enfilé hacia arriba dándole a Jean, preocupada, un empujón, y subí al ático donde tanto dinero y drogas había escondido a lo largo de los años. Busqué y busqué, revolviendo todo durante media hora, desesperándome más y más a cada momento, hasta que por fin tuve suerte. En un rincón, escondidas bajo los aleros, había dos cajas plateadas con dinero pero sin llaves. Bajé al garaje a toda prisa para romperlas, comportándome como si estuviera poseído por el demonio. Jean y mi madre estaban demasiado asustadas como para detenerme y permanecieron delante de mí, incrédulas, mientras arremetía contra las cajas como un vampiro perturbado. Se oía mucho ruido y al rato una de las cajas se abrió de golpe. Dentro de ella había billetes pero no drogas. Jean me suplicó que me calmara pero le grité furioso que se fuera a la mierda, arrojando el dinero por el suelo, indignado. La segunda caja era aún más fuerte y sólo logré hacerle una pequeña abertura por la que conseguí meter la mano para encontrar más dinero, no drogas. Me hice un corte en la mano con los bordes dentados de la caja y grité:

—¡Más puñetero e inútil dinero!

En ese preciso momento llegaban dos policías a la puerta del garaje. Un vecino había denunciado el ruido. Me preguntaron qué pasaba. Con la mano manchada de sangre y dinero por todo el suelo, la estampa era poco corriente, y respondí con aire de suficiencia:

—¡He perdido las llave! ¡No he cometido ningún crimen!

Anotaron mi nombre y se marcharon, avisándome:

—No haga más ruido o le llevaremos por alterar la paz.

Las drogas me habían atrapado de nuevo después del descanso bajo el sol de Malta. La adicción había reaparecido como una venganza. Cogí un puñado de dinero y me dirigí al barrio chino a comprar más pastillas. Jean trató de detenerme cuando arrancaba el coche pero ya era demasiado tarde, estaba demasiado enganchado.

Durante unos cuantos días y noches estuve deambulando de club en club, con la cabeza perdida, con el resto de drogadictos. Terminé con una panda de *hippies* que se unieron a las otras ciento cincuenta mil personas de la flor en el festival pop en la Isla de Wight, donde vi al hombre del perfil morado, Jimmy Hendrix.

Una semana más tarde aproximadamente, volví a Winchmore Hill en un estado terrible. Mi madre y Jean, que llevaba puesto un nuevo par de pantalones, estaban sentadas exactamente en la misma posición, en el sofá rojo donde las vi la última vez.

El intermedio alcohólico de mi vida se había clausurado justo a tiempo para empezar la más importante exhibición de drogas.

14

Un plan maestro para conseguir el dinero y la demencia

De nuevo bajo los efectos de la anfetamina alteradora de mentes, empecé a soñar con crear un imperio mundial. El *speed* puede, en un principio, provocar una enorme creatividad y así, inspirado por esta sensación, empecé a trabajar sobre el plan de levantar una compañía con vistas a tener sus acciones en bolsa. Llegué a la conclusión de que con todo el dinero robado que tenía, siempre podría dar al negocio el empuje necesario para asegurarle el éxito. Como era habitual, esta idea se aposentó en mi mente hasta olvidarme de todo lo demás. Me inscribí en el Hotel Cumberland en Marble Arch para que no me molestara nadie, y empecé a redactar un plan maestro detallado de 730 páginas que me recordarían lo que tenía que hacer cada día durante los próximos dos años. El día 1, encontrar las oficinas y contratar a una secretaria; el día 14, buscar a los agentes; el día 100, abrir un almacén de alimentación; y así sucesivamente con todo detalle. Incluso especifiqué cuántas drogas debía tomar pero, por desgracia, no me atuve a ese tipo de cálculos. El esquema se basaba en el sistema americano de compras por descuento, nuevo en Gran Bretaña en aquella época.

Doce meses después, mi plan se materializó en más de cinco mil tiendas en Londres que ofrecían descuentos mediante presentación de la tarjeta, y que facturaba por un valor muy elevado al año.

Sólo salía del hotel para comprar ropa interior o más drogas y así, al cabo de seis semanas, mi plan quedó terminado. Nada importaba o existía si tenía que trabajar habiendo dormido poco o nada la noche anterior. Alguna vez llamaba a Jean para contarle que seguía vivo, pero me negaba a decirle dónde estaba. Al final, salí de la habitación 33 del Hotel Cumberland algo despistado y con un maletín repujado con letras de oro: «Plan maestro.» Igual que Ali que acababa de conseguir su licencia de boxeo en Nueva York, yo me sentía como si tuviera un millón de dólares, decidido a conquistar el mundo.

Durante las semanas que estuve trabajando en el plan, Jean encontró piso, casualmente a una manzana del Hotel Cumberland. Una semana después nos mudamos al número 21 de Seymour Street en Marble Arch, desde donde se puso en marcha la página uno del plan. Me parecía extraño que todo lo que entonces había escrito se estuviera haciendo real. Página a página, día tras día, todo era verdad. Jean continuaba con su empleo de modelo, dejándome que dirigiera sin interrupción mi sueño inducido por las drogas. De vez en cuando había sexo entre nosotros pero era rápido, e inmediatamente después regresaba a mi escritorio para continuar con mi misión. Jean era una buena persona, me quería, y a pesar de mi comportamiento lunático, seguía allí.

En unas pocas semanas me había asociado con un tipo inteligente, Jack Blamford-Erricson, que se había aventurado en una empresa similar en diecisiete países diferentes al lado de Brampson´s, los grandes operadores turísticos. Comparado con la rutinaria vida de los negocios, yo, con ese modo de ser tan descontrolado, suponía un respiro de aire fresco para Jack. Después de asociarse conmigo, la empresa prosperó a una velocidad vertiginosa y empezó a hacer dinero a raudales. Cada mañana sonreía al abrir el maletín rojo para hacerle una señal a los éxitos del día anterior. En la página 75, o en el día setenta y cinco, se mirara como se mirara tenía que ir a la consulta del doctor Salomi en Wimpole Street. Era uno de esos veinte médicos que me recetaban medicinas y entre todos ellos, lo que hacían era satisfacer mi adicción. Abrí el maletín rojo, saqué las páginas del plan que faltaban por realizar y le dije:

—Necesito ayuda, doctor. Tengo que encontrar a una persona que tenga experiencia en dirigir grandes negocios. Todo esto me está desbordando.

—Conozco a la persona —sonrió el doctor Salomi.

Le supliqué que llamara a ese hombre en el acto, pero me dijo que su amigo sólo estaba disponible por teléfono durante los fines de semana. «Extraño», pensé, «que no esté al teléfono los días laborables. ¿Dónde vive, en una plataforma de petróleo?»

Aquel sábado por la mañana en la consulta del doctor, conocí a un hombre alto, con muy buen acento, unos veinte años mayor que yo e impecablemente vestido con un abrigo azul con cuello de terciopelo. Se presentó como Steven Delanncey-Tinker y me contó que en la actualidad estaba cumpliendo una sentencia de cinco años por haber tomado parte en el gran fraude de seguros de coches con Eric Kavoondra. Me acordaba de aquel caso: fue una gran noticia en la que se hablaba de una cantidad muy elevada. Steven, que fumaba cigarros con una boquilla de oro, me explicó que podía salir todos los días de la prisión de Wandsworth, pero que debía ingresar cada tarde a las cinco y media.

—Tengo una gran experiencia pero quizá con estos antecedentes, digamos empañados, no sea la persona más indicada —concluyó.

—Empieza el lunes —le dije con una sonrisa de oreja a oreja.

Así lo hizo.

En esta primera semana, Steve me dijo que necesitábamos un contable en la compañía, alguien que fuera bueno con los libros.

—Sobre todo ahora que tenemos monedas de sistema decimal —bromeó.

Por supuesto él ya conocía al tipo: Jimmy, su compañero de celda que pronto se uniría a nuestra próspera compañía.

—No te preocupes, no quebraremos como la Rolls Royce —comentó Jimmy con una sonrisa al final de su primer día.

Durante los meses siguientes el crecimiento del negocio fue más allá de lo que había podido imaginar. Tal y como había predicho el Plan Maestro, el negocio creció y creció e, incluyendo nuestros agentes, teníamos empleadas a más de doscientas personas. El negocio en Londres iba sobre ruedas y ya era hora de conquistar los condados de alrededor, Inglaterra entera y luego, por supuesto, el mundo. Típico de cualquier adicto a las anfetaminas que disfruta de un éxito reciente, no había nada que me detuviera, o eso creía yo. Después de negociar los contratos con las compañías de alimentación más importantes, abrimos la primera de tantas salas de muestras, como se especificaba en la página 163, en un edificio de cuatro plantas en Church Street, en Paddington. A partir de ese momento, el número de agentes que se dedicaban a vender nuestras tarjetas de socio superó los mil.

Church Street estaba situada en una zona antigua de Londres llena de tiendas de objetos usados o antiguos. Con nuestro rótulo rojo perfectamente iluminado resaltábamos como mosca en la leche entre los comerciantes de la zona. Entre lo antiguo y lo moderno, puerta con puerta vivía una pareja llamada Pa y Ma que comerciaba con objetos usados. Las familias de ambos se habían dedicado a todo tipo de chapuzas durante generaciones y Pa, a sus ochenta años, seguía saliendo como cada día a recoger harapos, empujando su carreta, igual que había hecho su padre, con la mula. Para ellos nosotros éramos un espectáculo extraño pero a la vez interesante cuando llegábamos con nuestros espléndidos coches. Un poco más abajo, en la misma calle, había un zoco de antigüedades de gran categoría, con mucho el mejor de toda la calle, dirigido por un homosexual de unos treinta años llamado Martin. Era alto, bastante atractivo y demasiado afeminado. Siempre estaba sonriendo. A menudo salía de su tienda para decirme hola cuando pasaba por allí. Bastante colocado, empecé a comprarle objetos caros todos los días, no porque me interesaran, sino por presumir. Yo era un poco ostentoso y disfrutaba comprando valiosas obras de arte como si fueran churros. Si Martin con su elegante empresa era el príncipe de la calle, yo me convertí en el rey. Los sábados la calle se convertía en un mercado y a mí me gustaba ver a los comerciantes montando sus tenderetes con chucherías sin ningún valor. ¿Por qué se molestaban en hacerlo? Toda su mercancía no valía más que unos cuantos billetes. Un sábado, ido por completo, compré todas las existencias de tres puestos. Lo que para mí era calderilla para ellos era un milagro económico. Luego coloqué todos los objetos procedentes de la compra encima de una mesa a la salida de nuestro edificio con un letrero que decía: «Sírvase. Es gratis.» Al cabo de unos minutos empezaron a llegar montones de personas que acabaron con todo; mientras tanto, yo observaba desde la sala de muestras partiéndome de risa.

Por estas fechas empecé a fumar opio todas las mañanas después de las pastillas. Estuve viendo el combate por circuito cerrado en el que Ali perdió frente a Frazier, en el Madison Square Garden. Pero, como siempre, estaba tan colocado que no sabía quién había ganado. Fui el único fan del boxeo que iba de «tripi» y al terminar la pelea me dejaron sin conocimiento a consecuencia de una discusión.

Steven y Jack se responsabilizaron del diseño de las salas de muestras. Lo hicieron con mucho estilo: con moqueta verde oscuro en las cuatro plantas, mobiliario de oficina nuevo en cada una de las diez habitaciones y una centralita en recepción.

Parecía el colmo de la respetabilidad y hasta entonces así era. La sala de juntas estaba en la primera planta y Steve acopló en ella su propia mesa de conferencias y doce sillas, una de las cuales era auténtica del reinado de Ana de Inglaterra. En la misma planta, en las oficinas de gestión, estaban las chicas que procesaban los cientos de pedidos que entraban diariamente. Arriba, en la planta superior, estaba mi oficina particular vestida con valiosos muebles de cuero blanco. Sobre el aparador colgaba un óleo victoriano de un caballero que yo aseguraba que era mi bisabuelo, el fundador de la compañía. En la pared de enfrente había un mapa del mundo con los treinta países en los que las tarjetas de los asociados eran válidas, lo que hacía que la cosa pareciera más distinguida.

Era un sistema divertido liderado por un hombre alocado, fumador asiduo de opio que daba las órdenes a gritos por el interfono. Los ejecutivos jefes de la compañía, que tenían que estar en la prisión de Wandsworth a las cinco y media de la tarde, a menudo tomaban prestado el Jaguar blanco del director gerente, el cual dejaban aparcado en el patio de la cárcel durante toda la noche. Todo parecía ir bien, según el plan; la única pega éramos yo y mis drogas. La cantidad que consumía ahora había alcanzado unos topes extraordinarios, consiguiendo que mi comportamiento fuera cada vez más inestable.

Mi locura aumentó y mandé traer a la oficina el sillón en el que murió mi padre. Desde ese día, a todo el que entraba en recepción le obligaba a sentarse en él y yo anunciaba con orgullo: «Mi padre murió en ese sillón.» Incapaz de tranquilizarme por las noches, dejé a Jean en la cama para inmiscuirme en los clubes nocturnos de drogas, y así pasaba días enteros sin dormir. Muy pronto había pasado de ser un pesado a un auténtico estorbo para mi propia compañía. Cuando entraba tambaleándome procedente de otra sesión nocturna de drogas en los clubes londinenses,

Steve y Jack solían decirme: «Quédate en casa a soñar con nuevos planes y déjanos a nosotros la dirección del negocio.»

—Acércate a Saint Tropez a ver casarse a Mick Jagger. Te mantendrá alejado de los problemas —me sugirieron una mañana.

Absolutamente imprevisible, estuve en la lista de ausentes durante días, paralizando a la empresa porque yo era la única persona autorizada a firmar cheques. Cuando no interfería en los asuntos de los negocios me pasaba las horas fumando opio en mi oficina y mirando el culo de una de las secretarias, que llevaba una falda sumamente corta. La tenía todo el día guardando documentos en el cajón más bajo de los armarios archivadores para que tuviera que agacharse más, y así poder verle más de la entrepierna. El *speed* te obliga a hacer cosas sexualmente raras. Consigues la erección pero no quieres el orgasmo. Esta chica se dio cuenta de que ponía cachondo al jefe y pronto empezó a vestirse sin bragas, pero aún así tuvo mucho cuidado de que no la tocara. Yo simplemente me sentaba, colocado, y permanecía todo el día con mi erección bajo el escritorio. Al menos estar allí, delante de ese culo, me mantenía alejado de otros daños peores.

Durante los meses siguientes los ingresos de la compañía aumentaron pero también mi consumo de drogas y mis cambios de humor violentos. A la caída de la tarde me aterrorizaba cuando buscaba en el pantalón y descubría que ya me había tragado mi dosis diaria de cien pastillas. Una mañana, Jean empezó a desafiarme seriamente por el número de pastillas que tomaba.

—¿Quieres que te encuentren muerto como a Jimmy Hendrix o a Janis Joplin el año pasado? ¡Tú serás el siguiente! —gritó.

Había escondido algunas de las drogas y esto para mí era traición. Nadie manipula las drogas de un drogadicto y con la cabeza a punto de estallarme, eché a Jean y todas sus pertenencias a la calle. Jack, mi socio, la encontró llorando en el rellano de su fastuosa casa y la invitó a quedarse en ella unos días. Luego se fue. Nunca volví a verla en toda mi vida y junto con ella desapareció mi última oportunidad de permanecer cuerdo.

A partir de entonces todo se hacía cuesta abajo. Los cambios de humor provocaban disputas con todo el mundo y empecé a despedir a la gente sin pensar. Mi expresión favorita era:

—¡Y tú también te puedes ir a la mierda!

Steven y Jimmy se fueron por mutuo acuerdo y unos meses después también lo hizo Jack. La gente ya no podía aguantar al psicópata drogado y desquiciado en que me había convertido.

Vivía solo en el piso y esto, añadido a la confusión que me producían las drogas, el alcohol y el opio, me hacía perder el control. Poco a poco fui perdiendo el interés tanto por mis negocios como por el culo de mi secretaria. Tan sólo quería la sensación de letargo que me producía la droga y sentarme en casa hasta ponerme hasta arriba. A Bill Stone, un joven que hasta entonces había trabajado en la imprenta de la compañía, le ascendí a jefe fabricante de canutos cuando empecé a comprar marihuana y opio. Le di órdenes de marcar los porros con un rotulador utilizando un sistema codificado: un círculo significaba que era normal; dos círculos que era dos veces más fuerte y tres, que era para golpearle a uno el cerebro. Al cabo de un tiempo, Bill, un muchacho delgado con el pelo oscuro y rizado, tiró el rotulador ante mi insistencia de que a partir de entonces sólo quería los de tres círculos. En esta fase, una parte importante de la compañía aún producía ingresos así que, como al principio, a pesar de mi locura, tanto el dinero como los canutos seguían lloviendo sobre mí.

15

Hormigas drogadas y orgasmos femeninos

¡Era la hora de las drogas! No pensaba en nada más y me obsesioné con la búsqueda de la última alucinación. Para llevar a cabo mis experimentos sin que me molestara nadie, le dije a todo el mundo que me iba al extranjero por asuntos de negocios. Pinté las ventanas de mi piso de color negro, como en los tiempos de guerra. Tenía unos diez tipos diferentes de anfetaminas, las aplasté todas y, durante varias horas, mezclé los polvos en proporciones diversas, como un Frankenstein enloquecido. Intentaba crear electricidad dentro de mi cabeza, convencido de que la mixtura correcta me produciría un flipe interminable.

Tomé tantos brebajes que durante uno de los experimentos mi corazón empezó a acelerarse con tal descontrol que, temiendo que me sobrevendría un ataque, llamé a una ambulancia. Este incidente me asustó de tal manera que, cuando volví del hospital, decidí realizar los experimentos posteriores en animales.

Inicié mi investigación con peces en tres peceras diferentes, a los que alimentaba con una mezcla de su comida y polvos de anfetamina. Enseguida parecía que los peces empezaban a nadar más deprisa, pero desgraciadamente a algunos les gustó demasiado, tomaron una sobredosis y se quedaron flotando en la superficie.

Los estudios sobre las drogas son un trabajo solitario y para ayudarme ascendí a Bill Stone de oficial fabricante de porros a ayudante de laboratorio. Venía a trabajar con una bolsa de papel llena de *cannabis*.

—El hachís es mejor —decía—, ya lo verá.

Como no éramos capaces de que los peces fumaran los porros, utilizamos pajas para introducir el humo del hachís dentro de las peceras, haciendo burbujas al soplar. Frustrado, me deshice de mi paja y busqué otro medio más rápido. Metí la cabeza en el agua y empecé a soltar el humo directamente. Por accidente, me tragué un pez y me puse muy malo. Inmediatamente después de esto se dio por concluido el experimento. Tirado en el suelo y desternillado de risa de tanto fumar, Bill dijo entre dientes:

—Tendré que resignarme. Usted tendrá que buscarse a un nuevo ayudante. Ya no puedo fumar más.

Cuando nos recuperamos y pudimos levantarnos Bill sugirió:

—Loros. ¡Los pájaros respiran aire!

Enseguida volvíamos de Harrods con tres pájaros en jaulas diferentes que colocamos cada una en una habitación. Haciéndonos con nuestra última pizca de fuerza, fuimos de habitación en habitación, fumando hachís, con el objetivo de crear una nube de humo que colocara a nuestros amigos los emplumados. Era evidente que ya no podíamos aguantar más tiempo fumando y decidimos que necesitábamos ayuda, más fumadores. Bill tenía la solución. Conocía a ocho *hippies* que vivían en un *squat* al lado de Portobello Road y estaba convencido de que la oferta de fumar gratis les atraería. Una hora más tarde volvía con nuestros nuevos obreros, embutidos en dos taxis. Enseguida se dispusieron a fumar un porro tras otro, lo que para ellos era un honrado paraíso. Bill, como capataz, tenía que trabajar a un ritmo muy acelerado, liando la mercancía fresca, procedente de una bolsa llena de rojo libanés, para seguir el ritmo de nuestros fumadores. Ahora, incluso empezando a parecerme a Frankenstein, cerré bien todas las ventanas y la puerta del piso para que el halo de marihuana no se escapara. Poco después, sin embargo, tuve que volverlas a abrir a la fuerza porque muchos de los *hippies* se estaban volviendo paranoicos, convencidos de que era un nuevo tipo de droga adulterada. Con todo el personal del laboratorio enfermo y los loros mirando en silencio, di por terminado el experimento. Al final de sus cinco horas de trabajo fumando, regalamos el pájaro ganador al mejor fumador hippie.

—¡Chachi tío, qué guay, cuando quieras! —decían mientras salían a gatas del piso.

Después descubrimos que el pececillo que quedaba había desaparecido. El principal sospechoso era el gato del hippie, que parecía tan satisfecho cuando se marchaba con su dueño.

—Necesito tomarme un descanso —dijo Bill.

—¿Para qué? —le pregunté consternado.

—Para dormir —me respondió. Y me dejó solo en el laboratorio, totalmente colocado.

Unas cuantas pastillas después volví a tener otra genial idea. «¡Hormigas! Son más fáciles de observar», pensé. En mitad de la noche, bajé hasta los contenedores del Hotel Cumberland provisto de una bolsa con pastillas machacadas y una linterna. Extendí el polvo por todo el suelo y observé con júbilo cómo las hormigas trepaban por las blancas montañas de *speed.* El experimento empezaba a funcionar hasta que se vio interrumpido por dos agentes de policía uniformados que me preguntaron qué estaba haciendo a las dos de la madrugada con una linterna.

—Estudiando el comportamiento de las hormigas —les expliqué.

—Le van a picar. ¿Por qué no se va a la cama y las estudia mañana? —sugirió uno de ellos.

Se dieron la vuelta para marcharse y horrorizado vi cómo el pie gigante de un policía aplastaba la turba de hormigas más feliz que nadie haya visto jamás.

¡Aves salvajes! Esa fue la siguiente inspiración con plumas dentro de mi cerebro. Cuando despuntó el alba estaba en Hyde

Park dándoles a los gorriones trozos de pan empapados en una solución de anfetaminas. Muchos se comieron el pan pero fue imposible observarlos durante el vuelo o juzgar su felicidad.

Esa misma mañana, algo más tarde, me encontré con uno de mis amigos *hippies* tumbado en la hierba cerca del lago Serpentine y le volví a contratar para emplearnos con los patos. Se movían con lentitud y resultaría más fácil observarlos, pensé según sacaba el tripi de la hora del almuerzo. Le presté a mi barbudo amigo un Rolex de oro para que cronometrase a los patos y dejara constancia de las marcas para la posteridad, pero el profesor adjunto en estudios sobre drogas se largó enseguida, no sólo con la gráfica de las marcas sino también con el reloj. Estaba cansado así que me tumbé en el césped, mirando al cielo, esperando encontrar a *Lucy in the Sky with Diamonds*. Cuando me estaba quedando dormido, uno de los pájaros sobrevoló por encima de mí. «Por lo menos es feliz», sonreí.

—¡Despierte! No puede quedarse aquí —dijo el guarda.

Había estado durmiendo todo el día a la orilla del lago. Ahora era de noche y de camino a casa iba pensando que no quería más animales, que eran absolutamente imprevisibles. Lo que necesito son personas, humanos con lo que experimentar. Me adentré en una cafetería, me senté y mis ojos se toparon con un par de piernas largas y preciosas apenas cubiertas con una cortísima minifalda. Mientras contemplaba su entrepierna tuve una húmeda inspiración onírica: ¡Cronometrar y anotar el orgasmo femenino más rápido de todos los tiempos! Esa misma noche recluté a algunos de los *hippies* que ya conocía y a otros nuevos, además de una pareja de chaperos y dos prostitutas. La noche siguiente, el laboratorio ya estaba de nuevo a pleno rendimiento. Les di a distintas parejas varios cócteles de drogas y me preparé para cronometrar sus orgasmos. Desgraciadamente, mis conejillos de Indias humanos distaban mucho de registrar resultados en un abrir y cerrar de ojos; sin embargo, en cuanto al récord, el sexo oral entre tres personas siempre producía el orgasmo más rápido. Todos tomamos drogas y las desatadas escenas pasaron de ser obscenas a muy lascivas, con el esperma fluyendo libremente.

En la cocina, durante un acalorado debate en mitad de un descanso en el que se sirvió té con drogas, una rubia manifestó que llegaría antes al orgasmo si se le esparcía nata por el pecho y se la quitaran a lametones. «¡Eso es!», pensé «¡la nata es la solución!»

Envié a dos ayudantes a comprar y volvieron con una maleta llena de nata, revistas pornográficas y vibradores. ¡Aquello pasaría a la historia! Estábamos a punto de ser testigos de un nuevo récord mundial de velocidad del orgasmo. Dividí la fiesta en tres grupos y, con un rotulador grueso, pinté en los culos de todos los hombres el número del equipo al que pertenecía cada uno. Para el concurso, todos ellos estaban completamente desnudos mientras que las mujeres llevaban sólo las bragas reglamentarias. Antes de la carrera, dejé a los participantes que leyeran revistas porno para intensificar su entusiasmo, pero tocar estaba estrictamente prohibido, con unas penalizaciones más severas que las de los Juegos Olímpicos. Siguiendo mis órdenes, los hombres extendieron la nata por todo el cuerpo de las mujeres y luego ¡preparados, listos, ya! Con sus pollas, sus vibradores y sus dedos, la carrera había empezado. Estoy seguro de que la rubia hizo trampas porque unos segundos más tarde, tuvo un orgasmo enorme. Todas las objeciones hechas por los otros equipos tuve que desautorizarlas yo mismo, puesto que el ayudante de la carrera estaba demasiado colgado para hacerle frente a cualquier demanda oficial. Con el presentimiento de que podría producirse un motín y para mantener la calma, grité:

—¡En todos los equipos debe haber un orgasmo!

A continuación se produjo una gran confusión pero, al final, como todos los participantes estaban bien y parecían satisfechos, los regalos, varios juguetes pornográficos de Anne Summers, se compartieron con ecuanimidad.

Las escenas sensuales siguieron realizándose todos los días pero, por alguna razón, me fue invadiendo la tristeza y empecé a sentirme cada vez más solo. Una vez me desperté en la cama con dos travestis semidesnudos. «¡A joder con los soldados! Preferiría haber estado con los chochines», pensé, «desayunando mis pastillas de anfetamina».

En otra ocasión, totalmente obsesionado con el sexo, pagué a una *call girl* para que se sentase en los trenes del metro, vestida con una falda prácticamente inexistente y sin bragas. Quería juzgar las reacciones de los hombres cuando se abría de piernas. Algunos se quedaban mirando fijamente, otros se escondían detrás del periódico. Perdí el control de la situación cuando una mujer empezó a pegar a su marido en la cabeza con el paraguas y le sacó del tren a rastras.

—¡Cerdo cabrón! ¡Sólo te vas a dormir cuando me desnudo! —le gritó.

Tan sólo un albañil tuvo los cojones de decir:

—Si tienes algún sitio donde ir, preciosa, yo te follo, pero tiene que ser uno rápido porque estoy en horas de trabajo.

Esta extravagante etapa sexual acabó con un accidente aéreo casi fatal. Mientras practicaba el sexo con una africana en el avión particular de un amigo, Cyril, el piloto nos vio a través del espejo y se excitó tanto que tuvo que hacer un aterrizaje forzoso.

Los meses fueron pasando y aquello empeoró. Por las noches me sentía muy solo en el piso y era incapaz de dormir incluso con altas dosis de pastillas. La paranoia se afianzaba en mí, estaba convencido de que el mundo estaba dispuesto a atraparme. Preparado para el final, me compré diez coches que tenía aparcados en distintas zonas de Londres para darme a la fuga. Cada uno iba equipado con reservas de todo tipo y con este propósito, tenía latas de ciento treinta y seis litros de gasolina almacenadas en el piso. Desesperado por dormir, empecé a inyectarme somníferos y una noche caí redondo en la cama con un cigarro encendido. La colilla prendió fuego el colchón y me desperté cuando la cama empezó a arder. Semiconsciente, salí como pude hasta el vestíbulo en donde, dopado hasta la médula, volví a quedarme dormido sin acordarme del fuego. Me desperté otra vez con los golpes del portero en la puerta.

—¡Fuego, fuego! —gritaba el hombre.

Me di la vuelta y vi llamas por todas partes. El colchón entero estaba en llamas. Me arrastré por el vestíbulo y conseguí abrir la puerta.

—¡Rápido, llame a los bomberos! —dije, balbuceando.

—Ya están de camino —dijo el portero.

Atiborrado como estaba de inyecciones soporíferas, sólo pude acurrucarme a sus pies y enseguida me quedé dormido una vez más en el suelo, al lado del ascensor.

Cuando llegaron los bomberos, forzaron las ventanas del tercer piso y atravesaron el salón con las mangueras por encima de las latas de gasolina que tenía escondidas. Por fortuna, la elevada armadura metálica de la cama impidió que el fuego se extendiera por todo el piso. De no haber sido así, el bloque entero de pisos hubiera estallado y la mitad de Seymour Street con él.

Jack Erricson y su mujer, que regresaban de un *night-club* a eso de las tres de la madrugada, vieron los coches de bomberos en el exterior del bloque y comentaron entre ellos:

—¡Tiene que ser él!

Me encontraron todavía dormido al lado del ascensor y me llevaron a su mansión. Dormí sin interrupción durante todo el día siguiente.

Cuando por fin me desperté estaba tan afectado por esta catástrofe que me fui con Alen a pasar unos días a la costa. A pesar de mi locura me seguía queriendo más que nunca.

16

CLARA

Estuve tan cerca de la muerte que me asusté muchísimo. ¿Me estaba castigando Dios? Deseaba tanto su perdón que de nuevo empecé a hacer excursiones nocturnas de penitencia a las estaciones de ferrocarril para repartir dinero a los vagabundos. Ya no creía ser Jesús sino más bien un moderno Robin Hood. Irónicamente, cuanto más dinero regalaba más entraba en el negocio cada día, pero como yo tenía fortunas acumuladas, daba lo mismo.

Una terrible hambruna sacudió Biafra, en África y, sobrecogido emocionalmente, decidí salvar el mundo sin ninguna ayuda. Quise donar una cantidad aceptable para los fondos del desastre, así que interrumpí las operaciones habituales del negocio obligando a todo el personal de la oficina a no hacer otra cosa que organizar un *mailing* descomunal para incrementar los fondos. Nuestros esfuerzos fueron sumamente satisfactorios y junto con una donación de la BBC de Londres, logramos reunir una cantidad de dinero considerable. Desgraciadamente, como recompensa por mi generosidad, todo lo que conseguí fue una gran patada en los dientes cuando entregué los beneficios en las oficinas centrales del Fondo de Ayuda al Niño. El empleado simplemente me dio las gracias y un recibo. ¿Un puñetero recibo? Para mí, un inútil muerto de hambre desde el punto de vista sentimental, esto no era justo. Quería que me adularan, deseaba la gloria y no un maldito recibo. A partir de esta decepción, me dediqué a realizar todas estas acciones propias de

Robin Hood para con los alcohólicos. Los vagabundos no extendían recibos, me lo agradecían personalmente.

Aproximadamente por estas fechas fue cuando empezó mi aventura con Clara, hija de un conocido comentarista deportivo. Ya la había visto algunos meses antes, cuando trabajaba para Jack, y la encontré muy atractiva e interesante desde el principio. Era diferente del resto de mujeres a las que había conocido; enormemente inteligente, muy segura de sí misma y muy divertida, tanto dentro como fuera de la cama. Me enamoré de ella sin darme cuenta y fue la primera persona con cuya compañía disfruté de verdad. Siempre la llamaba «George» porque, por alguna razón, hacía que me sintiera más seguro al tiempo que me ayudaba a superar mi profunda desconfianza en las mujeres. Clara era alta y rubia y distinta del resto de mis anteriores novias, todas de pelo oscuro. Provenía de una familia de clase alta. Su madre se ocupaba de supervisar las fiestas campestres en el Palacio de Buckingham. Para Clara, con su educación y sus amigos de élite, tener un atracador de bancos por novio era algo fascinante. Comparado con uno de esos partidos de *crochet* con sus amigos pijos, salir conmigo y mis asociados por la noche era bastante original.

Si yo era Robin, ella era la perfecta Lady Marian. Nos gustábamos y pasábamos mucho tiempo juntos, o en mi piso o en la casa de cinco plantas de su familia, situada en Hamilton Terrace. Muchos fines de semana, sus padres me invitaban a quedarme en su casa de campo de fin de semana y, a pesar de nuestros orígenes tan diferentes, los padres de Clara se portaron siempre bien conmigo. Allí había un padre y una madre que adoraban a sus hijos y, cuando observaba a sus hermanos, me afligía al pensar que no tenían que dar tirones de bolsos para llamar la atención de sus padres. Clara era lo más parecido al amor verdadero y, de hecho, de no ser por mi drogadicción, así podría haber sido, pero por desgracia y a pesar de la poderosa influencia que ejercía sobre mí, las drogas se aseguraron de que este período semirracional no durara mucho. Pronto volverían los tiempos salvajes.

Sucede que, a veces, a un determinado tipo de persona le apetece relacionarse con un psicópata. Y ese demente, hasta arriba de drogas, era yo. El día que conocí a Brian Clifford fue como sujetar un harapo rojo a una relativa distancia de un toro. No necesitaba el dinero ni tampoco tenía por qué haberle hablado, pero lo hice. Incitado por él, cometí muchos más delitos y además, tuve que soportar muchos quebraderos de cabeza. Mi vida se convirtió en una locura peligrosa. Con cargamentos enteros de perfume robado, tabaco, vino y más, mi piso se parecía al de Fagin Den.

Brian Clifford era conocido como «el Paticorto» entre los miembros del mundo criminal porque era bajo y tenía unas piernas gordas y pequeñas. Su pelo era negro y ondulado y se lo peinaba hacia atrás. Era muy atractivo. No obstante, Brian era un hombre peligroso y era precisamente su comportamiento psicopático lo que me molaba. Su temperamento incontrolado hacía que a su lado Ronnie Kray se pareciera a una chica *scout*. Mientras los Kray, benditos sean, siguiendo el código de conducta *cockney,* sólo atacaban a los canallas, el Paticorto no conocía código. Hubiera asesinado a todas las monjas de un autobús o a la coral de la parroquia sin pestañear. No sólo era un endemoniado bastardo sino que, además, era un demente. Le conocí en los baños turcos de Jermyn Street a través de John «el Gato», un ladrón, y tras nuestro primer encuentro Brian empezó a recogerme todos los días para llevarme al Wheeler´s a comer. Cuando me veía montar al Rolls Royce de Brian, el homosexual Martin, que nos observaba, solía decir:

—Mmm, amiguitos ricos, ¡qué monos!

Durante los meses siguientes, el Paticorto y yo salíamos a alternar por la ciudad con nuestras novias. Clara, desconocedora de lo que realmente estaba pasando o de los peligros que corría, encontró todo esto fascinante y genialmente divertido. Una noche después de la cena, Brian se detuvo ante sus oficinas de Walworth Road y le pidió a Clara que esperase en el coche, mientras nos llevaba a su chica y a mí a hacer una llamada privada. Nos invitó a sentarnos en unas sillas de cuero con respaldo alto y, mientras yo hablaba con Joan, Brian se marchó de la habitación. Volvió a entrar sin que nos enteráramos y sin avisar y repentinamente, atacó a la pobre chica, dándole puñetazos en la cara. Chillaba como si fuera un monstruo:

—¡Bruja, escoria hija de puta! —Y le tiraba de la cabeza hacia atrás.

Le cortó su largo pelo rubio y le dejó como si fuera una víctima de un campo de batalla. Yo estaba allí sentado, muerto de vergüenza e incapaz de moverme.

—Nos vamos a casa, Steve —dijo Brian, arrojando el cuchillo al suelo.

Me sacó de la habitación y dejó a la chica muerta de pánico y mirando su pelo tirado por todo el suelo. Unos minutos más tarde y en el coche, cuando pasábamos por la Battersea Power Station, Clara preguntó ingenuamente:

—¿Dónde está Joan?

—Lavándose el pelo —respondió el Paticorto, sonriéndome con desdeño por el espejo retrovisor.

Después de dejar a Clara en Hamilton Terrace, me llevó hasta Regent´s Park, donde aparcó el coche. Mi cabeza daba vueltas pero pude oír cómo Brian abría su más reciente bolsa de trucos.

El Paticorto sabía con exactitud lo que hacía y bajo esa apariencia de lunático había un cerebro calculador y sumamente inteligente. Para asustarme, empezó a explicarme, con todo lujo de detalles, el aspecto de los rostros de las personas justo antes de morir. Estuve sentado mientras él me contaba sus asesinatos.

—Y ahora, por lo que has tenido que aguantar —dijo, entregándome un enorme fajo de billetes bien atados—. Toma son falsos pero puedes cambiarlos en ventanilla con facilidad —explicó—, especialmente en los bancos extranjeros más importantes.

Los bancos británicos parece que ya andaban detrás de ellos.

—Ahí es donde vas a entrar —dijo, dándome unos golpecitos en la rodilla—. Mañana por la mañana nos marcharemos a Suiza y tú, amigo mío, vas a venir con nosotros para cambiar los dólares.

Iba a ser la cabeza de turco dispuesta a dejarse pillar si todo iba mal. Estaba tan impactado para responder y tan drogado, como de costumbre, que acepté acompañar a Brian y a su secuaz en el primer vuelo con destino a Zurich.

Una hora después, cuando volví a mi piso, el horror se había instalado. Estaba aterrorizado porque pensaba que una vez que hubiésemos canjeado los billetes falsos, el Paticorto y su lunático compinche me matarían. No había posibilidad de que esos codiciosos bastardos repartieran las ganancias conmigo. Tomé más drogas para pensar con lucidez. Con la anfetamina viajando por mi cerebro pronto encontré el modo de regresar de Suiza con vida: me llevaría a un criminal de poca monta que ya conocía. Mi plan era pasarle el dinero auténtico a mi cómplice intercambiando dos maletines idénticos en el último banco; luego se lo llevaría de vuelta a Inglaterra. De este modo, Brian tendría que mantenerme con vida al menos hasta que llegáramos a Londres, donde recuperaría el dinero. Tras unas cuantas llamadas de teléfono contraté a mi cómplice y, en secreto, reservé un asiento más para él en nuestro avión a Zurich.

Saturado de drogas, este episodio se convirtió en una apasionante historia de las de capa y espada. A la mañana siguiente, como en una película de James Bond pero en la vida real, me senté junto a Brian y su socio; mi cómplice iba dos asientos

piso fue un montaje. Quizá mi madre y Lanna colaboraban con los individuos de quince centímetros que pasaban a casa por el buzón cada mañana y que, entre todos, intentaban robarme mi pequeño libro rojo, un diario especial en el que había anotado con todo detalle todos los sitios en los que aún recordaba que hubiera dinero escondido. Algunas de las propiedades habían pasado a otras manos y los dueños actuales era inconscientes del tesoro que tenían con ellos. Como mi desconfianza se iba acentuando, dormía incluso con el libro rojo debajo de mis calzoncillos, pero una noche, harto ya de que el libro me aplastara la polla, me vino a la mente una idea más cómoda: diseñar un poema codificado en el que aparecieran todos los lugares secretos donde había dinero escondido. Decía así:

Sal por la mañana a pasear
Todo en el parque oculto debe estar
Disfrutemos todos por turno
Todo oculto está en Church nº1
Juntos conmigo estaréis
Todo oculto está en el n.º 76

Y así sucesivamente a lo largo de dos páginas.

El parque se refería a Hyde Park Avenue, la casa donde vivió toda mi familia; Church era la calle donde vivía Martin; el n.º 76 se refería a Norfolk Avenue, la casa de mis abuelos, y así hasta el final. Al memorizar constantemente el poema, mi mente maltratada intentaba salvar algo de aquellos años de demencia infectados de drogas. Semanas después, una vez que conseguí escribir el poema empezando por el final, quemé el libro con toda solemnidad y guardé las cenizas en un pequeño tarro de mermelada, cuya etiqueta decía: «Mermelada de libro rojo.» «La Operación Vagabundo va muy bien con el nuevo Plan Maestro.» Ahora nadie podía encontrar mis cajas de dinero, sólo yo conocía el poema. Lo escribía tres veces al día y cada vez quemaba lo que había escrito. Las cenizas las guardaba en el frasco. Finalmente, después de cada sesión, le hacía una marca al «poema evocado» de la lista que siempre llevaba conmigo.

Muy perturbado ya, empeoraba día tras día. Al final, empecé a correr por la transitada calle de Hendon Lane gritando:

—¡Hará falta un camión de diez toneladas para matarme, hijos de puta!

Muchos vehículos viraron bruscamente para no atropellarme y uno de ellos era de la policía, lo que me llevó hasta uno de los más prestigiosos psiquiatras de Londres, el doctor John Randall. Anteriormente ya había visto muchos loqueros cuando me hacía el paranoico para conseguir drogas, pero esta vez era verdad. Estaba loco.

A través del doctor Randall conseguí, por primera vez en mi vida, la ayuda médica que necesitaba. Tenía muy buena fama entre los de su profesión. Era un hombre con valores para quien el bienestar de sus pacientes era más importante que su cartera.

—Tienen que admitirte hoy mismo —me dijo—. Voy a mandarte inmediatamente al Temple Hill, un hospital psiquiátrico en Hampstead. No puedo permitir que te marches de mi consulta así como así, eres un peligro para ti y para los demás.

Una hora después llegué a Temple Hill, una gran mansión en Hampstead Heath que había sido convertida en un hospital de unas treinta habitaciones. Cuando la ambulancia atravesó la verja, vi a Jack Contel pasar corriendo por allí, entrenándose entre los arbustos de enfrente. Se estaba preparando para el reto del título mundial que tendría lugar muy pronto en Wimbley. Le saludé con la mano pero no me vio.

La recepción del hospital estaba llena de clientes con aspecto raro. Los hombres iban vestidos como mujeres. Aparte de sus acostumbrados pacientes internos, el doctor Randall pasaba consulta a travestis perturbados dos veces por semana.

Mientras esperaba a que me admitieran, escribí mi poema y después de quemarlo lo recité en voz alta:

—*Sal por la mañana a pasear...*

Entonces una rubia preciosa se me acercó y dijo:

—¡Y un tiburón te comerá! Es un buen poema, patito —él o ella sonrió.

Empecé a llorar. Otro travesti me rodeó con sus brazos, diciendo:

—No hagas caso a Jean, es una puta.

Una enfermera entró y me llevó a una sala que había en la planta superior, donde me suministraron un fuerte tranquilizante.

El día siguiente me estuvo entrevistando una doctora durante toda la mañana, pero como no admitía mi propia adicción a las drogas, le fue imposible diagnosticarme. Al cabo de varias horas de conversación, escribió en mi historial: «Esquizofrenia aguda. Predisposición a temores paranoicos.» Era el diagnóstico más preciso del verdadero problema: adicción a las anfetaminas.

Al principio me pusieron bajo un tratamiento de sueño profundo y me mantuvieron inconsciente veinte horas al día durante varias semanas. Me despertaban sólo para comer e ir al servicio. Los periodos que permanecía despierto eran de treinta minutos; después volvía a dormirme con otra inyección. Cada vez que despertaba, repetía mi poema, y me volvía a quedar dormido recitándolo entre dientes. Ya no escribía nada. El bloc y las cenizas en el frasco de mermelada se encontraban en una taquilla en alguna parte. Semanas después, cuando terminó el tratamiento, me dejaron alternar con los otros pacientes y me devolvieron mis pertenencias. Una vez más podía quemar mis poemas.

En la tarea ocupacional solíamos pintar y yo siempre dibujaba escenas de poemas con parques y todos los escenarios que aparecían en mi poema. Me entraba la risa cuando las veía en la pared y pensaba: «Nadie en todo este planeta sabe los secretos que contienen esos dibujos.» Una de las enfermeras siempre estaba gastándome bromas:

—Serás el nuevo Picasso.

El pintor había muerto un mes antes.

Con la ayuda exclusiva de la medicación del hospital, parecía que iba calmándome, pero conforme iban transcurriendo las semanas, me aburría y decidí que tenía que seguir un tratamiento adicional. Telefoneé a Lanna para que me trajera una maleta, que ya estaba hecha, con ropa. La maleta tenía un falso fondo en el que me había escondido un suministro secreto de drogas para los casos de emergencia. La mañana en que Lanna me dejó el bolso, no pude acabar con la visita lo suficientemente rápido y en cuanto me dijo adiós, corrí al servicio y me tomé unas treinta pastillas de Dexidrina: más de lo que jamás había tragado de una vez. Después del tranquilo periodo en el hospital, mi cabeza estaba lista para un azote descomunal. Sentado entre los otros pacientes medio muertos, empecé a sentirme genial, curado, como si mi cabeza explotara. Corrí por todo el hospital riendo y diciendo a las enfermeras que me marchaba. Fui a buscar el abrigo y por un segundo podría estar fuera, si no hubiera sido por un enfermero que me agarró.

—¡Aquí estás! —gritó.

En lo que a mí me pareció un instante, tiró de mí hasta una sala y, con ayuda de otra persona, me ató con unas correas a una cama. Yo opuse resistencia pero no podía moverme porque me puso una inyección que, en principio, me debería haber tranquilizado; sin embargo, con la Dexidrina a pleno rendimiento en ese momento, me mantenía completamente despierto. Instintivamente cerré los ojos y fingí estar inconsciente para que no me inyectaran más. Parecía como si tuviera almohadillas sujetas a la cabeza. Imaginé que estaban a punto de hacerme un escáner, pero me sentí más relajado al pensar que una máquina no podía leer mi poema. De pronto, una especie de relámpagos se encendieron en mi cabeza y mi cuerpo se elevó en el aire.

La cara de Dios estaba mirándome.

Un silencio de algunos segundos. Luego, el terremoto entró en erupción de nuevo, iluminando las células de mi cerebro como si de fuegos artificiales se tratara.

Esta vez Dios se estaba riendo de mí.

Gemí de dolor como si todo volviera a repetirse varias veces. Y luego, nada. El silencio.

Mi cabeza palpitaba. Abrí los ojos pero no había luz. Estaba solo. Cerca de allí podía oír los quejidos de alguna gente. ¿Estábamos todos muertos? ¿Estaba acaso viviendo una película de *El exorcista* en la vida real? ¿Dónde estaba el sacerdote? ¿Me había sacado el demonio del cuerpo? De repente apareció una enfermera, no con un crucifijo sino con una carpeta. Me llevó a una extraña habitación donde me senté al lado de una masa de individuos con aspecto de esquizofrénicos que miraban a la nada mientras tomaban té. Minutos después me di cuenta de que no recordaba cómo había entrado en aquella habitación o de dónde había venido el té.

Me habían administrado una terapia de *electroshock,* que hace que desaparezca la memoria durante un tiempo, y en algunos casos para siempre. El grado de memoria perdido varía de un paciente a otro, pero en mi caso la había perdido completamente. Los diez años precedentes de mi vida se habían borrado y ya no era consciente de que estaba en un hospital. Al cabo de una hora, una enfermera volvió a llevarme a la sala de estar donde me senté como en una nube de satisfacción misteriosa, preguntándome dónde coño estaba. Mientras la Dexidrina daba vueltas dentro de mi vacío cerebro, una enfermera se acercó y me dio un sándwich de mantequilla de cacahuete.

Noté algo en mi bolsillo y saqué una lista que decía: «Poema escrito, cenizas en el frasco.» Había marcas debajo de cada columna y la última anotación se hizo el jueves por la mañana. Una enfermara entró y le pregunté qué era eso.

—Jueves por la mañana —contestó.

—¿Dónde estoy?

—En el hospital. Te acabamos de dar una sesión de *electroshock* que hará que te olvides de las cosas durante un tiempo —explicó. Luego miró mi lista, sonrió y me preguntó que a qué hacía referencia el poema.

—¡No sé nada de esos estúpidos poemas! —grité, tirando la lista a la papelera.

—Ven conmigo —dijo, llevándome a la sala de terapia ocupacional. Allí me enseñó un frasco de mermelada lleno de cenizas que había en la estantería.

—¿Es eso tuyo?

—No seas tan estúpida. ¿Y ahora qué más? —le grité— ¡Qué es esto! ¿Un manicomio?

Cada vez más nervioso, me puse a andar y me senté en la sala de estar. Una parte entera de mi vida no estaba allí; todos los lugares y las caras que había visto se habían disipado, como si nunca hubieran existido. En mi caso, la memoria tardó más de veinte años en regresar, e incluso hoy puedo decir que no del todo.

Iba a recibir más sesiones de *electroshock,* pero sedado, para que no volviera a ver la cara de Dios. Al final me dieron el alta de Temple Hill House. Ya no tenía depresiones, ni nada. Con una mente vacía ni siquiera podía recordar dónde conocí a Lanna.

Nos trasladamos a otro piso que Lanna había encontrado en Alba Gardens, en Golders Green. Allí fue donde reanudé mi adicción a las drogas, que eran lo único que no había olvidado. Cuando Lanna empezó a interrogarme sobre el dinero escondido yo me lo pasaba fenomenal, porque no tenía ni idea de lo que me estaba hablando. Creía que se trataba de uno de esos chistes a los que no coges la gracia. Unas semanas después, sin embargo, Lanna estaba encantada porque en el piso de mi madre encontramos una cartilla del banco con una suma importante. Yo me quedé perplejo porque no recordaba haber abierto la cuenta, pero el dinero venía bien. Como era de esperar, las drogas enseguida dejaron de funcionar y tuve que volver a la cama, donde me tiré todo el mes siguiente. Lanna se irritaba cada vez más y consiguió que me ingresaran de nuevo en Temple Hill para que me dieran más sesiones de pérdida de memoria; mi cabeza empezaba a parecerse a una central eléctrica.

Permanecí en aquella casa de Hamstead Hill un período de tiempo tal que hizo que incluso olvidara que Lanna estaba cerca de mí. Aparte de los pacientes y de las enfermeras, fuera del hospital no existía ya nadie. Un día Lanna vino a verme con un joven muy apuesto y, sonriente, me explicó que estaba viviendo con aquel tipo, que además se había instalado en nuestro piso. Las mentes huecas no se molestan, así que les deseé suerte. «Una pareja encantadora», pensé, «¿por qué habrán venido a verme?» Desconcertado, me quedé allí plantado, en el camino de grava, diciéndoles adiós, y luego entré al hospital a que me enchufaran la cabeza otra vez.

Unas semanas después mi madre vino para llevarse el esqueleto vacío que, en otro tiempo, fue su hijo. Con una cabeza que se parecía a una bombilla chamuscada, seguí a mamá hasta el coche:

—Siéntate aquí; sígueme; cómete esto —obedecía como si fuera un robot con los fusibles fundidos.

Después de unas cuantas semanas en casa de mi madre, sin hacer ni pensar nada, recibí una llamada telefónica de Camilla. Sabía quién era pero no recordaba bien cuándo fue la última vez que nos vimos o cómo habían quedado las cosas entre nosotros.

—Estupendo, lo estoy deseando —le contesté cuando me invitó a pasar el fin de semana en su casa.

Aquel viernes por la tarde cogí el tren en la estación de Paddington pensando por qué se habría trasladado a vivir fuera de Londres.

Camilla, que estaba más guapa que nunca, vino a recogerme con su coche nuevo a la estación. Qué extraño. Ni siquiera recordaba haber comprado aquella casa, ni mucho menos haber vivido allí. Como era sábado, toda la familia estaba sentada a la mesa para comer juntos. El fin de semana empezó bien. Al mirar a las hermanas de Camilla me vi a mí mismo trayéndolas de Malta, pero ¿qué pasó después? Cuando intentaba evocar el pasado me daban fuertes dolores de cabeza. Mis propias hijas, Tessa y Antonia, me miraban sonrientes y yo, yo me sentía raro. ¿Qué había hecho desde la última vez que estuve allí sentado? Después de cenar, la hospitalidad se acabó cuando Camilla me llevó a dar una vuelta con el coche, para enseñarme una casa que quería que le comprase.

Los *electroshocks* debieron fundir la válvula de estupidez dentro de mi cabeza y, muy sereno, le respondí:

—No. Esa antigua costumbre de darte dinero se ha terminado. Me temo que tu tarea de «ser amable con Stephen» te ha fallado. Ya no quiero comprar tu cariño. Prefiero no tenerlo.

Desde allí me llevó directamente a la estación de tren, en silencio, sin siquiera pasar a decirles adiós a las niñas. No discutimos, simplemente me bajé del coche y desaparecí. En el tren leí que la princesa Ann y Mark Philips iban a casarse. «Espero que les vaya mejor que a mí», me sonreí, y me tomé unas pastillas que no eran de la felicidad.

Una semana después aproximadamente, recibí una notificación de divorcio para la vista, que tendría lugar en un juzgado municipal de Berkshire. El mismo día de la vista, muy molesto por todo y como si estuviera loco, me desplacé hasta el lugar y, cuando anunciaron nuestro caso, me levanté súbitamente de la silla y fui corriendo hasta el juez:

—¡Pare, pare! ¡Detenga el caso! —grité—. Fue tal el lío que se formó que los oficiales tuvieron que sacarme de la sala. Después, la vista siguió adelante y quedamos oficialmente divorciados.

Estaba muy alterado, pero ¿qué importaba? Durante todos los años que siguieron a aquel primer beso en el coche, todo había sido una fantasía, un sueño inexistente.

Cuando salía del edificio del juzgado, Josephina, la hermana mayor de Camilla, me comunicó que ésta estaba embarazada y que iba a casarse muy pronto. El dolor que sentí aquel día, cuando vi a Camilla marcharse con su futuro marido, fue un dolor muy intenso.

Fue la más profunda de las heridas.

Volví al piso de mi madre donde me hundí todavía más. Reaparecieron los horrores de aquellas personas de quince centímetros que pasaban a casa por el buzón. Para mí era muy real que aquellos bastardos corretearan por todo el vestíbulo mientras se reían de mí. Hacia finales de este período, ocurrió algo previsible: Lanna llamó. Al cansarse del nuevo hombre y aún con la esperanza de desenterrar las cajas con el dinero escondido, me pidió que volviera con ella.

Como cabía esperar y fiel a mi estilo de vida autodestructivo, le dije que sí.

22

Dos niñas perdidas a bordo de un barco que se hunde

Lanna, que ahora vivía en un elegante apartamento con conserje en Hendon, fue a recogerme a casa de mi madre y, una vez más, nos instalamos. Por entonces comencé a padecer virulentos dolores de cabeza y por ello, añadí grandes dosis de calmantes al consumo masivo de anfetaminas. No las contaba, simplemente me tomaba unas cuantas cada hora más o menos. El dolor era insoportable, pero eso no hacía que me compadeciese de Lanna, que, decidida a no abandonarme y marcharse con las manos vacías, esperaba pacientemente a que aparecieran las cajas con el dinero.

Mientras tanto, los tribunales me habían concedido el derecho a ver a mis hijas siempre que quisiera, y ellas tenían que vivir conmigo durante dos semanas, antes de aquella Navidad. Camilla, que ya se había vuelto a casar, compró una magnífica casa en Wellington, junto con su marido Barry. Para este tipo, arruinado cuando se conocieron, Camilla, una mujer atractiva y con dinero, había sido como una lotería: le sacó de las habitaciones de alquiler para llevárselo a una lujosa casa. Sólo le vi un rato en los juzgados y era un presumido hijo de puta que había nacido de pie, y que me sonreía arrogantemente cada vez que me veía. Cuando fui a recoger a mis hijas a su nuevo hogar, me sorprendió comprobar que vivían en una inmensa casa blanca con un jardín que llegaba hasta el río. Ver todo este esplendor me produjo un gran dolor.

A pesar de todo, Tessa y Antonia estaban encantadas conmigo. Se lo pasaron muy bien durante esas dos semanas, pero para mí fue muy triste, en cierto modo. Estar con aquellas dos criaturas me hizo comprender, mejor que nunca, lo que había perdido. Obviamente ya era demasiado tarde, pero quise convertirme en un padre para ellas, al menos durante su estancia. Como todos los niños sometidos a este tipo de visitas, disfrutaban de sobredosis puras de atención por mi parte, el padre perdido, que accedía a todos sus caprichos infantiles. Es fácil ser el mejor papá del mundo en dos semanas seguidas. Algunas noches, cuando las veía acurrucarse en la cama, lloraba con el deseo de retroceder en el tiempo.

Tenían que volver con Camilla dos días antes de Navidad, pero el día de su marcha, por la mañana, se negaron a hacerlo. Tessa, que entonces tenía once años y que estaba encandilada con su padre, había manipulado la pequeña mente de Antonia.

—Es más divertido vivir con papá —le decía sin parar a su hermana, haciéndole un lavado de cerebro.

Llamé por teléfono a Camilla, quien contemplaba aquello como un problema pasajero de Navidad, y acordamos dejarlas conmigo hasta el día de Año Nuevo. Para mí y mis dos hijas fueron unos días maravillosos: les echamos de comer a las palomas de Trafalgar Square y vimos las luces de Oxford Street. Todo parecía en calma hasta que Tessa telefoneó a su madre a finales de aquella semana, para decirle que no volverían nunca más porque querían vivir con papá para siempre. Entonces se armó la gorda y Camilla se enfureció sobremanera. Los servicios sociales, por su parte, se negaban a emplear poderes extraordinarios y, hasta que el caso volviera a los tribunales, ella no podía hacer otra cosa que no fuera raptarlas. Presa de la ira, informó a las autoridades de mi adicción, pero éstos se negaron a intervenir, dejando así a las niñas al cuidado de un enfermo incapaz de cuidar de sí mismo y, cómo no, de dos criaturas. Era como si se le diera una pistola cargada a un homicida en libertad condicional. ¿Es una exageración? En realidad no, si se tiene en cuenta que acababa de salir de las dependencias de un psiquiátrico, después de haber recibido un tratamiento de *electroshock*, y que seguía siendo tan dependiente de las drogas como antes.

El apartamento de Lanna era demasiado pequeño para criar a dos pequeñas, así que tuvimos que buscar uno mayor inmediatamente. Fue mi madre quien apareció con la solución: el dúplex de cuatro habitaciones que había encima de la tienda de mi padre acababa de ser desalojado. A los inquilinos, que tanto tiempo vivieron en él, el Ayuntamiento acababa de darles una casa. Este piso de Tottenham era muy rudimentario, así que con una pequeña reforma pero con un alquiler nominal del terreno, podríamos vivir allí por casi nada. Con la celeridad típica de un drogadicto, nos trasladamos ese mismo día. Compré unas alfombras rojas para dos de las habitaciones y, con las viejas camas y otros destartalados muebles que había, mis hijas podían disfrutar ya de un nuevo hogar.

Tessa y Antonia empezaron a ir a las escuelas precarias del barrio a la espera de la vista por la custodia inicial. Era increíble que tres semanas después, un drogadicto desesperado que iba a tomarse unos tragos de brandy al servicio de los juzgados, consiguiera la custodia provisional. La orden quedaba pendiente para la vista en el tribunal supremo, en donde se escucharían los informes sociales completos.

Las semanas siguientes fueron muy emotivas para mí porque intentaba, por todos los medios, cuidar de mis hijas; difícil tarea. Mi último cóctel de drogas hecho con pastillas antidepresivas, anfetaminas y alcohol me desorientaron y me transformaron no exactamente en el mejor de los padres. No podía dejar de tomar drogas pero, a pesar de mi adicción, quería a mis pequeñas. Me aseguraba de que tuvieran ropa limpia para ir al colegio y, cada noche, les lavaba la ropa interior y la secaba en el horno aún caliente, puesto que apenas habían traído ropa de su otra casa. Todas las mañanas, aunque perdiera el equilibrio, las llevaba al colegio a la vuelta de la esquina. Desde esa oscuridad producida por las drogas, me las arreglaba para que nuestro barco, lleno de goteras, se mantuviera a flote; pero por las noches, en cuanto las niñas se dormían, bebía hasta olvidar. Pasaba mucho tiempo solo porque Lanna, que lo único que esperaba era el día de la paga, no mostraba ni el más mínimo interés por las niñas y siempre estaba fuera o durmiendo.

Una mañana llamaron del colegio para decirnos que alguien intentaba sacar a Antonia del recreo. El día anterior había sido raptada Patricia Hearst, la hija del millonario de los EE.UU. Esta historia no dejaba de dar vueltas dentro de mi cabeza, así que salí a toda prisa hacia el colegio, donde me encontré con una preciosa y muy embarazada Camilla gritando desde el exterior de las verjas del patio. Cuando me vio se puso como loca.

—¡Cabrón! Ya me aseguraré yo de que no te salgas con la tuya. Te encerrarán enseguida, como a Ronnie Biggs. Tarde o temprano os cogerán a todos —gritaba Camilla sin parar.

A Biggs, uno de los ladrones de asalto al Gran Tren, acababan de arrestarle en Brasil y estaba esperando la extradición. Mientras tanto Barry, el marido de Camilla, se limitaba a esperar allí, acariciándose su enorme bigote. Parecía muy aburrido, y es que ya había sacado todo lo que quería de aquel nuevo matrimonio: una cosa hecha de ladrillos y argamasa. La policía acudió al colegio, pero en vista de que no podían intervenir en una disputa civil, le pidieron a Camilla que se serenase y el asunto se remitió a los tribunales. Para que Antonia no volviera a sufrir aquello, la mantuve alejada del colegio durante el resto de la semana.

Esta demencial situación continuó hasta las vacaciones trimestrales cuando, bajo instrucciones del tribunal, Antonia y Tessa tuvieron que volver con su madre a Wellington durante dos semanas. El presumido marido de Camilla, con su típica sonrisa en la cara, vino a recoger a las niñas. Cuando se alejaban de allí, Antonia no dejaba de mirar por la ventanilla de atrás y yo, al ver esa carita redonda, empecé a llorar. Sabía que era un adiós para siempre, que no iba a volver a verla nunca más.

Como era de esperar, a esta niña de seis años le metieron una serie de ideas en la cabeza. Para Tessa, por el contrario, era totalmente diferente. Nadie lograba convencerla de que yo era peligroso y ella se negaba a tener miedo del padre que tanto adoraba. El vínculo que habíamos creado durante todos esos años en la biblioteca de la casa de Totteridge era demasiado fuerte para que pudiera romperse. Ahora volvía con un padre que enfermaba cada día más. Para colmo de desgracias, había una cada vez más desesperada cazadora de tesoros, Lanna, que seguía viviendo con su distanciado padre.

La propia Tessa podía cuidarse sola y, en muchos sentidos, fue ella quien empezó a cuidar de mí. Por estas fechas recibí un buen montón de dinero, mi parte por la venta de la casa de Maidenhead, pero como no confiaba en nadie, ni siquiera en los bancos, cobré el cheque y guardé todo el dinero en mis bolsillos. Casualmente, al salir del banco me tropecé con Sammy, un personaje de los viejos tiempos, el típico zorro de segunda que, a mediados de los setenta, cuando las casas estaban en alza, se dedicó a comprar y vender. Sammy me enseñó fotografías de su última adquisición, una mansión llamada Lynford Hall, que se la había dejado a unas estrellas de cine para grabar los exteriores. Situada en una finca de diez acres en la campiña de Buckinghamshire, el descomunal edificio tenía su propio lago de truchas y una piscina cubierta de tamaño olímpico. Como siempre, Sammy estaba endeudado y necesitaba dinero urgentemente para mantener alejados a sus acreedores. En cuanto se enteró de lo que llevaba en el bolsillo, me propuso el alquiler de la casa y yo, drogado, acepté el trato. Sellamos el acuerdo en la calle, en la puerta del banco. Yo le dí una fuerte suma a cambio de un contrato de arrendamiento, convirtiéndome en inquilino en posesión, incluso si los bancos la recuperaban. Flotando como una cometa, le seguí hasta la oficina de su amigo en Green Street para redactar el contrato.

Con las llaves de una mansión me imaginaba como una estrella del pop millonaria y necesitaba aparentarlo; así pues, me compre las ropa apropiada: un traje blanco liso y unos zapatos y una corbata a juego. Cuando volvía de las elegantes calles de Mayfair al barrio obrero de Tottenham vi una mezcla de un anuncio de detergente para lavadoras y un Elvis local que no pegaban para nada. Como siempre iba por las calles dando tumbos, cayéndome a cada rato, el nuevo traje blanco no duró mucho tiempo con su color original.

Me encontraba peor cada día y me sentí aliviado al tener que despedir a Tessa que, dos días después, se iba a Wellington con motivo de sus vacaciones de fin de trimestre.

Intentando reducir desesperadamente el consumo de drogas antes de la vista por la custodia, me inscribí en Champney, el selecto sanatorio cercano a Tring, en Hertfordshire. En previsión del mono, opté por una última juerga con drogas antes de registrarme y terminé en un garito con los todos los asiduos pastilleros. A las tres de la madrugada, cuando ya había probado todo tipo de sustancias disponibles, subí al escenario y agarré el micrófono del *DJ*.

—¡Receso de drogas por un caso de custodia! ¡Es hora de tomar un descanso! ¡Nada de pastillas! —grité.

—¡Vete a la mierda y vuelve a poner música! —gritó alguien de entre la multitud.

Esa mañana temprano, no sé cómo encontré el coche y mucho menos cómo pude conducir los casi cincuenta kilómetros que me separaban de Tring. Cuando despuntó el alba, paré el coche con un derrape delante de las enormes puertas de madera de Champney House. Mi escandalosa llegada despertó a muchos de los residentes en este aislado edificio y algunos miembros del personal salieron corriendo para investigar. Me hicieron pasar rápidamente a la consulta y, viendo el estado en el que me encontraba, la mayor parte del personal laboral se puso en contra de que me quedara. Tuve suerte, porque después de prometerles que me estaría callado, aceptaron dos semanas de pago anticipado y me llevaron a una preciosa habitación con vistas a unos jardines. Durante toda una hora conseguí estar callado mientras esperaba a que se levantaran el millonario árabe y otros residentes adinerados. Durante las dos semanas siguientes fui capaz de reducir considerablemente el consumo de drogas y me encontraba sosegado hasta que, como era de esperar, casi al término de mi estancia allí, apareció Lanna.

Como no creía que mi pérdida de memoria fuera real, Lanna se molestó mucho cuando rehusé decirle dónde estaban escondidas las cajas con el dinero.

—¡Sólo los chalados entierran el dinero! ¡Le saldrá moho, los gusanos se lo comerán y entonces nadie podrá gastarlo! —dijo gritando.

Observándola mientras se iba, me preguntaba qué coño le pasaba.

Un día o dos más tarde, cuando salí de Champney, el propietario de un supermercado con el que había hecho mucha amistad, me invitó a la celebración de sus bodas de plata. El fin de semana siguiente Lanna y yo nos dirigimos a un pueblo a las afueras de Manchester, donde nuestro anfitrión nos había reservado habitación para después de la fiesta. Aquella sería la noche en que Lanna me ajustaría las cuentas. Fue una velada maravillosa y ya estaba bastante borracho cuando decidimos irnos al hotel. Antes de meternos en la cama, conté el dinero que había en mis bolsillos y me asusté al descubrir que sólo quedaba una cantidad pequeña después de unos meses de gastos excesivos. Lanna agachó la cabeza al tiempo que miraba. Parecía como si no consiguiera nada por estar conmigo. Aquella noche algo extraño estaba pasando: bajó varias veces a recepción a primeras horas de la mañana para hacer llamadas telefónicas y cuando la interrogué, afirmó que estaba llamando a América.

A la mañana siguiente volvimos a quedar con nuestro anfitrión para comer y después nos marchamos camino de Londres. Por la autopista, Lanna empezó a insistir en que pasáramos la noche en Lyndford Hall con la excusa de que se había dejado algo de ropa allí. De mala gana, acepté quedarme por una sola noche ya que Tessa regresaba de Wellington el día siguiente.

Llegamos a la mansión de Lyndford a eso de medianoche. Lanna parecía muy nerviosa, como si algo estuviera a punto de ocurrir. Incluso drogado como estaba podía sentir que las cosas no marchaban bien. Lanna no dejaba de mirar por la ventana de la habitación principal.

—¿Esperamos invitados? —pregunté mientras Lanna salía de la habitación para ir, supuestamente, a recoger algo del coche.

Durante el tiempo que estuvo ausente, me tomé mi super dosis de somníferos y ya estaba empezando a quedarme dormido cuando volvió a aparecer.

—¡Oh, no. Ya te has tomado las pastillas para dormir! ¡No te duermas! —gritó con cierto pánico en su tono de voz.

Las drogas empezaron a hacer efecto y cuando entreabrí los ojos, la vi salir de nuevo de la habitación.

Unos minutos después oí un coche que se detenía en el camino de grava. Se escucharon voces y puertas que daban golpes.

—¡Aquí está y estamos solos! —le oí decir a Lanna.

Intenté levantarme para averiguar quién era, pero no podía. Oí pasos que subían las escaleras.

—¿Cuánto tiempo hace que se tomó las pastillas? —preguntó un hombre.

—¡Vamos a inyectarle de todos modos; así hablará el muy cabrón! —afirmaba otro.

Las voces estaban cada vez más cerca y al poco tiempo tuve ante mí a tres rostros desdibujados, mirándome.

Entre aquella neblina reconocí de pronto la mirada penetrante de Brian Clifford, justo en el momento en que sentí una aguja sobre mi brazo. «¿Era esto real?», pensé y empecé a sentirme mejor, como si estuviera flotando, como en la consulta del doctor Newam hace tantos años. Después el Paticorto empezó a chillar:

—¿Dónde está el dinero, mierda? ¡Sabemos que lo has enterrado en algún sitio en el bosque!

¿Qué ocurría? ¿De qué cajas estaban hablando? ¿Por qué todos se empeñan en hablar de dinero enterrado? Susurré algo incoherente y cerré los ojos.

—¡Jodido hijo de perra! —le oí gritar—. Este gilipollas está tan drogado que ni siquiera sabe cómo se llama. Deja al perro que duerma. Mata a ese bastardo.

El perro al que se refería era yo, ¿pero qué podía hacer? Sólo conseguí desmayarme en la nada.

Cuando me desperté ya era de día y todo parecía como un mal sueño, pero cuando me miré el brazo vi que tenía un cardenal en la zona en que me habían inyectado. Este no era un viaje imaginario, era la vida real. Todo estaba muy tranquilo, pero yo me encontraba demasiado aturdido como para salir de la cama, así que me quedé allí tumbado, mirando los árboles de detrás del lago. Finalmente me arrastré hasta el baño para buscar mis pastillas de Dexidrina y me las tragué todas. Cuando hicieron efecto, miré por la ventana y descubrí que se habían llevado mi coche y que lo único que quedaba eran las huellas de las ruedas. Muy nervioso, fui a la planta baja, temiéndome lo peor, pero estaba solo.

Todo el mobiliario que había lo habían tirado al agua de la piscina. ¿Habría algún cuerpo flotando entre los cojines?

—¡Oh, no! ¡Dios mío! —grité.

Aterrado e incapaz de mirar, corrí hasta la cocina para llamar a un taxi, pero el teléfono había sido arrancado de la pared. Con el pensamiento de que esta gente volvería inmediatamente para matarme, salí de la casa corriendo por todo el camino hasta franquear la grandes puertas metálicas. Seguí corriendo hasta llegar al pueblo siguiente, donde me sentí más seguro y desde donde llamé a un taxi. Éste me llevó a la estación de ferrocarril local y allí cogí un tren para Londres.

En Tottenham estaba la ropa de Lanna pero no ella. Me compré una botella de brandy y al ir a pagar me di cuenta de que sólo me quedaba calderilla en el bolsillo; el resto había desaparecido. Durante todo ese día, como me sentía muy confuso y asustado de lo que estaba pasando, tomé muchísimas drogas.

A la cinco de la tarde, aproximadamente, el padrastro de Tessa aporreó la puerta de casa. Allí me encontré a Tessa, con una sonrisa de oreja a oreja:

—Hola, papá. Estoy en casa —dijo, echándome los brazos.

No le dirigí la palabra al padrastro. Simplemente pasó unas cinco maletas grandes y se marchó. Tessa estaba muy emocionada; me contaba todas sus cosas mientras deshacía el equipaje, inconsciente de la aterradora historia que se tejía alrededor de ella. Esta inocente criatura se había traído todo lo que poseía, todos sus juguetes, libros y prendas de ropa y aquí estaba, destinada a vivir una nueva vida con su padre, a quien tanto amaba.

Aquella noche, ya tarde, después de que Tessa se hubo dormido, una mujer de mediana edad apareció en casa para recoger la ropa de Lanna, pero en aquel momento yo estaba demasiado borracho como para preguntarle quién le había enviado. Cuando desperté al día siguiente me di cuenta de que todas las cosas de Lanna habían desaparecido, como si jamás hubiera existido. Nunca voví a verla ni a saber de ella.

En cuanto al dinero, se marchó con las manos vacías y sin encontrar sus tan esquivas cajas de dinero. Permanecerían enterradas durante muchos años.

Tessa y yo estábamos ahora solos.

La pesadilla que he contado hasta ahora fue sólo un avance de lo que estaba a punto de comenzar.

23

Empieza el verdadero terror

Las primeras palabras de Tessa cuando se despertó al día siguiente fueron para mí.

—Gana la custodia, papá. ¡Quiero hacerme mayor a tu lado!

Esa era mi inocente hija, demasiado ingenua como para percibir mi grado de adicción, aferrada a la imagen de su infancia que tenía de mí. Para ella, yo siempre había sido el héroe que regresa cargado de juguetes cuando, en realidad, de donde regresaba era de una borrachera. Incluso ahora, esta fantasía continuaba a pesar de que viviéramos en cuatro pobres habitaciones.

Durante aquel primer día, Tessa sacó todas sus cosas por todo el piso. Estaba especialmente orgullosa de los cuatro dibujos de mariposas que me había hecho, y los colgó en la pared de la sala de estar. La mujer de enfrente le había regalado el cachorro que le prometió y se había hecho demasiado tarde para irse a dormir.

—Le llamaremos Snoopy —dijo, cerrando los ojos.

Me senté al borde de la cama para verla dormir y entonces me sentí muy desgraciado. Era una causa perdida, las drogas se habían apoderado de mí y no podía parar. Al escuchar a las ratas corretear debajo de las tablas del suelo, decidí que cuando se despertara le diría que tendría que volver con su madre. Tenía que hacerle abandonar el barco que se hundía mientras pudiera.

A la mañana siguiente muy temprano, cuando abrió los ojos, fue como si ya supiera lo que estaba a punto de decirle.

—Tessa, estoy demasiado enfermo para luchar por la custodia. Tienes que regresar con tu madre.

Se me hizo tal nudo en la garganta que casi no me salían las palabras y Tessa empezó a llorar:

—¡No me digas que me vaya, papi! ¡No lo hagas! ¡Puedes ganar este caso si te lo propones, si de verdad me quieres!

¿Cómo iba a decirle a mi pequeña que su padre era un patético drogadicto que no podía vivir sin sus pastillas? Cansado y confundido me tumbé en la cama, preguntándome qué tenía que hacer a continuación.

Tessa se levantó y asumió el papel de madre: pasó de ser una niña indefensa a una capacitada enfermera.

—Descansa, papá. Voy a preparar un buen desayuno caliente para los dos —dijo, mientras hurgaba en su hucha con orgullo para ir a comprar unos huevos.

Mientras nos comíamos los huevos, empecé a llorar y mis lágrimas cayeron sobre el plato.

—¿Por qué lloras, papi? ¿No te gusta mi comida? —preguntó.

—Me encanta —contesté yo, intentando tragar a la fuerza.

Un poco después, cuando se marchaba al colegio, me dijo adiós con la mano, gritando:

—¡Gánalo por mí, papá!

Me levanté para mirar por la ventana cómo se iba con la niña de enfrente. Fue entonces cuando decidí que costara lo que costara y fuera lo que fuera lo que deparase el destino, tenía que ganar el caso, porque perderlo significaría haberle dado a su cariño una patada en el culo.

Sacando fuerzas de lo poco que quedaba de mí, decidí que tenía que conseguir algo de dinero. De pronto me acordé de Andy, un comerciante vendedor de plata griego al que había conocido hacía muchos años. Le había visto pasar por mi calle con la furgoneta hacía aproximadamente una semana. Era un hombre amable, una de las pocas personas a la que quizás le quedara algo de tiempo para mí. Aquella tarde fui a visitarle a su fábrica y cuando vio el estado en el que me encontraba, sintió pena y me dio veinte tazones de plata para macedonia para que los vendiera, sin intención de que se los pagara, naturalmente. Este fue su modo de decir adiós.

—Te estás matando con esas drogas —dijo, con una expresión triste—. ¿Por qué no pides ayuda?

Después de cargar los tazones en el coche, nos dimos un apretón de manos y fui a recoger a mi hija a la salida del colegio.

Cuando iba hacia allá, me perdí en medio de una finca desierta, y muerto de pánico, choqué contra un contenedor metálico de escombros. Nadie presenció el accidente. Y sólo recuerdo el golpe, pero a partir de entonces, nada. Al final me desplomé sobre el volante y empezó a sangrarme la cabeza. Conseguí salir de entre los restos del siniestro para encontrar que el capó del coche estaba totalmente arrugado. Anduve tambaleándome por allí hasta que encontré una cabina y llamé a un taxi que me volvió a acercar al lugar del accidente. El taxista recogió los tazones y los metió en su coche. Debí haber estado inconsciente durante un tiempo considerable pues ya era muy de noche cuando llegamos al piso. Tessa estaba de pie al lado de la ventana abierta y bajó corriendo cuando vio que el conductor me ayudaba a salir del taxi. Mientras ella ayudaba a descargar los tazones de plata en el pasillo, yo permanecí sentado en las escaleras. No tenía dinero para pagarle, pero el conductor aceptó dos de los tazones y a cambio le dio a Tessa algo de dinero. Antes de marcharse, me ayudó a subir las escaleras que tanto rechinaban y se ofreció a llamar a quien fuera, pero yo me negué y me dejó en la cama.

Al día siguiente Tessa no fue al colegio y telefoneó al trabajador social que llevaba nuestro caso. Poco después llegó el inspector, el señor Parry, y en cuanto me vio llamó a una ambulancia. Debí desmayarme cuando me bajaban de la habitación porque no recuerdo nada más hasta que desperté uno o dos días más tarde en un hospital.

Creí que Tessa estaría sola en el piso, así que le llamé desde el teléfono de sobremesa del hospital, pero no contestó. Empecé a vislumbrar pesadillas en mi mente y llamé al trabajador social quien me informó de que Tessa estaba en un orfanato y que yo había estado dos días en el hospital. Estaba conmocionado. El hecho de que Tessa estuviera viviendo en un orfanato podría poner en peligro el caso de custodia.

A pesar de no haberme recuperado de la conmoción cerebral, cogí mi ropa, que estaba debajo de la cama, y me escapé del hospital sin que las enfermeras lo advirtieran. Ni siquiera podía caminar derecho y como me caía constantemente, me costó mucho tiempo volver al piso. Antes de subir, tomé algunas drogas que escondí en un viejo coche en el descampado trasero del edificio. Dentro de mi enferma y drogada mente creí que con estas pastillas se arreglaría todo. Fue escandaloso que más tarde le permitieran a un hombre indispuesto y colocado que se llevara a su hija de once años de un orfanato.

De vuelta en casa me di cuenta de que tenía que reducir una vez más el consumo de drogas, si es que había una posibilidad de hacerme con la custodia. Como no tenía a nadie a quien recurrir llamé a la Champney's Health Farm. Tenía poco dinero pero pensé que, como ya me conocían, podría pagar mediante cheque al final de nuestra estancia y que, aunque no pudieran cobrarlo después de marcharnos, eso a mí no me importaba. A la mañana siguiente llamé al colegio de Tessa para decir que estaba enferma y así marcharnos a Tring. No sé cómo lo hicimos, pero llegamos sanos y salvos y nos dejaron quedarnos en un chalet que estaba situado en uno de los lados del edificio principal. La verdad es que todo esto distaba de ser un milagro porque yo me caía en cualquier sitio y además Tessa no paraba de gritarles para que me dejaran allí: «Mi papá está enfermo.» Así pues, muy aliviado me retiré a la cama, con la seguridad de que Tessa estaba a salvo entre ricos y famosos. Los primeros días los pasé durmiendo, recuperando el descanso que tanto necesitaba. Conforme pasaba el tiempo me iba sintiendo cada vez más fuerte y me juntaba a comer con el resto de los pacientes en la casa principal. Hilda Baker, la actriz de televisión, cenaba casi siempre en nuestra mesa y solíamos quedarnos hablando durante horas después de la cena. Hilda era una muchacha de Lancashire, habladora y mayor que yo, que después de escuchar una parte de mi dolorosa vida insistía en que devolviese inmediatamente a Tessa a su madre:

—Saca a Tessa de tu miserable vida antes de que sea demasiado tarde —me decía todas las noches cuando nos despedíamos.

Mientras tanto, los servicios sociales de Tottenham tenían que averiguar nuestro paradero. Sabían que Tessa no iba al colegio, pero como la vista sobre la custodia se aproximaba, dejaron que continuase el *status quo*, en espera de que los tribunales decidieran lo que quisieran. Creo que en la Child Welfare Office ya estaban hartos. Yo no podía decidir el tiempo que debía permanecer en Champneys, pero los propietarios, el Señor y la Señora Wheeler, lo hicieron por mí cuando se negaron a aceptar más créditos. Aquella misma tarde nos despedimos de las celebridades y de las fresas para volver con las ratas de Tottenham.

Vendí los tazones de plata que me quedaban, lo que nos proporcionó el dinero suficiente para comer. Un día o dos después, el cartero me entregó una carta del Tribunal Supremo de Chancery Lane en la que me notificaban que el caso para la custodia de Tessa María se celebraría dentro de dos meses. Tras el descanso de tres semanas pensaba con más claridad y llegué a la conclusión de que necesitaba una solución satisfactoria a largo plazo que pudiera parecer equilibrada a ojos de los jueces. Con aquella idea rondándome en la cabeza, puse un anuncio solicitando un ama de llaves a la que ofrecía alojamiento gratuito.

Al día siguiente vinieron a verme dos irlandesas de dieciocho años que acababan de llegar de Londres, Mary y Grace. Eran dos niñas ingenuas y sin familiares en Londres, a las que fue fácil engañar con mis desvaríos de drogadicto. En agradecimiento al alojamiento gratuito, Grace, una chica regordeta y de pelo oscuro, aceptó decir que era nuestra ama de llaves a tiempo parcial y Mary, una chica atractiva y pelirroja, confesaría conocerme desde hacía bastante tiempo y que estábamos comprometidos para casarnos. Era la imagen deseada ante los jueces: un hogar acogedor; y para completar el cuadro de respetabilidad, tenía que parecer como si gozara de un empleo estable. Para ello, fui a ver a un viejo conocido que me dio una carta de referencia, asegurando que llevaba trabajando para él un año como jefe de oficina. Ahora sí parecía tierno, especialmente con los tazones de macedonia y las flores frescas expuestos para impresionar a los asistentes sociales cada vez que venían a visitarnos.

Hasta las ratas parecían comportarse.

Aproximadamente una semana antes de que se celebrase la vista, Tessa, las dos irlandesas y yo fuimos entrevistados por los oficiales del tribunal. Ajustándonos a nuestras bien ensayadas historias, dábamos la impresión de ser un grupo estable. Mary y yo incluso nos dábamos la mano y yo notaba que estaban más que contentos de nuestra burla y de que ganaríamos el caso. Pero lo que remataba la puesta en escena era mi hija, tan dulce y segura de sí mísma, que insistía en crecer al lado de su padre. Durante esos días no era normal que un padre ganara un pleito por custodia, y mucho menos si el padre era un criminal adicto.

Cuando regresábamos de los tribunales pasamos por Lisson Grove y por el negocio de antigüedades de Martin. Sentí algo raro al observar esas vistas tan familiares para mí y entonces me bajé del coche unos minutos. Incapaz de responder a mis propias preguntas como «qué era lo que buscaba», volví al coche y nos fuimos a casa. Al día siguiente, después de que Tessa se marchara al colegio, los recuerdos empezaron a invadirme de repente: podía verme enterrando un montón de cajas en el sótano de Martin, pero mi mente estaba tan revuelta que no fui capaz de organizar los detalles. Grace se había ido a trabajar, así que me llevé a Mary conmigo hasta Church Street para investigar. Durante el trayecto escuchamos a Abba cantar su *Waterloo* y emocionado, le conté todo acerca del tesoro escondido. Al llegar a Paddington me sorprendió comprobar que Martin ya no era el propietario de los locales y que ahora tenía una pequeña tienda al final de la calle. El jefe del nuevo negocio nos comentó que las habitaciones del sótano estaban vacías y que él mismo había sacado toda la basura cuando se hizo cargo de él. Seguí insistiendo en echarle un vistazo y, a duras penas, nos dejó bajar mientras atendía a un cliente que había entrado en la tienda. El enladrillado no lo había tocado nadie, pero de un empujón logré tirarlo y, en pocos segundos, Mary y yo cargábamos la primera de unas veinte cajas hasta el patio. Llamé rapidamente a dos taxis y subimos todas las cajas hasta la puerta de la tienda. Llenamos los dos coches de cajas. El jefe se quedó mudo de asombro, observando a esta extraña pareja que acababa de llegar hacía cinco minutos y que se alejaba en un convoy de taxis. Todo había ocurrido tan deprisa que no tuvo ocasión de reaccionar.

Cuando llegamos a Tottenham, subimos las cajas a la sala de estar y con lo que le quedaba a Mary de sus ahorros, pagamos los taxis. Grace llegó poco después y se quedó traumatizada cuando vio las veinte cajas. Intenté, en vano, abrir las cerraduras, pero como me fui poniendo cada vez más nervioso, las rajé con un enorme cuchillo de trinchar.

Estaba demasiado drogado como para entender el significado de lo que había desenterrado. La pérdida de memoria generada por el tratamiento de *electroshock* hizo que no pudiera darle ningún sentido a todo aquello. Estaba como un niño que se esfuerza por encontrar juguetes perdidos hace tiempo, pero el contenido de todas esas cajas desencadenaron un aluvión de recuerdos que me volvieron loco. Estábamos en 1974 pero al ver los papeles me convencí de que era 1970 y que la gente que estaba a mi alrededor había salido de la máquina del tiempo de un tal doctor Newam. No lograba entender nada. ¿Por qué tenía que vivir con las ratas de Tottenham cuando tenía cientos de cuentas bancarias por todo el mundo? Estaban las llaves de varios coches y propiedades, listas de cajas de dinero escondidas; todo aquello era demasiado como para que pudiera digerirlo. Me quedé alucinado al ver un sobre en el que había una cantidad elevada en metálico, y exclamé:

—¡Somos millonarios!

Las dos chicas entraron presurosas y al ver toda esa cantidad de billetes, se convencieron también de que había encontrado mis millones desaparecidos. En pleno delirio, desgarramos las demás maletas encontrándonos sorpresa tras sorpresa.

Con un poco de mi recién encontrado dinero, compré una máquina de escribir electrónica y empecé a dictar cartas totalmente inservibles sobre asuntos con los que había acabado hacía ya cinco años. Terminé teniendo una discusión con Grace sobre la fecha que debía poner en las cartas. Ella había escrito 1974, pero me puse muy rabioso e insistí en que debía ser 1970. Luego apareció con un periódico para enseñarme la fecha.

—¡Está falsificado! —exclamé molesto, y como cada vez estaba más confundido, decidí no escribir más cartas.

Cuando Tessa volvió del colegio aquella tarde, yo estaba borracho. Había consumido varias botellas de *champagne* para celebrar lo del tesoro. Mary y Grace también estaban algo piripis y una sorprendida estudiante se sentó en el sofá, intentando comprender la escena que se estaba representando en su cochambrosa casa de Tottenham.

—¡Siempre te gustaron los loros! —exclamé bastante borracho al tiempo que besaba a Tessa en la frente.

Le di a Grace un puñado de billetes y una hora más tarde regresaba con Tessa y dos pájaros encandalosos en un taxi, a los que colocó, toda satisfecha, en mitad de la habitación, rodeados de billetes, llaves de coches y Dios sabe qué más. A uno de los pájaros le llamamos Charlie, por un ladrón amigo mío; al otro, Swievie, la voz maltesa para «suerte».

El piso se transformó en una escena parecida a la de una alocada fiesta de sombreros en el momento en que dejamos a los dos pájaros salir de sus jaulas para volar y aletear por toda la habitación. Con la canción de fondo de los Rolling Stones *It's only Rock and Roll but I like it* a todo volumen, la única persona que estaba sobria era Tessa quien, como la desorientada Alice, al final se quedó dormida en el suelo. Un poco después Mary y Grace cayeron encima del sofá, abrazadas mutuamente, dejándome allí solo y completamente despierto. Los curiosos loros entraban y salían de sus jaulas para investigar el nuevo entorno mientras yo me dediqué toda la noche a tragar pastillas y a examinar los papeles una vez más.

Antes de que despuntara la mañana ya había decidido ir a vivir a la mansión de Sammy en Lynford Hall, convencido de que allí podría reflexionar con tranquilidad al estar en un entorno más agradable. Exaltado, desperté a la tres chicas, chillando como un flautista drogado:

—¡Somos millonarios y vamos a vivir como la realeza! ¡Seguidme!

Pedí prestado el viejo camión de fruta al dueño de uno de los puestos del mercado, el cual fue cargado por una estudiante pletórica con la ayuda de dos irlandesas resacosas. En la parte de atrás del camión descubierto pusieron veinte maletas, dos loros y unas cuantas mantas. La vieja camioneta abollada se quedó parada varias veces en el camino. Parecíamos paletos, gitanos viajando. Era ya muy tarde aquella noche cuando por fin franqueamos las enormes puertas metálicas de Lynford Hall. La mansión se veía totalmente oscura desde la escalinata, bajo la luz de la luna llena. Al entrar me quedé absorto al descubrir que la luz y el teléfono, y todo lo demás, habían sido desconectados. Desde la última vez que estuve allí, habían quitado la moqueta de toda la casa, e incluso los accesorios de la luz. Había desaparecido todo, hasta habían arrancado los lavabos y los inodoros. Me puse furioso y empecé a gritar, a comportarme como una especie de monstruo. Las chicas irlandesas insistieron en que las llevara a dormir a ella y a Tessa a un hotel de la zona, puesto que lo único que había en la casa era el suelo de madera.

Dejé a las tres chicas en la casa de huéspedes del pueblo y regresé con el camión de frutas a la desértica mansión, donde me puse aún más violento, corriendo por toda la casa vacía y gritando:

—¡Quemaré los millones que faltan y así ningún capullo podrá hacerse con ellos!

Casi en estado de demencia, eso fue exactamente lo que hice: una hoguera enorme en la terraza de la parte trasera de la casa. Le prendí fuego al contenido de las veinte maletas y destruí con ellas los detalles del paradero del dinero escondido. Nunca sabré con exactitud cuánto perdí, pero seguramente era una barbaridad de pasta. Me emborraché con la última botella de *champagne* y empecé a cantar mientras observaba las llamas elevarse en el cielo. Hacía mucho viento aquella noche y sólo la buena suerte evitó que el fuego se propagase hasta los bosques cercanos, o que prendiera la propia casa.

Alguien debió avisar a la policía, porque en medio de todo este alboroto se presentó una patrulla policial. A los dos agentes se les salían los ojos de las órbitas cuando presenciaron aquello; me hicieron muchas preguntas y uno de ellos no paraba de preguntar:

—¿Qué está usted quemando?

Charlie, el loro que estaba en el camión de fruta, empezó a imitarle.

—¡Haga que se calle ese jodido pajarraco y deje de reírse! —dijo el agente, muy arisco.

—¿Quemando? ¿Quemando? —gritaba el loro mientras el policía hablaba.

Por fin me tranquilicé y les enseñé las llaves de mi contrato de arriendo, por así decirlo. No había cometido ningún crimen; el haber encendido una hoguera no era infringir la ley y el fuego ya se había extinguido. El policía se fue echando pestes hasta el coche y decía que comprobaría con las autoridades locales quién era el propietario de la mansión.

—Nos volveremos a ver las caras[1] —dijo, señalándome con el dedo.

Cuando se marcharon, arranqué el coche y me fui, dejando que las cenizas se apagaran solas. Con el tubo de escape que sonaba como una cafetera, volví al hotel para despertar a las niñas. Eran las cuatro de la madrugada cuando iniciamos nuestro viaje de vuelta con las ratas de Tottenham, a las que habíamos abandonado hacía catorce horas.

De nuevo en el piso, me caí redondo al suelo y cuando desperté por la tarde, me di cuenta de que había gastado, perdido

[1] El agente de policía volvió a verme cuando, algunos años después, me arrestó por robo a mano armada y secuestro.

o posiblemente quemado todo el dinero que tenía en metálico. La cabeza me daba vueltas y decidí realizar hazañas de locura que desafiaran a la muerte. El caso por la custodia iba a celebrarse ese mismo miércoles y tenía miedo. A pesar de todo lo que había hecho, todavía quedaba una posibilidad de que perdiéramos y en caso de que esto ocurriera, mi deseo era que Tessa se fuera de mi lado con dignidad. Deseaba hacerle un último regalo y para ello tomé más drogas que me proporcionaran el valor suficiente para robar más dinero.

Nuestro piso se encontraba encima de la vieja sastrería de mi padre, la cual ahora estaba alquilada a un joyero indio de gran categoría. El local contaba con sistema de alarma, pero yo sabía que podía colarme por la pared del pasillo interior sin que se activara. Durante la noche, absolutamente ido por las drogas, hice un agujero en la pared mientras las niñas dormían arriba. Muy pronto estaba en la tienda y de allí robé una gran cantidad de joyas muy vistosas, sin pensar en los problemas con los que me encontraría cuando el dueño abriera el lunes.

El domingo por la mañana, dos irlandesas aturdidas y Tessa me acompañaron al mercado de Petticoat Lane, al aire libre, donde vendimos las joyas robadas por mucho dinero. Todos nos compramos ropa nueva y elegante, además de un tercer loro llamado Sparkles, y nos dirigimos al Hotel Great Eastern a cenar con *champagne*. Brindamos por nuestra próxima victoria en el juicio por la custodia, e incluso el camarero se tomó una copa para desearnos suerte. En casa continuamos bebiendo mientras esperaba la visita de la policía.

A la mañana siguiente, el señor Patel abrió la tienda temprano.

—¡Oh, Santo cielo! ¡Por Dios! ¡Un agujero en la pared! —le oí gritar.

Enseguida la policía vino a casa a preguntarnos. Para que pareciera como si alguien hubiera entrado por la fuerza desde el exterior, yo ya había hecho pedazos la puerta de la calle. Confesamos que al llegar a casa la noche anterior de madrugada, nos impresionó ver que se había cometido el robo, pero que todos estábamos demasiado borrachos como para llamar a la policía. Los agentes no se creyeron toda la historia pero se marcharon, por el momento. Era todo lo que necesitaba antes de que tuviera lugar la vista por la custodia de Tessa dentro de dos días.

Ese miércoles, en el Tribunal Supremo de Chancery Lane, a pesar de las graves acusaciones por parte de mi ex mujer, como drogas y muchas otras cosas más, me dieron la custodia permanente de una niña de once años. Incluso durante el juicio no dejé de tomar drogas. Me encontraba al borde de la demencia, sin dinero del que tuviera conocimiento y, peor aún, no tenía futuro y mi casa estaba infestada de ratas. Sin embargo, gané. Era asqueroso; algo huele mal cuando un sistema permite que ocurran estas cosas. Después de todo, la vida de mi hija estaba en juego.

A raíz de esta aventura sufrí un colapso y pasé la semana siguiente en cama, mientras Mary y Grace cuidaban de Tessa.

Las cosas empezaron a ir de mal en peor. La policía amenazaba con acusarnos a mí y a las chicas irlandesas —quizá también a mi hija— del robo. Para protegerlas no me quedó más remedio que confesar, diciendo que lo hice en mitad de una borrachera. Me encerraron pero pronto salí bajo fianza. Unos días más tarde, los padres de Mary y Grace, preocupados, vinieron a buscarlas y se las llevaron a Irlanda. Salieron de mi vida con la misma rapidez con la que entraron, dos inocentes con la suficiente mala suerte como para quedar atrapadas en la telaraña de la miseria de un adicto.

El trabajador social jefe siempre había hecho la vista gorda ante muchas cosas y sabía desde el principio que yo nunca había estado trabajando. Paradójicamente, era él quien ahora me ayudaba a reclamar las ayudas de la seguridad social. Conseguimos una cantidad reducida a la semana y cuando recibimos el subsidio para las primeras semanas, Tessa se hizo cargo del dinero.

—Lo racionaremos, papá —dijo con orgullo—. La mitad para comida y el resto para tus pastillas para el dolor de cabeza.

Esto es lo que eran las anfetaminas a los ojos inocentes de una niña tan dulce. Así pasamos unas cuantas semanas y Tessa se convirtió en una alumna-mamá cuando los daños infligidos por las drogas eran peores cada día. Sin embargo, ella era feliz de tener a su papá en casa y a Snoopy, nuestro nuevo cachorro que dormía debajo de su cama.

Tenía que desatarse una tormenta y así fue. Un día cuando Tessa y yo volvimos del colegio, encontramos al loro Sweivie con la cabeza hundida en la pecera, y unos segundos después se abrió la puerta y apareció Brian Clifford. Con él venía también un hombre grandísimo, de un metro ochenta aproximadamente, acompañado de una mujer mayor de pelo corto y rubio y con una mirada fría.

—Estos accidentes son desagradables —dijo Clifford, asintiendo negativamente mientras miraba al loro muerto.

Tessa empezó a llorar y me rodeó con sus brazos. El hombre fuerte me apuntó con una pistola, lo que significaba malas noticias. Solo, con mi preciosa hija, me las estaba viendo de nuevo cara a cara con este peligroso psicópata. Para el Paticorto, tu esposa, tus hijos y padres eran un blanco fácil si una mañana se levantaba con el pie izquierdo. Temiendo que ocurriese lo peor y temblando de miedo, agarré fuertemente a Tessa. Obviamente, Clifford seguía creyendo que la había engañado, pero en aquel entonces todo era irrelevante ya que no era capaz de recordar nada. Lo único que el Paticorto representaba para mí era el ser un personaje de mi pasado y, a parte de la terible noche en Lynford Hall, lo demás era muy confuso. Los hombres me asieron con fuerza mientras la rubia sacaba a Tessa del piso. Estaba atada y yo no dejaba de suplicarles que me devolvieran a mi hija.

—Soy un drogadicto enfermo —grité—. No me acuerdo de nada. Me han aplicado un tratamiento de *electroshock.*

Mientras el otro hombre se dedicaba a buscar por el piso, Clifford se acercó a mí con un cuchillo de cocina y vociferó:

—Quizás una pequeña operación facial te refresque tu mala memoria.

Sentí que la hoja fría del cuchillo me había cortado un lado de la cara y una sangre templada empezaba a chorrear por mi cuello. Me empujó contra la pared, y con las manos atadas a la espalda vi también la sangre gotear sobre la camiseta. Cerré los ojos; ya estaba preparado para morir cuando el otro hombre volvió a entrar en la habitación. Estaba impaciente y empezó a discutir con Clifford.

—Todo esto es una pérdida de tiempo. Vámonos —gritó.

—Tiene el dinero, lo sé —insistió Clifford, y empezó a darme patadas hasta que me caí al suelo.

Tumbado y con su bota encima de mí, deseé haberle matado unos años antes. Sin embargo, no podía matar a él ni a nadie. Nunca fui un monstruo, tan sólo un patético drogadicto cuyas fantasías de Robin Hood le habían conducido a situaciones de la vida real que no eran propias de él.

—¡Nos llevaremos a tu hija si no hablas! —gritó Clifford. Ante esta sugerencia el otro hombre estalló y empezó también a chillar.

—No quiero que me acusen de un jodido secuestro. Este gilipollas está tan enfermo que ni siquiera puede hablar. Larguémonos de aquí.

—¡Volveré algun día![2] —exclamó Clifford. Me escupió a la cara y salió del piso detrás del otro hombre.

[2] Brian Clifford murió de un tiro en la cabeza el 28 de septiembre de 1985.

¡Oh, coño! ¿Qué me está pasando? Como no podía liberarme, me quedé atado en el suelo. ¿Dónde estaba mi hija? Me invadieron unos pensamientos horrorosos. Clifford había desparramado mis pastillas por toda la habitación y con las manos atadas a mi espalda, empecé a dar vueltas sobre los costados para chuparlas del suelo y luego masticarlas como un adicto en su final más amargo. Las drogas habían empezado a hacer su efecto cuando, de pronto, se abrió la puerta y entró Tessa. No lloró sino que se quedó extraordinariamente tranquila a pesar de haber encontrado a su padre atado y cubierto de sangre. Cuando me desató las manos, Snoopy, el cachorro, empezó a lamerme la sangre. Tessa me lavó y rasgó una camisa en tiras para vendarme la cara y detener la hemorragia.

Enseguida todo mi cuerpo empezó a estremecerse cuando se afianzó en mí un pánico inducido por las drogas pero que jamás había sentido antes. Encerré a Snoopy en la habitación de Tessa y me llevé a mi hija a la concurrida calle comercial. La mujer de enfrente se quedó espantada cuando nos vio salir disparados de casa con tanto ímpetu. Cogimos un tren hasta el aeropuerto de Londres, donde Tessa estuvo durmiendo toda la noche con su cabeza en mi regazo. En lugar de sentirme seguro entre la multitud, ocurrió todo lo contrario: empecé a pensar que toda la gente que había en la terminal nos espiaba, e imaginé que el anuncio de cada vuelo era un mensaje codificado sobre nuestro paradero. Estar allí era un auténtico tormento, así que a eso de las siete de la mañana, incapaz de soportar ese pánico por más tiempo, desperté a Tessa para comenzar una huida de ocho horas. Tiré de esa pobre niña por todo Londres, subiendo y bajando de los autobuses, convencido de que nos perseguían. Pasamos muchas horas en el metro, desplazándonos dos estaciones en un tren para bajarnos y coger otro en dirección contraria. Mi cabeza estaba representando una escena de la película *The French Connection.* Durante el día, el pánico fue acentuándose conforme iba alimentándole con más y más pastillas. Finalmente salimos del metro en Hampstead Station. Fuera vi un helicóptero que sobrevolaba y estaba convencido totalmente de que nos estaba buscando. La caza había dado comienzo. Corrimos lo más aprisa que pudimos hasta Hampstead Hill, empujando al pasar a los extrañados compradores. Cerca del lago que hay al lado del Castillo de Jack Straws oí el ruido cada vez más intenso del motor del helicóptero y, convencido de que dispararían en cualquier momento, me puse precipitadamente a cubierto y empujé a Tessa contra el banco cubierto de hierba que había enfrente del lago. Rodamos los dos cuesta abajo y nos escondimos bajo unos arbustos. Allí la tenía a mi lado. Pero estaba llorando.

—¿Papá, qué pasa? ¿Quién nos persigue? —dijo Tessa tartamudeando.

—¡Son ellos! —grité, señalando al helicóptero.

De repente, Tessa reanudó su papel de adulto y salió a gatas de debajo del arbusto.

—¡Se está yendo! —dijo, con unas lágrimas que le corrían por su sucia y cansada cara.

De pie y con el uniforme del colegio desgarrado, dijo con severidad:

—Papá, tengo hambre. Tienes que ir más despacio. Tómate algunas de tus pastillas azules para dormir.

Su mirada me devolvió a la realidad. ¡Oh, Dios mío! ¡Qué le había hecho a mi hija!

Había obligado a mi hija a vivir en mi propio mundo, un paranoico mundo inducido por las drogas.

Fui yo quien la había secuestrado y quien la había llevado a la isla de la droga.

24

ADIÓS TESSA

Mastiqué un puñado de pastillas de Valium azules mientras permanecía allí, escondido del enemigo detrás de aquel arbusto en Hampstead Green. Diez minutos después, cuando los tranquilizantes surtieron efecto, los monstruos desaparecieron y me quedé lo suficientemente tranquilo como para sacar a Tessa del brezal. Se le notaba cansada y hambrienta cuando íbamos a la oficina de un procurador que conocía, cerca de Golders Green. Le conocía desde hacía varios años y se impresionó al verme con la cara vendada y cargado con mi llorosa hija. Tras escuchar una parte de nuestra incoherente historia, interrumpió a su secretaria y le pidió que se llevase a Tessa a comer algo a un café de la zona. Luego, me invitó a sentarme para echarme un sermón.

—¡Nadie te persigue excepto los sinvergüenzas a los que debes dinero! —gritó—. Son las drogas las que te están volviendo loco. Llevas tomándolas tantos años que están afectando tu cerebro. Necesitas ayuda urgentemente y si no mandas a tu hija con su madre, te denunciaré a las autoridades de asuntos sociales. ¡Y te aseguro que me creerán a mí!

El Valium me había sedado y poco a poco, fui cayendo en la cuenta de que tenía que dejar que mi hija se fuera de mi lado. Todo lo que decía el procurador era cierto.

—Stephen, en otro tiempo lo tuviste todo —continuó con calma—. ¿No ves lo que has perdido a causa de tu adicción? Aún te queda Tessa, pero por favor devuelve a esta preciosa niña a la normalidad, ahora que todavía puedes.

Avergonzado, lloré mientras el procurador telefoneaba a Camilla y quedaba con ella para que recogieran a Tessa al día siguiente. Al colgar el teléfono, me miró y me dijo:

—Steve, ¡no es la policía quien te encerrará, son esas pastillas! ¡Continúa jugando y terminarás muerto o viviendo con los borrachos en los barrios bajos!

Tessa entró en la oficina y el procurador hizo que se sentara, diciendo:

—Tessa, tu padre está muy enfermo. Ya no puede cuidar de ti. Intenta comprenderlo. Hemos llamado a tu madre y tu padrastro vendrá mañana a por ti —y con estas palabras nos dejó solos.

Tessa me abrazó llorando.

—¡Oh, papá! ¿Por qué? ¡Acabamos de ganar el caso por la custodia!

No pude decir palabra, sólo asentir con la cabeza. Más tarde nos condujeron a Tessa y a mí hasta nuestro piso de Tottenham. Era nuestra última noche juntos y quizá la última vez que nos veríamos durante mucho, mucho tiempo. Había tantas cosas que decir que estuvimos charlando casi toda la noche. En cierto modo, los dos nos sentimos más aliviados ahora que había ocurrido lo inevitable. Incluso Snoopy, el perro, parecía estar en paz. Nos abrazamos el uno al otro y lloramos juntos, sin que ninguno de los dos pudiera parar. A primeras horas de la mañana, Tessa estaba cansada y se fue a la cama; mientras tanto, yo me senté y continué hablando con ella. El cachorro se quedó dormido debajo de la cama mientras le contaba a Tessa detalles de mi solitaria infancia, de Violet y de las historias de Robin Hood. Tessa me estrechó entre sus brazos, dejándose ser una niña de once años mientras yo me convertía en un padre protector, durante esas últimas horas. Le hablé de Antonia, que nunca había tenido un padre porque mi drogadicción estaba ya fuera de control cuando vino al mundo. Saqué de mi bolsillo una foto de Antonia y dije:

—Mira qué niña más rica. ¿Por qué tuve que tirarlo todo por la borda?

De pronto Tessa se sentó en la cama.

—Papá, te propongo un trato —dijo—. Si regreso contigo, ¿me prometes que vas a dejar de tomar esas pastillas?

Con lágrimas en la cara le contesté:

—Quizás un día encuentre el verdadero amor. Quizás encuentre a mi princesa y quizás entonces, podré dejarlas. Quizá.

—Ojalá la encuentres pronto, papá —dijo Tessa, a punto de quedarse dormida.

Desgraciadamente no la encontré.

25

Durmiendo en la oscuridad

Era muy tarde cuando el padrastro de Tessa nos despertó aporreando la puerta de la calle. Mientras esperábamos en la sala de estar a que mi hija terminara de hacer las maletas, se dirigió a mí con petulancia:

—Siento que las cosas hayan tenido que terminar así para ti.

Quise matar al bastardo que se burlaba de mí como diciendo: «Bien, ya tengo a tu mujer y a tus hijas. ¡Quédate aquí y sigue con tus drogas!»

Tessa trajo primero sus maletas y luego apareció con Snoopy en brazos.

—No, Tessa. ¡No puedes traerte el perro! —le dijo Barry con firmeza

Ella le suplicó pero él le repetía una y otra vez:

—Ya tenemos un perro.

Era una causa perdida y con lágrimas en los ojos, se volvió hacia mí y dijo:

—Quédate tú con él, papá. Te recordará a mí. —Llorando, volvió a dejar el perro en su dormitorio y cerró la puerta para que no la siguiera por la calle.

Unos instantes después Tessa volvió a bajar y me abrazó, sollozando.

—¡Papá, tenía tantas ganas de quedarme contigo!

Me sentía desdichado, pero para no darle más placer a ese hijoputa, me contuve las lágrimas no sé cómo. Cuando Tessa y yo nos abrazamos, Barry, que empezaba a impacientarse, dijo:

—Vámonos ya, Tessa. Tenemos un largo camino por delante.

Era un despiadado cabrón al que le resultaba indiferente ver a un padre y su hija decirse el último adiós. Sin hablar, todos fuimos a la calle y allí la obligó a entrar en el coche diciendo:

—Nada de dramas ahora. Ya os veréis alguna vez.

Observé al coche alejarse y pude ver llorar a Tessa. Entonces supe que mi cordura se iba con ella. Momentos después, cuando doblaron la esquina, perdí el control y me puse a llorar descaradamente en la calle. Volví al piso y sacudí mi cabeza entre tanta miseria. ¿Qué me había ocurrido? ¿Cómo había acabado tan solo y tan fracasado? La respuesta estaba a mis pies: un frasco vacío de pastillas de Dexidrina. Había llegado a un nivel tan desesperante que ahora me veía más incapaz que nunca de solucionar mi problema.

Las cuatro habitaciones y sus desvencijados suelos estaban llenos de recuerdos del último año con Tessa. Los dibujos que pintó aún estaban colgados en las paredes. La valiente niña que tanta vida había dado a esta casa, se había ido. Todo parecía desierto y, todavía sollozando, subí las chirriantes escaleras hacia su habitación para dejar a Snoopy que saliera. El pequeño cachorro cruzado meneó el rabo cuando entraba en el dormitorio, haciendo que me sintiera mejor; ya no estaba completamente solo. En uno de los rincones había un cuenco con leche para él, y en la cama de mi hija una nota que decía: «Sorpresas para ti debajo de la cama.» La levanté y allí encontré unos pocos billetes en efectivo, veinte anfetaminas y una carta que decía así: «Papá, aquí tienes mis ahorros. Te robé unas cuantas de tus pastillas para que tuvieras suficientes el día que me marchara.»

Cuando vi las pastillas, el corazón empezó a latir de alegría. Era como si me hubiera tocado la lotería y mi tristeza se desvaneciera inmediatamente. Eufórico, me tomé diez y me senté en la cama, esperando a que me hicieran efecto. Cuando éste me llegó al cerebro fue como revivir de entusiasmo y me di cuenta de que su dinero podía incluso comprar más píldoras del doctor Lando. Rápidamente, me vestí con el traje azul del médico. Le llamaba así porque sólo me lo ponía cuando tenía que conseguir recetas. Me preocupaba el tener un aspecto andrajoso y que el doctor no me diera mis pastillas. ¡Basura! Si hubiera ido desnudo, ni siquiera se hubiera dado cuenta porque ya estaría haciendo otra receta. Había bajado de peso hasta los sesenta kilos y el traje me quedaba tan grande que tuve que atarme los pantalones. Como el único dinero que me quedaba era el subsidio que recibí el lunes, el dinero que me dejó Tessa fue una ganga para hacerme con más drogas. Estaba muy contento. Reservé cinco pastillas en el piso, me tomé el resto y salí de casa a toda prisa. A cien metros de casa, al igual que un auténtico adicto, volví en busca de mi reserva de pastillas. Aún más colocado, continué mi paseo hasta la consulta del doctor con la sensación de que estaba en la cima del mundo.

En el tren, con la actividad que me produjeron las últimas pastillas empecé a leer un periódico desechado en el que se anunciaban lugares para ir de vacaciones. ¡Un crucero! La elección del destino adecuado me mantuvo tan absorto que me pasé de estación y tuve que coger un tren en sentido contrario.

El doctor Lando tenía una consulta de un solo despacho en Harley Street, donde compartía las instalaciones de la sala de espera con otros doctores normales. Los pacientes de Lando, la mayoría por recetas de drogas, esperaban fuera, a diferencia de los de los demás. Si alguno se paseaba de un lado a otro, podías estar seguro de que era un paciente de Lando en espera de drogas frescas. Para los adictos, el doctor es Dios y tiene el poder de darle o negarle la felicidad de unos días. Lando, un hombre de pelo canoso y de unos sesenta años, atendía por riguroso orden y apenas te examinaba porque veía hasta quince pacientes a la hora. Su consulta consistía en:

—Bueno, ¿qué le ocurre?

Y el paciente le contestaba:

—Necesito más Dexidrina o Mandrax.

Garabatea y garabatea y el doctor le entrega la receta al paciente, quien paga y se marcha mientras el médico exclama:

—¡Dile al siguiente que pase!

Si nadie estornudaba, la consulta duraba tres minutos y veintiocho segundos y después todos y cada uno de nosotros salía pitando hacia John Bell Croydon, una farmacia situada en Wigmore Street, a donde íbamos a canjear nuestras recetas. Aquí hacían cola las mismas personas que habían estado delante de ti en la consulta. Este farmacéutico siempre tenía grandes cantidades de las «golosinas» que Lando y otros tantos médicos despachaban con tanta libertad. En alguna ocasión, el farmacéutico hacía alguna pregunta que ponía al adicto hecho una fiera, especialmente si tenía que volver a la consulta del doctor para que le anotase alguna cosa más en la receta. Esos maravillosos momentos eran la vida de un adicto. En cuanto me daban las pastillas, rompía la caja y me tomaba las primeras píldoras, aún en la farmacia. Esto no sorprendía a los empleados porque estaban acostumbrados a verlo.

Durante los seis meses siguientes, una vez que me hice con las drogas, me dirigí directamente a Tottenham, a donde llegué bastante drogado. Bajo la influencia de las drogas, las habitaciones del piso y todo lo que había en ellas cobraron un significado nuevo. Me sentía seguro; era mi escape de un mundo que tanto daño me había hecho. Me senté rodeado de la miseria, y compadeciéndome de mí mismo me preguntaba: ¿Por qué me han dejado tirado entre este montón de basura? ¡Seguramente podría venir alguien para comprobar si estaba vivo! Mi madre, las hijas de Isabella, ¿no les preocupaba a ninguna de ellas? ¿Acaso sólo iban detrás de mi dinero? Dejando el dolor y la pena a un lado, empecé a refugiarme cada vez más en mi propio mundo de las drogas. Cada día, cuando los estimulantes hacían su efecto, me concentraba de nuevo en el ritual de colocar el mobiliario estropeado de otro modo. Pasaba las horas trasladando las viejas camas de un sitio a otro. Estaba creando una casa de la que nadie podría separarme jamás.

Mientras Tessa vivía allí a veces hablaba con los vecinos de aquella calle tan transitada, pero cuando las drogas empezaron a causarme más y más estragos, me volví totalmente reservado. Aparte de decirle «Necesito más Dexidrina y Mandrax» al doctor Lando una vez a la semana, no hablaba nunca con nadie. Fue entonces cuando empecé a deteriorarme tanto física como mentalmente más aprisa que en cualquier otro período de mi vida. Las drogas evitaron que sufriera el ataque de nervios por el que estaba pasando, porque cuando se está constantemente drogado, no se puede sentir el dolor en el corazón, ni mucho menos lamentarse por él. Por la noche me tomaba unos sedantes muy fuertes que me dejaban en un estado de sueño inconsciente y que hacían que despertara con la sensación de tristeza. Con tantos estimulantes y sedantes, tus sentimientos se encierran en la cabeza como si estuvieran en una olla a presión, esperando a que estalle la demencia.

Absolutamente incapaz de controlar la cantidad de pastillas que tomaba, solía quedarme sin estimulantes antes del jueves, día en que cambiaba instantáneamente mi percepción de las cosas. La bajada me afectaba como si fuera un grave ataque de fiebre. Sin anfetaminas que deambulasen por mi mente, la habitual película de terror semanal empezaba; todo parecía tan desagradable como realmente era. Para contrarrestar esta repentina fatalidad, me mantenía inconsciente viernes, sábado y domingo con altas dosis de pastillas para dormir. A veces, habiendo dormido durante treinta horas, sabía si era lunes porque las tiendas estaban abiertas y había más ruido en la calle. Si había tranquilidad, tenía todo el día para dormir antes de ir a cobrar el dinero de los servicios sociales con el que adquiriría más drogas. Por entonces nunca abría la puerta a nadie y sólo salía en mitad de la noche a conseguir algo de comida de los basureros, o a robar el pan que acababan de llevar a los supermercados y que todavía tenían esperando en la puerta.

Mi madre ya había pagado un año de alquiler por esas habitaciones y no le costaba nada dejar allí a su hijo enfermo. Era un modo sencillo de aliviar su conciencia y mantenerme alejado de ella al mismo tiempo. Nunca venía a visitarme. Todo se desmoronó cuando me cortaron la luz, el gas y el teléfono; lo único que me dejaron fue el agua. Snoopy, el perro, nunca salió de esas habitaciones y, como yo, cada vez estaba más loco y más delgado. Vivíamos como prisioneros de la ciudad nazi de Belsen, aunque en la pacífica Londres. Cuando las semanas se iban convirtiendo en meses yo me iba consumiendo poco a poco.

Un día durante un ataque producido por el efecto de las drogas, saqué todos los muebles, quité la moqueta de las habitaciones, y quemé todo en el jardín trasero. Esto me dejó viviendo como si fuera un animal salvaje, durmiendo en el suelo con mi perro medio muerto de hambre y las ratas merodeando alrededor. Pasaba días enteros sin dormir, durante los cuales me dedicaba a ir de habitación en habitación, conversando con gente imaginaria. Incluso les ofrecía drogas pero no las aceptaban, diciendo que daba igual si me las tomaba yo. Me comía las migajas que quedaban desperdigadas por el suelo, y les dejaba al perro y a las ratas que se pelearan por las sobras. Cuando Snoopy se puso peor de salud, las ratas empezaron a comer mejor. Pasaba el tiempo y yo ya no me lavaba; y cuando hice pedazos el sanitario, tuve que hacer pis y cagar en el suelo, como el perro. El piso entero apestaba. Una noche que perdí el conocimiento, comí mi propia mierda y me puse muy malo.

Confuso y trastornado, empecé a salir en mitad de la noche para volver a casa con muebles estropeados procedentes de los contenedores de basura. Había sillas con tres patas, televisores rotos, mesas que no se mantenían en pie, todo trastos viejos. Las cuatro habitaciones quedaron rápidamente saturadas de un revoltijo de muebles inservibles, que a mí me parecían antigüedades de un valor incalculable.

Colocaba las sillas en círculo e imaginaba enfrentamientos entre grupos de personas inexistentes.

—¡Tú, vaca! Tú nunca me has querido —le gritaba a la silla que supuestamente representaba a mi mujer—. Y vosotros dos me habéis abandonado —les decía a las sillas de mi madre y mi padre.

A veces creía que Tessa seguía a mi lado y le daba las buenas noches a un montón de trapos que había en su habitación. Y cuando mis invitados de ficción decidían quedarse a pasar la noche, les decía que no armaran jaleo y que no molestaran a mi hija, que dormía. Quizás esta falsa vida actuaba como válvula de escape, lo que evitaba que admitiera lo que realmente había ocurrido. De haberme enfrentado a la realidad, me hubiese vuelto loco o arrojado debajo de un camión.

Las cosas empeoraron cuando las drogas desencadenaron síntomas agudos de esquizofrenia. Estaba convencido de que habría una redada policial en mi piso y precinté la puerta de la calle para que no pudieran entrar. Solamente dejé una pequeña ventana de acceso en la parte trasera por la que podía entrar y salir. Pensaba también que cada vez que pasaba un coche, lo hacía para comprobar si estaba solo en casa, y entonces, me puse a hacer modelos de lo que para mí eran personas. Para esta labor utilizaba abrigos viejos y trapos que colgaba de las sillas rotas, apiladas unas encima de las otras. Arrastrándome boca abajo, movía las imágenes de espantapájaros por todo el suelo y pasaba con ellas por delante de las ventanas, para que parecieran hombres caminando por el piso. Lejos de mi vista, le susurraba a mi hambriento perro.

—Esto detendrá al enemigo.

Cuando la paranoia se agravó, empecé a gritar por las ventanas:

—¡Venid a por mí, cabrones! —dirigiéndome a los viandantes.

Ya no se trataba sólo de drogadicción sino de que estaba al borde de la demencia. Verano, invierno o primavera, todas las estaciones eran iguales para mí, no importaba. Durante el año que estuve hundido en ese agujero negro, mi único consuelo era hablar con Snoopy, mi compañero de celda. El famélico perro sólo comía las sobras de comida que le traía a casa y no salió de allí ni una sola vez. Durante mis periodos de sueño, yo siempre le acariciaba por debajo de los andrajos.

Aquel invierno, llegué un día de la consulta del doctor y descubrí que Snoopy había muerto, sin haber visto jamás la luz del día. Qué desconsuelo. Me puse histérico y empeñado en conservar parte de mi perro, le saqué los ojos, los envolví en papel de aluminio y los metí en los bolsillos durante dos días. Cubrí a Snoopy con una manta, le puse algunos ladrillos dentro y me fui andando hasta el puente de Londres para celebrar un entierro marítimo por mi único amigo. Encendí unas velas y le arrojé al río mientras la población presurosa de primeras horas de la mañana miraba con extrañeza. Me sentí más solo que nunca cuando vi a mi perro hundirse bajo las turbias aguas del Támesis

De nuevo en el piso la rutina continuaba; sin embargo, sin las reacciones de Snoopy ante mí, fui cayendo cada vez más profundo hasta que, en el curso de aquellos viajes, encontré la respuesta. Muerte, suicidio. ¿Por qué no había pensado antes en ello? No era una llamada de socorro, simplemente iba a seguir adelante con el viaje secreto de la muerte para finalmente, poder decir:

—Que os jodan —a todos aquellos que tanto daño me habían hecho.

Durante dos semanas guardé todas las pastillas para dormir que pude conseguir de Lando, hasta que me hice con las provisiones suficientes que me aseguraran la llegada a mi hogar de vacaciones en el cielo, sin interrupciones de bombas estomacales. Aquella quincena todo pareció diferente, temporal, como si lo despreciara todo. No estaba deprimido, sino todo lo contrario; estaba feliz, pensando que todos estamos sólo de paso. Mientras cogía el autobús de primera hora de la mañana, los demás luchaban por seguir adelante.

El día antes de mi vuelo a los cielos, fui a la sala de urgencias de un hospital y fingiendo que tenía dolores en el pecho, me pasaron a observación. Durante esa noche estuve hablando sin parar con una enfermera joven a la que le conté toda mi vida. Me escuchó atentamente y sólo me interrumpía cuando algún paciente necesitaba que le atendieran. Todas mis emociones reprimidas afloraron: cómo carecí de afecto en mi niñez, cómo un psiquiatra *gay* había abusado de mí, el miedo que tenía a los gángsters, la esposa que nunca me quiso, y así sucesivamente, pero nunca hubo ni el más mínimo asomo de suicidio. Por la mañana, como ya habían escuchado todos mis derechos de autoría debidamente, quedé desahogado y declaré que los dolores de pecho habían desaparecido.

De camino al piso compré leche para tomarme las pastillas para dormir, pensando que era mejor que el agua; al menos no iba a morir como un indigente. Tumbado sobre un montón de trapos en la habitación de Tessa, me tomé el primer puñado de pastillas y cuando hicieron efecto, me pregunté si había olvidado algo, igual que hace el viajero cuando comprueba que lleva el pasaporte de camino al aeropuerto. Unos minutos después empecé a tener miedo. «No seas cobarde, sé un hombre por una sola vez en tu vida», me dije a mí mismo según me tragaba el último frasco de pastillas. Esperé, pero volví a tener miedo. ¿Debería romper una ventana y gritar pidiendo ayuda? ¿Merecía la pena? Con tantas pastillas en mi cuerpo podía ver a Dios sonriéndome cuando cerraba los ojos para abrazar mi muerte.

Lo siguiente que recuerdo fue que estaba mirando mi propio cuerpo tumbado sobre los trapos. ¿Estaba muerto? Era libre y todos mis problemas quedaban atrás. Durante un momento fue maravilloso pero, de pronto, me sentí como empujado hacia el cuerpo inerte que había debajo de mí. Intenté resistir desesperadamente pero sólo pude evitar volver a entrar en el cuerpo. Sin embargo, la fuerza siguió siendo más enérgica. Me resistí una y otra vez pero al final me superó y me obligó a entrar en mi cuerpo para encontrarme con el tormento y el dolor una vez más.

Salí a la calle haciendo eses y lloré, sin saber si estaba vivo o muerto. Todo parecía ajeno a mí, como si no pudiera tocarlo. Anduve sin rumbo durante una hora aproximadamente hasta que entré a una panadería a pedir algo de pan. Fue en el momento en que el hombre me dio una barra cuando me di cuenta de que estaba vivo. Me habían vuelto a engañar, pero esta vez fue el mismo Dios; incluso me había traicionado como los otros bastardos.

Tras mi intento de suicidio decaí mucho más y, convencido de que vivía en el infierno, empecé a hablar con las ratas. Pronto empecé a intimar con ellas y a llamarles por su nombre, lo cual estaba bien hasta que un día me convencí de que incluso las ratas habían conspirado contra mí. Me enfurecí y me puse a hacer pedazos las tablas del suelo para buscar las pastillas desaparecidas. Terminé cayéndome a través de ellas, y quedé atrapado durante todo el fin de semana. El lunes, el señor Patel, propietario de la tienda de abajo, escuchó mis gritos y llamó al ayuntamiento. Me llevaron al Psiquiátrico de St. Anne y allí permanecí sedado durante una semana. En cuanto volví en mí me fugué, pero para mi desgracia descubrí que mi casa había sido sellada. Mi última imagen de una casa había desaparecido para siempre.

Veinte años después sigo despertándome por las noches escuchando a Snoopy llorar por mí.

26

Cena de Navidad con los vagabundos

Ahora vivía en las calles y la vida era mucho más precaria, porque al no tener una residencia fija, el subsidio social se suspendió. Esto me obligaba a pagar las recetas de drogas con el dinero que sacaba de los insignificantes robos, aunque cuando estaba puesto por las drogas, robaba guantes de piel, carteras y otros objetos pequeños de las tiendas, y después los vendía en las tiendas de segunda mano. Como resultado de los ingresos procedentes de los robos, el consumo de drogas se duplicó. Tras el aislamiento al que me encontraba sometido cuando vivía entre esas cuatro paredes, esta vida era diferente; sin embargo, la desesperación era la misma. En lugar de dedicarme a cambiar los muebles rotos de sitio, lo que hacía ahora era vagar por las calles sin rumbo fijo. Seguía tomando fuertes pastillas para poder dormir cuando me llegaba la bajada de las anfetaminas, pero ahora lo hacía estuviera donde estuviera y me quedaba dormido en los servicios públicos, en los bancos de los parques o en la entrada de las tiendas. Qué más daba. El elevado consumo de drogas me hacía olvidar el dolor que me producía el aceptar que era un vagabundo.

Alguna vez, aprovechando estos subidones y con la mente más lúcida, empezaba a robar ropa y me convertía en el vagabundo mejor vestido que se haya visto jamás en Londres. En los grandes almacenes cogía lo que me apetecía pero en lugar de ir a pagar a la caja, salía corriendo de allí y no paraba hasta que no estaba bien lejos. Incluso si los guardas me veían, no lograban cogerme porque desaparecía en la distancia a la velocidad de la luz. También robaba comida utilizando la misma táctica. Ya no era un conductor escurridizo sino un corredor escurridizo. Tan sólo fui alcanzado y detenido tres veces por la policía de tráfico. Uno de ellos era una chica australiana y corredora de maratón que me persiguió durante casi cuatro kilómetros y luego me pilló. Parece como si me divirtiera con todo aquello, pero no era así. Se trataba de una existencia muy solitaria en la que vivía como un animal salvaje en la asfaltada jungla de Londres.

Con frecuencia dormía durante el día metido en la línea circular del metro de Londres. Me dejaba caer allí por la mañana, cuando el metro iba atestado de gente durante las horas punta, y me despertaba por la tarde acompañado por la misma gente que entonces volvía del trabajo. Otras veces me dormía en el último tren que se dirigía a varias ciudades del extrarradio, como Liverpool. Una vez allí, le decía al personal de la estación que había perdido el dinero y que necesitaba regresar a Londres urgentemente. A veces esta historia me permitía seguir durmiendo al abrigo de la sala de espera hasta que se ponía en marcha el primer tren matinal de vuelta a Londres. Alguna que otra vez me ofrecían un desayuno caliente, cortesía de la compañía ferroviaria British Rail. Una noche en Glasgow me saludaron con un: «¿Qué coño es esto? ¡Ya estuviste aquí la semana pasada!», y después de este incidente, incapaz de recordar qué rutas había hecho ya, se acabó lo de dormir en el tren.

Para conseguir más dinero para drogas, empecé a birlar cuadros de las paredes de los pasillos de los hoteles, y durante una de estas excursiones descubrí el Grosvenor, un hotel muy frecuentado cerca de la estación Victoria. En la tercera planta, muy silenciosa, me tropecé con la habitación donde se guardaba la ropa del hotel. Dentro había unos treinta colchones apilados unos encima de otros; los organicé de tal modo que me hice mi propia cama donde nadie podía verla. Era muy sencillo entrar y salir de mi nueva casa utilizando la entrada posterior del hotel y evitando así al conserje. Una vez dentro del bullicioso hogar, subía las elegantes escaleras y desaparecía por el pasillo hasta llegar a la habitación de la ropa, donde dormía unos cuantos días. Era el apeadero perfecto para un vagabundo, justo a unos pasos de la reina en Buckingham Palace. Mi escondrijo detrás de los colchones era como mi propia casa, en la que almacenaba las drogas y la ropa recién robada. Viví así durante algunos meses, hasta que una mañana, creyendo que era alguien importante, bajé al comedor del hotel y pedí un desayuno caliente, dando un número de habitación falso para que lo cargaran en cuenta. Esa misma tarde, dos conserjes del turno de tarde me esperaban al final de las escaleras y mis días en el Hotel Grosvenor acabaron repentinamente.

Cuando perdí mi casa en el hotel, me tiré de nuevo a la calle y llegó el invierno. Sabía que era Navidad porque las tiendas estaban llenas de árboles y de adornos navideños y además, había transcurrido casi un año desde que perdí mi base en Tottenham.

Entonces fue cuando mis sentimientos de dolor se exteriorizaron en forma de venganza. Ya no era un simple adicto sino un vagabundo sin techo que vivía en las calles. Era la estación de la buena voluntad, pero solo, sentado en el banco del parque, me imaginé a mi ex mujer y a todas sus hermanas comiendo pavo y abriendo sus sorpresas en su enorme casa. Al menos Tessa y Antonia estaban con ellas. La vida me había desechado como si fuera papel de envolver. Eran las drogas las que me habían situado donde estaba, pero me sentía usado por todo el mundo. Estaba enfadado y herido, pero probablemente no más de lo que lo había estado Alen cuando se dio cuenta de que yo no era *gay*, sino un paquete lleno de mentiras.

Quizá Dios me había proporcionado una dosis de mi propia medicina.

En los barrios bajos aprendí a apreciar cada vez más el valor del auténtico amor y, desde un banco del parque, en un extraño momento de cordura, le escribí a Alen suplicándole que me perdonase. A lo largo de toda mi vida había comprado el cariño artificial, pero en los barrios de mala vida, las tiendas del amor están cerradas. En esta cruda realidad, mi necesidad de ingerir drogas se intensificó simplemente para poder soportar el sufrimiento de estar vivo.

Durante unos cuantos días después, me dediqué a hurtar en tiendas varios productos que, para una mente trastornada como la mía, eran regalos de Navidad para mi propia familia. Me paseé con ellos por todas partes y me sentí aliviado pensando que los extraños que pasaban a mi lado creían que iba a mi casa. No podía soportar el pensar que me vieran como un vagabundo por la calle. Aquella tarde fui a St. James Park para dormir en algún sitio cerca del lago. Cuando bajó el efecto de las drogas, me puse a llorar amargamente, sabiendo que, como siempre en estos momentos, no tenía a nadie, nada. Me tomé una dosis elevada de sedantes y me desmayé agarrado a las botellas de vino y al resto de caprichos robados.

Me desperté entumecido por el frío. Nevaba y sólo después de tomarme mi dosis de anfetaminas, logré levantarme y ponerme en funcionamiento. Creí que era el día de Navidad. Si lo era o no, nunca lo sabré, pero para mí, sentado a solas en el banco del parque, sí lo era.

Desesperado por encontrar a alguien con quien celebrar una comida de Navidad, empecé a andar hasta que me tropecé con tres borrachos que dormían a las puertas de una tienda. Les mostré el vino y se vinieron entusiasmados detrás de mí hasta el parque, que entonces estaba cubierto por una espesa capa de nieve. Les pedí que se sentaran en un banco y les anuncié:

—Es hora de la comida de Navidad y vosotros sois mi nueva familia.

Empezaron a pedirme de beber una y otra vez hasta que me enfadé y les grité:

—¡O sois mi familia o si no, os vais a la mierda!

Con los ojos clavados en el alcohol, obedecieron mis peticiones. Fui señalándoles uno a uno y diciéndoles:

—¡Tú mi hermano y tú mi mujer! ¡No ni mi hermana ni mi madre! —Y confundido, me puse a chillar histéricamente—: ¡Venga! ¡Tenéis que ser alguien que me quiera! ¡Sólo quiero que me queráis!

—¡Seré quien tú quieras que sea por un jodido trago! —se echó a reír el vagabundo escocés.

Enseguida estábamos todos borrachos y yo me escondí detrás de un árbol para aparecer otra vez con un gorro de papel y, sobornándoles con más bebida, cantamos villancicos.

Cuanto más bebido y drogado estaba, más me obsesionaba la idea de hacer de esto una familia navideña. Con la vista nublada, me imaginaba a todos sentados en la sala de estar de una casa. Pero ¿dónde estaba el árbol de Navidad? Hice un montón de nieve de un metro de altura aproximadamente y, en lo que para mí era un muñeco de nieve, le clavé dos botellas vacías que representaban los ojos.

—¡Este es nuestro árbol de Navidad! ¡Es hora de contar historias! —exclamé.

Les hice escuchar a todos para abordar mi habitual monólogo de autocompasión: cómo de la riqueza pasé a ser un vagabundo. Yo tenía la bebida así que, escucharon con resignación. El escocés, un hombre rechoncho con un gorro rojo, se compadeció de mí.

—Yo trabajaba en una biblioteca de Glasgow y me podía haber quedado al cargo de ella pero siempre estaba indispuesto a causa de la bebida y al final promocionaron a otro —dijo.

Continuó diciendo que lo dejó a raíz de un ataque de ira y bebió hasta emborracharse, terminando en las calles de Londres hacía ya muchos años. El anciano del abrigo raído y atado con una cuerda no dijo palabra.

De pronto, la vieja del trío pareció espabilar de la borrachera y convirtiéndose en el foco de atención, sentenció con arrogancia:

—Yo era juez y trabajaba aquí, en Westminster.

Tenía unos sesenta o setenta años, era una mujer chupada y en cierto modo parecía imponer mientras nos contaba sus inicios en el alcohol. Dijo que en una ocasión la relevaron de un caso por volver borracha después del descanso para comer. Los otros se rieron pero les mandé callar. Su historia era real. Mientras hablaba con ese acento tan refinado, me la imaginaba vestida con la toga de abogado.

Angustiado por el panorama, les dije que me iba a conseguir más bebida y corrí a casa de Alen, que estaba cerca, para pedirle dinero. De un tiempo a esta parte no había querido saber nada más de mí después de las escenas que le monté, y se indignó mucho cuando abrió la puerta:

—No puedes pasar. Tengo invitados a comer —dijo bruscamente.

—¿Una jodida comida? ¿Ya no me necesitas? ¡Dame algo de dinero o entraré por la fuerza! —le grité.

—Espera aquí —contestó nervioso, cerrando la puerta.

Al cabo de un rato volvió y me dio unos cuantos billetes, asegurándome que era el último dinero que me ofrecía.

—Si vuelves otra vez, llamaré a la policía, a pesar de la vergüenza que eso me haría pasar —dijo terminantemente.

Sus palabras me molestaron porque esta vez lo decía en serio y esta fue otra de las últimas despedidas. Regresé con los tres vagabundos, que todavía estaban sentados en el parque donde los había dejado, y metiéndolos a todos en un taxi, exclamé:

—¡Esta noche toca cama! ¡No existen los bancos de los parques esta Navidad!

Poco después, tres vagabundos perplejos esperaban en un taxi a la puerta de un hotel en Victoria, mientras yo pagaba cuatro habitaciones por adelantado. Con las llaves guardadas en mi bolsillo, nos sentamos a cenar en el atestado bar del hotel. En mitad de la cena, me di cuenta de que destacábamos como una mosca en la leche y, temiendo que nos echaran de allí, me los subí a las habitaciones. Mi nueva familia se quedó dormida enseguida, entre sábanas limpias y con una botella cada uno.

Yo intenté dormir también pero estaba demasiado colocado y empecé a vagar por los pasillos. Al cabo de un rato, decidí abandonar el hotel, pero antes quería dejar una nota de Feliz Navidad por debajo de las puertas de mis compañeros.

Al llegar a la habitación de la anciana, se abrió la puerta. Me pidió que entrara y nos sentamos para compartir su botella. Me enseño su anillo de sello con el escudo de familia que llevaba colgado al cuello con un cordón, y me habló de suicidio. Su padre había descubierto a su madre en la cama con su propio hermano. La anciana lloraba desconsoladamente mientras me relataba la historia. Le di dos pastillas y le dije:

—¡Estas te devolverán la felicidad!

Diez minutos después recuperó el ánimo.

—¡Dame más! —dijo empezando a llorar de nuevo.

Compungida por su dolor, le arrojé varias pastillas al suelo.

—¡Toma mi felicidad! ¡A mí ya no me gusta tanto!

Recogió las pastillas del suelo y me extendió el sello que durante tantos años había guardado. Abrumado por la emoción, lo rechacé y salí a toda prisa del hotel, perdiéndome en las calles. Después de pasar toda una noche caminando de aquí para allá, terminé en el parque donde se había celebrado la fiesta. Nuestro muñeco de nieve aún seguía allí, mirándome con sus ojos de botella de vino verdes. Fuera de control, me senté y empecé a cantar canciones navideñas.

Cuando salió el sol, empezó a hacer más calor y el muñeco de nieve a derretirse, disipándose como todo lo demás en mi vida.

Me tragué un puñado de somníferos y me quedé dormido viendo cómo se caían los ojos de botellas de vino en un charco de nieve fundida.

27

Viviendo en las cloacas

Cuando desperté, muchas horas después, toda la nieve había desaparecido y sólo quedaban amplios campos verdes de vacuidad. Me tomé mi dosis de anfetaminas y esperé, tieso y frío, a que el efecto de la química me permitiera no vivir, sino sencillamente sobrevivir al dolor de otro día vacío.

Y así fue transcurriendo mi vida en las calles, interrumpida por muchos períodos de prisión preventiva. La causa más estúpida por la que fui arrestado tuvo lugar en Birmingham. Cómo y por qué terminé allí, no lo sé; quizás durante una larga cabezada en el tren equivocado. Había conocido a un extraño en la calle y nos colamos en unos grandes almacenes. Él robó unos cuantos relojes y se marchó; mientras tanto yo tenía mejores ideas. La alarma estaba desconectada, así que pasé la noche solo en los grandes almacenes. Me serví una carpeta del departamento de papelería con la intención de ir de planta en planta y hacer un inventario de lo que robaría. Desgraciadamente, el departamento con el que primero me encontré fue el de licores, y aquí me encontró la policía al día siguiente cuando se abrió el establecimiento. Estaba tirado en el suelo, rodeado de botellas vacías. Con una resaca estupenda, me aplicaron tres semanas de arresto preventivo en la prisión de Winston Green para que me recuperara de la borrachera. Sorprendentemente, el día de la vista sólo me impusieron una multa y tiempo para pagarla.

Con frecuencia, cuando me encontraban inconsciente en el banco de un parque, me llevaban a la prisión de los asilos psiquiátricos pero, como la mayoría de las veces me encontraba desorientado, ya no sabía si estaba en un hospital o de vuelta en la cárcel. Sólo sabía que estaba en algún sitio; había estado en tantas instituciones que ya perdí la cuenta. En algunas de ellas pasé drogas de contrabando, escondidas en el ano.

En una ocasión, en la prisión preventiva de Brixton, las económicas drogas que había metido a escondidas me produjeron alucinaciones terribles, como si fueran pastillas de ácido. Me hacían imaginar que las paredes de las celdas crecían y menguaban como en una escena de *Alicia en el País de las Maravillas*. Cuando la celda se achicaba era como si mi cabeza se aplastara contra el techo; luego, de repente, todo cambiaba, la celda se hacía enorme y la litera crecía unos seis metros por encima del suelo. Estas alucinaciones ya eran bastante peligrosas, pero lo peor estaba por llegar. Acababa de intercambiar con un preso algo de tabaco por un vaso de jabón líquido para lavarme la ropa de la cárcel. Mi nuevo compañero de celda creyó que aquello era un tipo de licor verde y se lo bebió entero. Al rato, cuando el efecto de las drogas empezaba hacerse conmigo, empezó a vomitar y a cagarse al mismo tiempo. Cuando se quitó los pantalones, la mierda le chorreaba del culo y se esparció por el suelo de la celda. Me sentía como una hormiga en una película de terror imaginándome a punto de hundirme en un mar de vómitos y de mierda. El tipo se quejaba y se retorcía de dolor, pero nos dejaron así hasta que al día siguiente abrieron la celda.

Todavía estaba alucinando cuando me llevaron al hospital de la prisión, una sala cerrada con llave y compartida por unos quince presos. Todos estos hombres, desconocidos para mí, eran asesinos convictos que estaban en observación. Tumbado en mi litera, embriagado, oí la conversación de dos de ellos, uno a cada lado de mi cama.

—La mía no la palmó inmediatamente. ¿Y la tuya?

Discutían con tranquilidad cómo habían asesinado a sus mujeres, como si se tratara del último partido de fútbol del sábado.

—No —respondió el otro—. La mía siguió respirando mientras me observaba fijamente, con miradas sarcásticas. Y no veas cómo gemía la muy puta; así que le di una puñalada en el corazón y le hice un corte en la garganta, de oreja a oreja. Y dejó de mirarme. ¿Y la tuya, Fred?

—No paraba de murmurar, ¿sabes? Empecé a golpearle en la cabeza con un martillo y ella no dejaba de gimotear, pero no podía continuar con aquello porque llegaba tarde a mi partida de dardos. Entonces, la até de pies y manos y la dejé debajo de la cama. Esa noche jugué fatal y perdí. Como no podía conciliar el sueño con ella quejándose debajo de la cama, me fui a dormir al sofá. Por la mañana me asomé, antes de ir a trabajar, pero ya no se le oía, todo estaba en silencio. No es fácil, ¿verdad?, eso de matar a tu mujer, sobre todo cuando es la primera vez. Tardan mucho en morir, ¿verdad? —continuó más tranquilo—. Es la hora del té, Fred. Pásame el periódico. ¡No te jode! ¡Mira, el equipo de fútbol de los Spurs ha perdido otra vez! El Chelsea ha empatado.

Aquella noche tuve pesadillas; soñé que me mataban y que discutían entre sí sobre qué método era el mejor. A la mañana siguiente, en las duchas, otro preso se vanagloriaba del modo como acuchilló a otro individuo en esa misma ducha, y me lo demostró como si tuviera un cuchillo. Horrorizado, regresé a la seguridad de los asesinos de esposas, quienes entonces estaban discutiendo sobre los problemas de limpieza que entrañaba la sangre.

—¡Nada, como no salía la mancha, también tuve que poner moqueta nueva!

Unos meses más tarde, en otra institución, me desperté con la creencia de que había muerto y de que estaba en el departamento del infierno, reservado a drogadictos muertos. La etiqueta a los pies de la cama decía «sobredosis de drogas». Unos metros más adelante, había una multitud de monstruos con unas narices larguísimas que estaban comiendo en torno a una mesa. Se rieron de mí, diciendo:

—Nosotros también hemos consumido drogas como tú.

Me toqué la nariz para comprobar si era tan larga como la de ellos. Uno de los monstruos, que llevaba un gran sombrero de bruja y que iba tocando la trompeta, se acercó a mi cama.

—Hola —dijo—. ¡Ven a comer con nosotros!

¿Era este el último espectáculo de terror?

—¡Vete! —le grité, y todos los monstruos se acercaron, tocando la trompeta, y chillando:

—Bienvenido, Señor Sobredosis, eres uno de los nuestros.

Cerré los ojos y esperé a que llegara el propio diablo.

De pronto estaba otra vez medio dormido entre las espesas nubes blancas. ¿Me había perdonado Dios? ¿Acaso el diablo estaba demasiado ocupado ese día? Me imaginé en un precioso parque con mis hijas.

Alguien me llamaba:

—Stephen, ven a cenar con nosotros. Es Navidad.

Abrí los ojos y vi a una mujer vestida de azul, de pie al lado de mi cama. La enfermera me dijo, con una suave voz irlandesa, que había sido trasladado allí desde un hospital general después de haber sido encontrado inconsciente en la calle, tras una sobredosis. Me levanté y me reuní con los demás pacientes, que ya se habían colocado sus sombreros y las narizotas de fiesta para ir a mi cena de Navidad, en una sala cerrada con llave.

Después, tumbado en la cama, recordaba vagamente haber estado en una calle llena de compradores y que me sentía perdido. Había llegado otra Navidad y no tenía a dónde ir. De nuevo, había estado paseando una caja vacía durante todo un día, fingiendo que iba a pasar una Navidad en familia. Cuando se pasó el efecto de las drogas, me senté en un banco de la calle

Kings Road, en Chelsea, y al encontrarme con la crudeza de la realidad, me tragué un puñado de somníferos para escapar de ella. Cuando hicieron su efecto, el ruido de la calle se serenó y yo me sentí flotar... no había gente, ni coches, sólo nubes blancas.

Luego, de repente, monstruos a mi alrededor. ¿Dónde está mi nariz, mi trompeta? Enfermera, ¿dónde estoy?

Me desperté en perfecto estado un día después, pero la realidad era tan dolorosa como el bisturí de un cirujano. Estaba arruinado y solo, había perdido toda esperanza. Fuera del manicomio no tenía absolutamente nada, o lo que era peor, era un adicto sin drogas.

Desde la cama podía ver que la puerta cerrada se abría de vez en cuando, es decir, cada vez que alguien entraba o salía. Me puse en pie y esperé al lado de esa puerta hasta que llegó mi oportunidad. Atravesé la puerta y di a un pasillo lleno de enfermeras y médicos que andaban apresuradamente de aquí para allá. Seguí por él y mis ojos se iluminaron cuando a lo lejos avisté el mostrador de la farmacia del hospital. Una enfermera empujaba el carrito hacia el exterior, y cuando vi que echaba el cerrojo de la sección de abajo, me di cuenta de que se había dejado abierta la de arriba, llena de frascos. Esperé hasta que desapareció de la vista y luego, salté el mostrador y me vi rodeado de estanterías con montones de pastillas. ¡El paraíso de los adictos! Busqué frenéticamente las anfetaminas pero como sabía que la enfermera regresaría en cualquier momento, agarré tres botellas y volví a salir al pasillo. Unos segundos más tarde estaba en un servicio tomando mi primer puñado de pastillas, sin saber para qué eran y sin preocuparme por ello. Me moría por algún tipo de sensación desenfrenada, independientemente de si me producían una subida o no. Un poco después empecé a sentir vértigo, volví a salir al pasillo y una vez en el área hospitalaria me pescó un guardia de seguridad.

Después de varios intentos, consiguió reunirme con mis compañeros los monstruos, que parecían bastante dóciles sin sombreros ni narices.

Me quedé dormido enseguida, pero me despertaba cada cierto tiempo para ir al servicio de planta, en donde me tomaba más sedantes robados. Allí me vio uno de los monstruos y me chantajeó a cambio de algunas pastillas. Le di algunas a regañadientes y volví a la cama, pero pronto me despertó la enfermera jefe, quien me había confiscado los tranquilizantes que quedaban. El monstruo al que habían pillado tomando pastillas me había delatado.

Siempre era sencillo deshacerse de esos hospitales si convencías a los médicos de que no eras un peligro para ti o para el prójimo. Después de representar mi papel de todo va bien, salí de allí el quince de enero. Ese día, la providencia en forma de enfermera irlandesa me salvó de una condena a prisión de veinte años. La mujer reconoció cuánto me habían afectado aquellos años de abuso de drogas, teniendo la seguridad de que yo era un alma perdida que saltaba de un frasco de pastillas a otro. Para conseguir cambiar la decisión del doctor, la enfermera tuvo que retrasar mi salida cinco maravillosas horas.

Entre las muchas personalidades que me encontré encarceladas en estas salas, había espías rusos, *cowboys*, reyes de tierras lejanas y un fanático seguidor de Jesucristo. ¿Era yo Robin Hood, Jesús o sólo un triste Stephen? Probablemente, y hasta ahora, era una mezcla de todos ellos.

El tiempo pasaba y yo me volvía más y más esquizofrénico debido al continuo abuso de drogas. Una vez, después de caminar más de diez horas sin parar, llegué a los campos de Kent con el alba y en mitad de una pradera, se acercó un caballo negro que me habló y me dijo que era Dios y que la gente negra iba, en breve, a gobernar el mundo. Aunque yo era blanco, en el cielo se había decidido que iba a realizar el viejo trabajo de Jesús. Me sentí muy halagado y estuve discutiendo mi nueva posición con el caballo celestial hasta que un coche de policía que pasaba por allí me recogió. Como no lograban apreciar la oferta de mi nuevo trabajo, me llevaron a la comisaría local, pero en vista de que no había cometido ninguna infracción, me soltaron de allí con unas palabras muy amables:

—¡Vete a la mierda de Londres y sé Jesús allí!

Después de muchas celdas, prisiones, bancos en los parques y entradas de establecimientos, de nuevo me fui a otro loquero, pero esta vez con una diferencia: alguien me había dado una carta de recomendación para ir a dormir a la Unidad de Realojamiento de Pond Lane, en el norte de Londres. Era una misión, la primera de muchas en las que iba a vivir. Con la moral por los suelos, llegué a una calleja estrecha que conducía a la puerta principal. A cada lado de la calle se levantaban unas altas cercas de alambre desde las que se veía un cementerio judío que hacía que la mansión victoriana de ladrillos pareciera más siniestra a lo lejos. Una vez en la puerta tuve dudas, pero un anciano que se acercaba tembloroso, me hizo señas con el dedo para que accediera. Aunque era un apacible día de primavera, este hombre llevaba un abrigo grueso; tenía las manos hinchadas y una cara colorada de aspecto triste y frívolo.

En recepción nos detuvo un hombre antipático que nos mandó esperar. Era altísimo y mirándome con desprecio cuando le entregué la carta, ladró:

—Vale, ¿qué es esto? —Cuando la leyó se echó a reír—. Estos días los mandan de cualquier parte.

—¿A quiénes? —le pregunté.

—¡A los vagabundos, a los indigentes como tú!

Me quedé sorprendido. Anteriormente siempre había estado demasiado drogado como para detenerme a pensar que era un vagagundo.

—¡Entra! —me ordenó, señalando una puerta—. Quítate toda la ropa. Hay que deshacerse de la mierda.

—No tengo mierda —exclamé, enseñándole los bolsillos vacíos, pues pensaba que se refería a las drogas.

—¡Piojos, bichos! —gritó, tirándome del pelo—. ¡Estás lleno de ellos!

Me empujó, ya sin ropa, a la habitación de las duchas donde un hombre con botas y guantes de goma y una mascarilla quirúrgica me lavó con una manguera. Empecé a llorar. Aquí estaba yo, un guiñapo desechado a punto de entrar en una colonia de leprosos. Otro hombre me cubrió con polvos blancos mientras le gritaba:

—¡Devolvedme mis ropas!

—¿Ropa? Trapos asquerosos, diría yo. ¡Que lo quemen! —sonrió con desdeño.

Yo pensé que era a mí a quien deberían quemar, así que me entró el pánico e intenté correr pero me escurrí y caí al suelo.

—¡Oh, Dios mío! —grité—. ¡Qué me está pasando!

Este Robin Hood ladrón de joyas había tomado drogas; demasiadas.

El viejo al que había conocido antes, entró. Él también estaba desnudo y cubierto de polvos blancos y, acercándose a mí, me dijo:

—No llores.

Esta fue la primera muestra de amabilidad que había recibido durante muchos años. Le rodeé con mis brazos y así nos quedamos, desnudos aún, mientras lloraba a lágrima viva. Los celadores nos miraban y se reían.

—Aquí tenéis, queridos, para que os vistáis —entregándonos la ropa imprescindible.

—Véndela esta noche en el *pub* de la esquina —musitó el viejo—. Compra algo de priva. Te ayudará a quitarte esas lágrimas de los ojos.

—¿Priva? —pregunté.

—¡Alcohol! —me respondió—. Bonitos calzoncillos.

Enseguida nos metieron en otra habitación que esperaba que fuera casi una cámara de gas.

—Aquí estan los dos raros —comentó el que nos duchó.

Y nos entregó a otro encargado que nos llevó por un oscuro pasillo y dijo:

—Habitación tres, al final, literas de la derecha.

La habitación tres era un dormitorio amplio y oloroso, con unas cuarenta camas, veinte a cada lado y todas ocupadas por vagabundos. Empecé a llorar otra vez al ver a tanta gente apiñada, leprosos sociales apartados de la raza humana. Pero lo peor era que yo era uno de ellos.

—Cállate mierdecilla o te aplastaré la cabeza —me gritó alguien.

—Llévate a ese cabrón de aquí —exclamó otro.

Todos tenían la misma mirada extraviada e inexpresiva, con los ojos en blanco y desprovistos de esperanza. Cuando me miré en el espejo del servicio, vi en mi reflejo la misma mirada, e incluso cuando forzaba una sonrisa la mirada perdida no desaparecía.

Estuve llorando en la cama hasta que me quedé dormido, pero al cabo de un par de horas, me desperté al oír los pedos y ronquidos de cuarenta hombres. Había estado en muchos hospitales psiquiátricos a lo largo de estos años, pero eran muy diferentes, con hombres y mujeres, enfermeras y visitantes. Incluso en la cárcel uno perdía la libertad, no la dignidad.

¡Pound Lane no era como otras instituciones! Nadie me había obligado a ir allí. Fui yo quien tomó esa decisión porque me veía incapaz de vivir en el mundo exterior. Incluso en Inglaterra, donde la seguridad social pagaba el alquiler y la comida si no se tenía trabajo, no era capaz de vivir la vida en su forma más simple. Me había unido a los perdedores de la vida y esta misión no era una institución de puertas cerradas. Era libre de dejar esa guarida de olores en cualquier momento, pero no podía. Estaba derrotado.

A lo largo de los años había perdido mi matrimonio, mis hijas, casas, coches, todo. ¡Pero todo eso no era nada comparado con esto! Aquí perdí mi ánimo, mi deseo de seguir adelante. Me estaba arrastrando por conseguir donativos de caridad con el único objetivo de seguir viviendo. Día tras día me sentaba allí, totalmente abatido, sin encontrar una salida a esta colonia de leprosos. El edificio entero era oscuro, con paredes lisas de color gris. Como los dormitorios permanecían cerrados, nos obligaban a pasar el día en la deprimente sala de estar, sentados en unas sillas duras donde nos fumábamos las colillas de los demás. Por las tardes abrían la sala de televisión en la que había unas veinte sillas, y este era el momento más interesante del día, que, por cierto, causaba una avalancha de gente que se precipitaba a coger los sitios que quedaban libres. Si uno se levantaba para ir al servicio, perdía el sitio, como en el juego de las sillas. Las noches eran mucho más animadas porque muchos de los residentes volvían borrachos y mojaban la cama. Sólo Dios sabe de dónde sacaban el dinero para la bebida.

El tormento que sentí durante aquellos meses fue tan profundo que no terminó por desaparecer nunca. Era un reservado sentimiento de desesperación, de infelicidad inminente, de esos que hacen pensar que lo peor está aún por llegar. Para mí, que había pasado de la riqueza y la seguridad a ese refugio para pobres desesperados, ya había llegado.

Los meses pasaron y yo no me recuperé del todo, pero sí me despertaba lo suficientemente bien como para pensar en las drogas y en el mundo de fuera. Para mí las drogas representaban la única esperanza de marcharme de este lugar. Vagar por las calles me parecía un modo de vida mejor que aquella muerte lenta. Un día me armé de valor, vendí toda mi ropa y salí de allí, dejando a todos los leprosos sentados en las duras sillas de Pound Lane. Con el poco dinero que conseguí fui directamente a la consulta del doctor Lando, donde me hice con la receta acostumbrada; volví a subir a mi montaña rusa, a deambular por las calles y a dormir al raso. La primera noche en la calle la pasé despierto, sentado en un banco cerca del puente de Westminster por donde arrojé a Snoopy al río.

Al día siguiente por la mañana, vi un sótano en desuso en Parson´s Green y al entrar me tropecé con dos hombres fuertes que estaban muy ocupados bebiendo. Me aceptaron pero uno de ellos me advirtió que no durmiera en el lado derecho.

—Ese es mi lado. ¡Yo soy el jefe aquí!

Aquella noche y quizá también la siguiente, después de ingerir una dosis elevada de somníferos, regresé al sótano. Allí estaban todos los harapos que formaban las camas, pero no los borrachos. Me caí encima de las botellas vacías y me quedé dormido. Recuerdo que, semiconsciente, vi a unos de los alcohólicos de pie delante de mí. Dijo algo a voces y me golpeó en la cabeza con una botella, haciéndome un corte en la frente. Al cabo de un rato me desperté y allí estaba riéndose mientras se orinaba en mi cara, pero como aún estaba muy sedado, cerré los ojos y continué durmiendo. Un poco más tarde, él u otro hombre se cayó encima de mí, pero yo era incapaz de moverme y me quedé tumbado durante un buen rato, hasta que conseguí armarme de fuerzas para darme la vuelta y empujarle. Tendido a mi lado, me di cuenta, de repente, de que el hombre estaba muerto. Estaba muy asustado, pero incluso después de tomarme los estimulantes, mis huesos estaban tan agarrotados que no podía levantarme.

Salí como pude del sótano y empecé a ser presa del pánico. ¿Debería decirle a la policía que ahí abajo había un hombre muerto? ¿Le habían matado o le había matado yo bajo los efectos de la droga y no me acordaba? ¡Dios mío! ¡Qué es lo que había hecho! Me arrodillé en la acera y empecé a rezar. Luego me marché cojeando a una iglesia cercana y allí estuve unas horas, hasta que me tranquilicé. Me sentía como un zorro atrapado y veía visiones de miles de borrachos rodeándome para matarme. A partir de aquel día sólo dormía a las puertas de los establecimientos, donde me sentía más seguro.

Con cuatro capas de ropa sobre mi cuerpo, nunca sentía el frío cuando dormía a la intemperie. Me creció el pelo y lo tenía enredado, y apestaba porque había dejado de lavarme hacía mucho. Parecerá divertido pero acabé en los bancos que había detrás de la estación de Euston, donde años atrás me dediqué a repartir fortunas en metálico. ¡Vaya!, ya no había ni un Robin Hood ni un Jesús que regalara dinero. El año siguiente transcurrió con un Stephen borracho de vino barato la mayor parte del tiempo; y cuando no andaba borracho, estaba dormido.

Cuando se vive en la calle, se tiende a permanecer en el mismo banco semana tras semana, compartiendo el alcohol con otros vagabundos de la zona que se convierten en tu familia. Luego, sin motivo alguno y sin avisar, trasladas todas tus bolsas sucias a otro parque, como si emigraras, en busca de nuevas esperanzas. Las estaciones del año son irrelevantes; sólo sabes en qué temporada estás por el frío y el calor.

Nada tiene importancia en el mundo de los alcohólicos.

Un día me senté en un parque enfrente de una mujer con dos niños, y ésta, al verme allí, se cambió a otro banco más allá. Yo me sentí incómodo y regresé a sentarme junto a los alcohólicos, donde me encontré más tranquilo con los de mi propia clase, en casa, en las cloacas.

Según iba pasando el tiempo, mi deseo de supervivencia se iba evaporando. Me había rendido. Perdí el gusto por robar ropas nuevas e incluso me parecía que no tenía sentido tomar anfetaminas. Sólo quería dormir. Mientras en otro tiempo me había preocupado de lo que los transeúntes pensaban de mí, ahora me olvidaba de su existencia. Era como si hubiera una pantalla de cristal que me separara del resto del mundo.

La dueña de la tienda en cuya puerta solía dormir siempre traía un niño en un cochecito a la hora de abrir. Cada mañana me hacía retirarme de la puerta, y a menudo me daba barras de pan de su propia tienda de comestibles para que me las comiera. Un día me di cuenta de que su hija ya andaba. La había visto crecer desde que llevaba pañales, desde que vivía en las cloacas.

Hacia el final de aquellos años perdidos, empecé a dormir todas las noches con otro vagabundo en la misma puerta. Nunca nos dirigimos la palabra pero siempre nos arrimábamos hasta que nuestros pies se tocaban. Tan sólo el sentir a otro ser humano moviéndose al lado nos hacía sentir más seguros. Nos tranquilizaba no estar ya en un ataúd.

Muertos, enterrados y olvidados.

Una mañana, después de mucho tiempo así, me desperté y vi a dos estudiantes echarme unas monedas mientras decían:

—Mira este pobre hombre. ¡Lleva aquí toda la vida! ¡Podría ser nuestro abuelo!

¿Abuelo?

Me estremecí.

Sólo tenía treinta y pico años y me había convertido en un viejo vagabundo.

28

El centro de rehabilitación Phoenix

Cuando hacía frío dormía en la sala de calderas del aeropuerto de Heathrow y, como todos los vagabundos, llevaba siempre conmigo mis pertenencias en bolsas de plástico. Iban llenas de basura, pero cargar con algo que aún era mío, me hacía sentir mejor.

Los niños que me llamaron «abuelo» me hicieron reaccionar y, después de un largo período de hacer el vago por los bancos de los parques, volví a las anfetaminas. Aunque no me dirigía a ningún sitio en especial, al menos me movía, lo cual era preferible a estar mamado todo el día con los alcohólicos. Una noche, mientras dormía en la sala de calderas, la policía me descubrió y aunque no había cometido ningún delito, me llevaron a la comisaría. Dado que había estado sin dormir varios días por el efecto de las drogas, mi estado mental no me permitía decir más que incoherencias y por ello, los agentes sólo pudieron sacarme que había nacido en Barnet. Los dos policías, no obstante, estaban verdaderamente preocupados por mi seguridad y de algún modo consiguieron llevarme al Hospital General de Barnet, a treinta y tantos kilómetros de allí. Era como si intentaran encontrar un propietario para la maleta en forma de ser humano que encontraron a la puerta de aquella sala. No tenían el valor de echarme.

Al llegar al hospital me pasaron a urgencias y me colocaron tras un biombo, donde me examinaron. Físicamente no había nada por qué preocuparse y algunos doctores desconcertados me exploraron, hasta que uno de ellos se percató de que tenía una sobredosis de anfetaminas. Me encerró en un cubículo durante varias horas hasta que las drogas se disiparan.

Las alucinaciones psíquicas que sufrí aquel día mostraban graves efectos secundarios, resultantes del abuso de anfetaminas. Allí tumbado, con sólo una bata de papel, empecé a creer que me habían trasladado al planeta Marte. Estaba muy asustado porque las enfermeras se asomaban por la cortina y me miraban como si fuera un extraterrestre. Convencido de que sólo podría regresar a la Tierra si me comía la bata de papel desechable, procedí a hacerlo, masticando trozo tras trozo. Poco a poco, según iba desapareciendo el efecto de las drogas y después de haberme comido la bata del hospital, regresé a la Tierra. Me transportaron a urgencias con el cambio de turno de personal, lo que me convenció aún más de que las enfermeras de servicio eran terrícolas que me daban la bienvenida una vez más.

Luego me entrevistó un psiquiatra que conocía mi caso de los historiales de un viejo hospital, que databan de muchos años atrás. Sólo había algo que no funcionaba: que era un adicto desesperado y de largo plazo. ¿Para qué mantenerme allí durante un par de semanas si cuando saliera iba a volver a los frascos de pastillas? Me dieron el alta y el dinero justo para ir a un albergue de drogadictos en Charing Cross, que estaba, casualmente, al final de la calle donde había estado durmiendo con los borrachos. Mi viaje a Marte me había asustado tanto que ahora quería dejar las drogas a toda costa.

Cuando llegué al albergue benéfico, cargado con mis bolsas de plástico, me recibió un hombre simpático de barba larga que me invitó a pasar. Mostró mucha comprensión cuando hablamos, diciéndome que él también había sido drogadicto. Después de una charla de una hora aproximadamente, me hizo la pregunta definitiva y de conciencia: ¿prefería que me diera cien pastillas o que me ofreciera un lugar para tratar mi adicción?

—Piénsalo detenidamente. Tu respuesta debe ser sincera, de corazón —me dijo, y me dio media hora para considerar las alternativas.

Obviamente, no tenía cien pastillas, pero en aquel momento yo creía que sí las tenía. La elección fue angustiosa porque para un adicto en mitad de una bajada, cien pastillas son como polvo de oro.

Reflexioné acerca de los años de miseria que pasé en los barrios bajos y, con toda sinceridad, decidí por una vez en mi vida dejar las drogas. Para mí fue una decisión formidable después de veinte años ingiriendo anfetaminas todo el día, cada día. Cuando se la comuniqué, telefoneó a Phoenix House, uno de los mejores centros de rehabilitación de Inglaterra. Colgó el teléfono y me comentó que dos personas estaban en camino para verme.

—No puedo prometerte nada —dijo—, pero es posible que tengas que irte con ellos.

Una hora después llegaron un hombre y una mujer de unos veintitantos años, ambos adictos en su última fase de tratamiento. Me preguntaron sobre mi hábito y por qué quería dejarlo y yo les conté el sufrimiento por el que había pasado. Satisfechos de mis respuestas, acordaron llevarme a Phoenix House. Primero me cachearon por si tenía drogas y luego le dimos las gracias al encargado del albergue y nos marchamos. En la calle, uno de los adictos en tratamiento me preguntó:

—¿Necesitas todas esas bolsas de plástico?

Yo negué con la cabeza, en silencio.

—Vamos a tirarlas —sugirió, señalando a una de las papeleras.

Obedecí vacilante y me deshice de las dos bolsas. Mientras esperábamos al autobús en la parada que había enfrente de Trafalgar Square, me compraron unas chocolatinas y cigarrillos. Al subir al autobús en dirección a Herne Hill, giré la cabeza y vi al alcohólico con el que había dormido tantas veces. Estaba hurgando dentro de mis viejas bolsas. Me parecía tan extraño.

Me sentí seguro sentado en la planta superior del autobús, como si fuera acompañado de mis viejos amigos. Era un milagro después de tantos años solo por las calles. Al ver reír a mis acompañantes, me pareció imposible creer que ellos también habían sido drogadictos como yo.

Phoenix House era una mansión de treinta habitaciones, situada al sur de Londres, en lo alto de una colina y a la que se accedía por un camino particular. Era un oasis sin drogas, desconectado de la vida de Londres, lo miraras por donde lo miraras. Aquel día empecé un programa de desintoxicación de dieciocho meses. Como recién llegado, era vigilado estrictamente por los internos designados cada día. Los veteranos que más tiempo llevaban allí habían ido progresando favorablemente y ahora eran ellos quienes daban las mismas órdenes severas que habían recibido previamente. El programa imitaba la vida real y enseñaba primero a aceptar lo que te decían que hicieras y, con el paso del tiempo, a tomar responsabilidades. Hacia el final del tratamiento, los adictos eran trasladados a una sección de rehabilitación desde la que podían encontrar un trabajo y un lugar donde vivir. Esto les permitía reinsertarse en el mundo exterior mientras seguían disfrutando de la seguridad del programa. Todo el personal, incluido el director, eran adictos rehabilitados. Para acabar con sus hábitos, los recién llegados perdían todo contacto con el exterior durante el primer año.

Me llevaron a una sala de estar enorme donde estaban unos veinte adictos, de entre diecisiete y treinta años, alineados para conocerme. Cada uno estaba en una fase diferente del programa de recuperación y saludarles fue una experiencia espantosa. Este grupo de gente iba a ser mi próxima familia, es decir, personas con las que tendría que comer, trabajar y alternar. Y hacerlo sin drogas representaba la cumbre más alta a la que jamás haya tenido que llegar. Desde los catorce años, mi único contacto con el mundo había sido a través de las drogas; nunca me había mezclado con nadie a no ser que estuviera drogado o lleno de alcohol. La droga y el alcohol habían formado parte integral de mi vida diaria, y lo que era peor, desde un tiempo a esta parte sólo había hablado con enfermeras, doctores y policías. El resto de las conversaciones habían sido con un perro hambriento o con Dios en forma de caballo negro. Ahora, gente de verdad, veinte caras desconocidas, me estaban mirando. Tan mal lo pasé aquel día que cuando el líder dijo: «Este es Stephen», deseé que me tragara la tierra.

Me acoplaron a uno de los cinco equipos, cada uno compuesto de seis personas. El líder de nuestro grupo era un hombre de unos treinta años, alto y de pelo corto y negro con tatuajes en las dos manos. Estaba en Phoenix House con un permiso de los tribunales como alternativa a una condena de prisión, y me pareció una persona muy segura de sí misma cuando me enseñó nuestro dormitorio. Los dos compartíamos esta amplia habitación con Tom, un joven heroinómano que me recordaba a John Lennon con sus pequeñas gafas redondas. Aquella tarde, Peter me explicó que sólo podía enviar una carta durante los primeros seis meses. Decidí entonces que escribiría a mi madre y, paradójicamente, fue esta fatídica carta la que me traería la perdición. Mientras la escribía, sentado a la mesa, me quedé conmocionado al escuchar a Peter y a Tom charlar con toda normalidad y rezaba por que apagaran las luces y así poder estar solo bajo las sábanas. Aquella primera noche en Phoenix House, me sentí como un pez en la tierra.

Por la mañana temprano, Tom me enseñó a hacer la cama sin que quedasen arrugas. Poco después vinieron a inspeccionarla dos adictos veteranos que portaban sendas carpetas. Echaron un vistazo a mi cama, que estaba perfecta, quitaron las sábanas y las tiraron al suelo, diciendo que tenía que volver a hacerla. Podía haberme echado a llorar porque repitieron esta operación dos veces, hasta que aceptaron mi trabajo.

En el comedor, antes del desayuno, empezó a asaltarme ese mismo sentimiento de angustia que me producía el estar con gente. Parecía que todo el mundo me estaba mirando. Después de desayunar llegó la hora de reunirse con el equipo y me dieron mi propia bolsa de tabaco y algunos papelillos. El tabaco tenía que durar una semana y me dieron una clase en la que me enseñaban a racionar las cosas.

El primer día me asignaron trabajar en la cocina donde, como advenedizo, tenía que fregar todo, incluidos los suelos, hasta dejarlo perfectamente limpio. Había solamente otras dos personas trabajando conmigo, un *gay* muy alto que se llamaba Ashley, y Jenny, una chica pelirroja atractiva y muy segura de sí. Trabajando con estas dos personas me sentía menos amenazado que cuando estaba con todos los demás.

Phoenix era una institución autosuficiente en la que la gente no paraba de trabajar en todo el día, como si fueran abejas, realizando tareas dentro de la casa y en los jardines. Los internos organizaban todo: el servicio de comidas, la limpieza, el mantenimiento, la jardinería y el servicio de lavandería. Viviendo, comiendo y durmiendo juntos creábamos nuestro reducido mundo libre de drogas. Ya fuera por cortar el césped con unas tijeras, o por fregar los suelos con un cepillo de dientes, entrabas a formar parte de esta comunidad. Para mí se traducía en fregar platos durante todo el día hasta después de la cena, momento en el que se iniciaba la peor parte del día: la terapia de grupo.

La terapia de grupo consistía en diez personas sentadas en círculo. La primera noche empecé a llorar porque me veía a mí mismo hablando con las sillas rotas de aquel agujero infernal de Tottenham, después de morir Snoopy. Consciente de mi angustia, el líder me llevó a la cocina a tomar un vaso de agua para que me tranquilizara. Cuando regresamos, vi que todo el mundo estaba hablando, siguiendo su turno, con absoluta honestidad sobre lo que pensaban de los otros en relación con los acontecimientos diarios. Si te acusaban, tenías la oportunidad de responder a todas las alegaciones pronunciadas en tu contra. Resultaban ser unas charlas acaloradas, con montones de tacos, pero nunca se llegaba a las agresiones físicas. Cuando había que gritarles a los demás, teníamos que sujetarnos al asiento de la silla para no amenazar con las manos. Yo encontraba todo esto horrendo y, como un cobarde, siempre me las arreglaba para evitar confrontaciones directas.

Todas las tardes, después de la terapia, había una hora libre acompañada de batidos de leche caliente. Durante este período del día empecé a hacer amistad con Pierre, un heroinómano francés cuyo padre, un rico banquero de París, pagaba en secreto para que el rebelde de su hijo siguiera el tratamiento. Este individuo era un chico guapo de pelo rubio vestido con ropa de diseño. De alguna manera, era algo superior a los demás. Me impresionaba con sus aventuras de *playboy* mezclándose con los gángsters más importantes de Francia. Su pasado, tan similar al mío, me unió más a él. Pierre, decidido a dejar las drogas, se tomó Phoenix House muy en serio, y estar con él cada tarde hizo que empezara a relacionarme un poco más con los demás.

Me seguía acobardando la idea de mezclarme con el resto de pacientes, pero las semanas fueron convirtiéndose en meses y la cosa fue mejorando. Ahora hablaba en alguna ocasión con los otros adictos de mi consumo de drogas, y durante la terapia empecé incluso a aguantar los insultos que me proferían.

Unos meses después, cuando me pusieron a trabajar en el jardín, las cosas mejoraron bastante. De haberlo planeado no les hubiera salido mejor —aunque tal vez sí lo planearan—, pero junto conmigo estaban Pierre y Tom. Pierre era el encargado, se sentía muy relajado y nos dejaba a Tom y a mí mucho tiempo para hablar. Aunque el trabajo estaba pensado para mantenernos ocupados todo el día, lo único que podía hacerse era cortar el césped y podar los árboles varias veces. A menudo lo que hacíamos era vaciar los cobertizos y limpiar las ya inmaculadas herramientas. El deber de Pierre era supervisar todo lo que habíamos hecho, pero incluso cuando algo no le gustaba nos lo decía con una sonrisa. Un día tuvimos que quemar un montón de basura y montones de periódicos. Al mirarlos, me di cuenta de que había pasado muchos años sumido en el olvido de los bajos fondos.

En noviembre de 1974, Ali se había vuelto a convertir en el campeón de los pesos pesados; en febrero de 1975, Onassis había fallecido en París; en octubre de 1975, Liz Taylor se había vuelto a casar con Richard Burton; en enero de 1976, el Concorde realiza su primer vuelo; en septiembre de 1976, Mao Tse Tung había muerto; en enero de 1977, Jimmy Carter había sido elegido presidente; en mayo de 1978, la princesa Margaret se había divorciado de Tony Armstrong. En uno de los últimos periódicos que leí, en agosto de 1977, Elvis, «el Rey», había muerto. No me lo podía creer. ¿Elvis estaba muerto? ¿Dónde coño estaba yo cuando ocurrió todo esto?

—¿Te acuerdas de algo de esto, Tom? —le pregunté.

—¡No, tío. Estaba demasiado ocupado chutándome! —dijo sonriendo.

El tiempo fue pasando y yo empecé a ver a Tom y a Pierre como amigos. Les confiaba todos mis temores sobre un futuro sin drogas. Me ayudaba enormemente oírles decir que les preocupaban las mismas cosas, e incluso afrontaba los días con ilusión.

De vez en cuando, celebrábamos los cumpleaños con inmensos pasteles hechos para la ocasión por el personal de la cocina. Juntábamos todas las mesas, como si fuera el banquete de un rey. Para el cumpleaños de Pierre, en lugar de sentarme en el extremo, como siempre, opté por colocarme en medio, al lado del homenajeado.

Dos días por semana jugábamos partidos de fútbol en el césped del jardín de atrás. Fue durante uno de estos partidos cuando tuve un grave enfrentamiento con uno de los veteranos. Aquella tarde, pusieron a este tipo en mi grupo de terapia y como era el más sereno de los dos, me rebatió, diciendo que no tenía ni idea de fútbol. Cuando les llegó el turno a Pierre y a Tom, cada uno de ellos se pronunció contra este hombre. Me sentí maravillosamente sabiendo que tenía amigos que me apoyaban.

A pesar de estas acaloradas discusiones, ninguno de nosotros, incluido el enemigo, tomaba drogas. Phoenix House estaba haciendo el milagro. Cuanto más tiempo pasaba sin drogas, que hasta ahora eran cinco meses, más me relacionaba con los demás. Era un proceso lento pero estaba ocurriendo.

Una tarde que estaba rastrillando las hojas, levanté la mirada y vi a Jenny, la chica de la cocina, de pie al lado de la ventana. Ella no me vio a mí porque miraba hacia Londres, sonriente. Era como si estuviera imaginando su nueva vida libre de drogas, a punto de llegar. Cuando reparó en mí, gritó:

—¡Dentro de poco ya podremos vivir allí otra vez!

Sostenía una pequeña pancarta, la única que había hecho yo mismo en clase de arte, y que leía: «Progreso satisfactorio de las gentes de Phoenix.»

En el desayuno, al día siguiente, todos nos despedimos de Pierre y Ginger, que iban a visitar París. Ginger, un veterano, había sido el elegido para acompañar a Pierre y ayudarle en su última visita a casa antes de volver a Francia para siempre.

Después de toda una vida aferrado a las drogas, mi propia recuperación todavía pendía de un hilo. Otro periodo continuo en Phoenix House me hubiera proporcionado tiempo para crecer, me hubiera enseñado a expresarme y a convertirme en un igual entre los demás. Desgraciadamente, ese valioso tiempo fue interrumpido antes de acabar. Dos policías de Scotland Yard me esperaban para hablar conmigo. Me habían localizado a través de la carta que le escribí a mi madre. Estaba desolado. Allí estaba, intentando desesperadamente salir de las drogas después de tanto tiempo vivido en los peores lugares, ¡y ahora esto! ¿Qué querían? Los agentes de la más importante comisaría de Inglaterra no investigan delitos insignificantes. Si esos policías tenían derecho a sacarme de un centro de rehabilitación, eso no lo sé, pero, en mi confusión mental, accedí a marcharme con ellos a la mañana siguiente.

Los otros adictos se preguntaban qué estaba ocurriendo, y yo me hice súbitamente famoso dentro de los muros de Phoenix House. Me había convertido en el yonqui más buscado de Scotland Yard, lo cual no sólo me hizo distanciarme de los demás, sino que ellos también lo hicieron de mí. El frágil hilo del que pendía mi recuperación se había partido. De ex vagabundo había pasado a ser una estrella del crimen.

Aquella misma noche, en la cama, me preguntaba si debía huir. Esta investigación de la policía no era por una multa por aparcamiento indebido, sino que un fantasma de mi pasado había vuelto para agarrarme. Tom y Peter estaban dormidos y yo me asomé por la ventana de la habitación, considerando la posibilidad de escapar. ¿Pero dónde iba a ir? Todos los caminos conducían a una isla en la que estaría condenado a cadena perpetua por delito de drogas. Me acordé del borracho que hurgaba en mis viejas bolsas de plástico y de la miseria de ser lavado con una manguera en Pound Lane, como un leproso. Decidí que tenía que quedarme, que debía enfrentarme a ello. Incapaz de dormir, tendido en la cama, maldije:

—¿Por qué coño no podían haberme dejado en paz? ¡Sobre todo ahora!

La policía llegó al día siguiente durante el desayuno. Me cogieron mientras todos miraban. La norma de Phoenix House era que nadie se marchaba nunca, incluso cuando había que presentarse a los juzgados, sin la compañía de un miembro superior. Sin embargo, conmigo no venía nadie. Creo que muchos de estos miembros dudaban más que nunca si en algún momento yo había sido un vagabundo, y sospechaban que mi adicción a las anfetaminas había sido una estratagema para evadirse de la justicia. De camino a la comisaría, los agentes fueron muy amables:

—Toma un cigarro o un bombón.

Toda esa basura hipócrita para calmar a uno.

Después de firmar en el registro, me llevaron a una habitación larga y estrecha en la que había unos treinta ficheros llenos de fotografías y de documentos incriminatorios de hacía muchos años. Después de un largo interrogatorio, llegaron a la conclusión de que lo que estaban investigando era pura basura. Durante la investigación mencionaron a los capos del crimen ya entre rejas, los gemelos Kray, y otras familias conocidas de criminales, incluido el americano Alan Cooper y sus conexiones con la Mafia.

La policía intentaba averiguar cómo pequeñas compañías, como Highheat, habían adquirido agencias de apuestas, clubes nocturnos y mucho más. ¿De dónde había salido tanto dinero tan de repente? Lo que hacía que todo esto pareciera aún más siniestro era que Terry Marvin, mi ex socio, siguiendo su sueño de convertirse en Al Capone había entablado amistad con todos los gángsters conocidos de Londres. Scotland Yard se enfrentaba a una mezcla de hechos y de fantasías que hacían que el caso pareciera más retorcido de lo que realmente era. La policía me enseñó certificados que demostraban que yo era uno de los socios mayoritarios de la compañía. Con los documentos y las fotografías de 1962, evoqué los buenos tiempos de mi vida que me introdujeron en una nube de drogas.

Sin anfetaminas todo parecía diferente, bastante irreal, como si nada hubiera ocurrido. Sentado allí, empecé a preguntarme si estábamos hablando de la misma persona. ¡No puedo ser yo! ¡Yo acabo de llegar procedente de un centro de rehabilitación! Tal vez buscaban a mi hermano mellizo. Incluso la policía parecía confusa respecto al hecho de si estaban interrogando a la persona correcta. Yo estaba allí, vestido con ropas simples y directamente llegado de un albergue para drogadictos. Cuanto más me preguntaban, más perdido me sentía y, sin el valor que me producían las drogas, lo único que deseaba era volver a la seguridad de Phoenix House.

Seis horas después, la policía vio que no llegaba a ninguna parte y me pidieron que hiciera una declaración firmada. Así lo hice, explicando que no incriminaba a nadie porque no me acordaba de nada. Aliviado porque todo había acabado, esperaba que me llevaran de nuevo a Phoenix House; sin embargo, me hicieron andar por un largo pasillo y me encerraron en una celda.

Estuve gritando y aporreando la puerta durante dos horas, hasta que la ventanilla de la celda se abrió y apareció la cara de un policía.

—Sáquenme de aquí —grité—. Sólo estoy aquí como testigo.

—No, ni mucho menos —replicó—. Estás arrestado bajo una grave acusación. ¡Armas incluidas!

—¿De qué me acusan? —pregunté, lleno de pánico.

No pudo contestarme, explicando que en esto estaba implicado otro distrito policial de fuera de Londres y que un coche estaba de camino para llevarme allí. La ventanilla se cerró.

Paralizado de miedo, me preguntaba qué había descubierto la policía. ¡Armas. Oh, Dios mío! ¿Qué pruebas no había quemado? Mi mente empezó a recordar un delito tras otro y en pocos segundos me había convertido de un ex vagabundo adicto en alguien encerrado en lo más profundo de su pasado criminal. Luego, uno de los primeros detectives miró por la ventanilla de la celda y en tono burlón dijo:

—Lo sentimos mucho. Vimos tu foto en el tablón de los buscados sólo por casualidad.

—Puto mentiroso —le grité—. Sabías que me buscaban cuando me recogiste en el albergue para drogadictos.

—Me olvidé. Todos tenemos mala memoria, como tú —sonrió y cerró la ventanilla.

Solo en aquella celda, muy confuso después de rememorar tan inmensamente mi pasado, empecé a recordar mucho más. No en orden cronológico, sólo trozos y retazos de todo. Cosas sin sentido. ¿De verdad tuve yo un club nocturno alguna vez o conduje un Jaguar blanco nuevo? ¿Cómo podía ser esto cierto si había estado muriéndome de hambre en la calle durante tantos años? La noche iba transcurriendo y yo empecé a darme cuenta, por primera vez, de los trastornos que me habían causado las anfetaminas.

De la inmensa riqueza a la miseria más absoluta, del *champagne* al vino barato; por un momento pude ver claramente dónde había estado en la vida.

A la mañana siguiente temprano se abrió la puerta de la celda y, con las esposas puestas, me llevaron hasta un coche de policía que esperaba. Cuando pasábamos por la estación de Euston, en hora punta, me sentí muy desconcertado. Había pasado toda la noche sin dormir por la preocupación, y al ver a los borrachos durmiendo en los bancos, empecé a desear haber estado con ellos. Cuando el coche se detuvo en un semáforo, vi a un vagabundo dormido en el mismo banco que yo siempre había utilizado para el mismo fin. Se volvió hacia mí. Me horrorizó. ¡Tenía mi cara! ¡Me estaba viendo a mí mismo!

—Se está mejor en los bancos que en prisión —gritó mi hermano mellizo.

Le di un tirón a las esposas y grité:

—Déjame salir. Mi casa está ahí, con los vagabundos.

—Cállate o empeorarás las cosas —replicó socarronamente el agente al que estaba esposado.

Un par de horas después llegamos a una pequeña comisaría de pueblo a las afueras de Bedford, y me encerraron en una celda. Estuve sentado durante horas, desconcertado, hasta que se abrió la puerta y apareció ante mí el oficial de policía que había investigado la quema de papeles en Lyndford Hall.

—Hola —dijo con una sonrisa desdeñosa en los labios—, encantado de volver a verte otra vez, después de tanto tiempo.

Unos años antes se había perpetrado un robo y el culpable, al que nunca se cogió, había escapado secuestrando a un conductor y arrebatándole el coche, a punta de pistola. Este oficial, que albergaba cierto rencor desde hacía mucho, había animado a los testigos para que me reconocieran entre las fotos de la policía. Ofreciéndome una corta condena reducida, intentó convencerme de que firmara una confesión pero cuando me negué, se puso muy rabioso.

—¡Ahora te vamos a someter a un careo de sospechosos! ¡Te vamos a hundir por un tiempo! —gritó.

De nuevo en mi celda, empecé a hacerme preguntas. ¿Había cometido yo este robo cuando estaba bajo los efectos de la droga y me había olvidado de todo? Era capaz de recordar partes acerca de pistolas y de atracos a mano armada, pero nunca que hubiera secuestrado a nadie. De nuevo me colocaron delante una declaración de confesión, pero esta vez la leí y comprobé que el delito se había producido a las doce del mediodía, el 15 de enero unos años atrás. No sé por qué me sorprendió tanto la fecha del 15 de enero, pero así fue. De repente, me acordé del monstruo del hospital. Si por casualidad era el mismo año en que el enfermero irlandés me había tenido allí hasta las doce del mediodía, entonces sería hombre libre.

Llevaba detenido unas treinta horas y, una vez más pedí un abogado, negándome a tomar parte en ningún careo. Le hablé al policía acerca del hospital:

—Si el día del secuestro estaba drogado como un zombi vagando por las calles, puedes ceñirte a la acusación, pero si estaba en ese hospital, te vas a joder.

Esperando en la celda, empecé a sentirme fuerte, con la sensación de que iba a salir victorioso de esta acusación. Por desgracia, esta arrogancia recién descubierta reforzó mi rebeldía cada vez mayor contra el régimen de Phoenix House.

La cuerda floja en la que me movía seguía rompiéndose.

Estaba retrocediendo a la isla de la droga.

Un día después se abrió la puerta de la celda y allí estaba Peter, de Phoenix House. Ese enfermero me había salvado y la policía tenía que dejarme marchar. En el tren de regreso a Londres me sentía como un pez gordo, mucho mejor que Peter, este yonqui corriente y moliente que ahora estaba sentado a mi lado. Estaba de nuevo en primera división. Era una estrella, el héroe que se reincorporaba a las adulaciones de los adictos de clase baja de Phoenix House. ¡Había vencido a la acusación de secuestro!

Cuando llegué al centro me molestó que no hubieran preparado una cena especial para darme la bienvenida. Incluso Tom no mostró un interés especial al verme. Qué dolor. Empecé a aislarme otra vez y a pensar: «Estos idiotas. Nunca se las han visto con Scotland Yard o con criminales famosos.»

Al principio, todo lo bueno que Phoenix House había hecho pesaba más que mi rebeldía, pero según pasaba el tiempo, la balanza se inclinaba en la otra dirección. Para cuando Pierre y Ginger regresaron de París, mi actitud hacia Phoenix House ya había cambiado. Ni siquiera Pierre, con su mente en París, quedó impresionado por mis aventuras de Scotland Yard. Para colmo, en lugar de trabajar en los jardines me trasladaron a la lavandería con una chica muy sensual que casi nunca hablaba. La tarea de hacer la cama, la terapia de grupo, y todo en general, ahora me parecían estupideces. Las semanas posteriores a esta decadencia empeoraron y empecé a robar comida por las noches, lo que me hizo engordar mucho. Cuando uno de los líderes comentó lo mucho que había engordado, me lo tomé a mal, convencido de que todos estaban contra mí. El único momento bueno para mí era cuando se apagaban las luces, cuando podía estar a solas con mis pensamientos.

Durante una noches bajo las sábanas, empecé a pensar en las luminosas luces de Londres y en las etapas de desenfreno que viví cuando tenía dinero. La cinta que tenía en mi cabeza empezó a sonar otra vez, razonando contra toda razón. ¿Dinero? ¡Podía robarlo! ¡Todo lo que necesitaba era seguridad! ¡Todo lo que necesitaba era valor! ¡Todo lo que necesitaba eran drogas!

A la mañana siguiente temprano, me escapé de Phoenix House. El guardia, sin saberlo, me había ayudado a seguir cumpliendo la peor de todas las condenas.

Una condena perpetua en la isla de la droga.

Rezo porque los otros adictos en tratamiento no huyan como yo y sufran por ello las horribles consecuencias por las que yo estaba a punto de pasar. Mi sufrimiento hasta ahora había sido el primer plato. ¡Ahora estaba a punto de tomar el jodido plato principal!

29

Los muertos vivientes

Cuando me escapaba por el jardín un chico más joven que yo, que sólo llevaba allí tres semanas, salió gritando detrás de mí:

—¡Me voy contigo!

Al principio no podíamos abrir la verja y mientras lo intentábamos, a duras penas, oí más gritos:

—¡Stephen, no te vayas! ¡Espera, déjame hablar contigo!

Era Jenny, asomada a la ventana. Unos segundos más tarde, cuando corría por el césped en mi busca, la verja se abrió y desaparecimos. En cinco minutos ya estábamos en un tren con dirección al centro de Londres. El chico, de quien nunca supe su nombre, sugirió que no nos separásemos y cogió su viejo coche y algo de dinero que pidió a su madre.

A primera hora de la tarde, con su dinero, aparcamos el coche a la puerta de la consulta del doctor Landos, en Harley Street. Cinco minutos después ya habíamos conseguido las recetas para las anfetaminas y el Mandrax y empezamos a ingerir las pastillas a puñados dentro del coche. Con el dinero que sobró, ahora en mi bolsillo, tuvimos que dirigirnos a otro médico; pues fue entonces cuando en realidad empezaron nuestros problemas.

Al detenernos en un semáforo, mi compañero se desmayó de repente y se desplomó sobre el volante. Había tomado somníferos por equivocación. Le coloqué en el asiento de copiloto y yo me puse al volante. El pasajero no sólo estaba mareado sino totalmente inmóvil a mi lado y, como loco, empecé a dar vueltas intentando encontrar otro médico. De repente, noté que el chico no respiraba bien y que se había caído al suelo. Paré el coche y vi que estaba en coma. Entonces, pensando que iba a morir, le llevé a un hospital cercano, donde le admitieron de urgencias para hacerle un lavado de estómago. Muerto de pánico, me negué a dar mi nombre, dejé las llaves del coche a una enfermera y me fui con el resto de las drogas.

Después de mi larga estancia en Phoenix House, el efecto que me produjeron las drogas me atemorizó. Una vez más estaba solo en las calles de Londres. Con las pastillas en la mano, me puse a correr sin rumbo según el torbellino iba ganando velocidad. ¿Qué estaba pasando? ¿Qué estaba haciendo? En un arrebato de desesperación, compré brandy barato y con el último dinero que me quedaba reservé dos noches en un hotel de mala muerte. Era una habitación pequeña y oscura, situada en un sótano y amueblada tan sólo con una cama, una estufa de gas y una estantería de madera. Era una habitación tétrica, con una diminuta ventana desde donde podía verse la calle, la cual quedaba encima. Intentando tranquilizarme, distribuí las pastillas en dos montones encima de la balda: los estimulantes en uno y los tranquilizantes en otro. Luego coloqué una botella de brandy en cada extremo y examiné aquella exposición de química mientras pensaba: «Seguramente todo esto me conducirá de nuevo hasta el lugar al que pertenecí.»

A solas en aquella habitación con mi montaña de drogas, continué tomando más y más estimulantes con el deseo de que aparecieran las musas de los días de gloria. Esperé y esperé a que llegara el éxtasis, pero en lugar de sentirme feliz, me puse tenso y acobardado.

Al día siguiente, después de haber estado tomando drogas sin parar durante treinta horas, me rendí. Y desesperado por detener la película de terror que tenía en mi cabeza, eché mano del brandy, aún sin abrir, y me tragué el primer puñado de somníferos. Me tumbé a esperar la placidez después de esta pesadilla. Por la ventana podía ver, desde allí abajo, los pies de la gente que marchaban a toda prisa a esas horas de la mañana. En la habitación contigua alguien tosía. Luego hablaban y un rato después les oí gemir de placer.

De pronto los somníferos y el brandy hicieron efecto y empecé a oír en mi cabeza una melodía de violines tocando la marcha de la victoria. Me sentía bien otra vez, jadeante. La habitación daba vueltas. Todo parecía perfecto. Oí a la pareja de al lado, habían empezado otra vez. Me preguntaba si podría unirme a ellos para hacer un trío, y me llené los bolsillos de pastillas.

Con lo que quedaba de brandy, salí tambaleándome de la habitación y desde Argyle Square me dirigí hasta la bulliciosa estación de Charing Cross. Dentro de mi cabeza tuve la sensación de que los viajeros me aclamaban: «El campeón de los drogatas del mundo», cuando me dejé caer en un banco para seguir bebiendo.

Al final, hundido en la típica modorra de drogadicto, me encerré en un retrete en el que dormí entre charcos de orina. Más tarde me desperté, aterido y agarrotado, cuando alguien me golpeó por debajo de la puerta.

—No se puede dormir aquí —dijo una voz chillona.

Eché un último trago de brandy, salí de allí a rastras y me monté en un tren, justo cuando iba a salir de la estación.

Muchas horas después desperté en Newcastle, a casi quinientos kilómetros de Londres.

Así concluyó una de mis peores sesiones de pastillas de toda mi vida.

Este lunático episodio borró todo el bien que Phoenix House había hecho por mí. Era como si nunca hubiera estado allí. Mi adicción había tocado fondo. Ahora estaba entrando en otra zona tenebrosa, una situación incluso más oscura y desalentadora que la de estar mamado en medio de la calle. Todos los adictos y alcohólicos entran con el tiempo en este pozo cuando el consumo de sustancias químicas ya no les hace efecto. Aquí termina el viaje. Una rata ahogándose tiene más esperanzas de poder vivir.

La policía me encontró tirado en las inmediaciones de la estación de Newcastle, y me recogió. Luego me dejaron en la puerta de la misión del Ejército de Salvación de aquella zona.

—Vete a dormirla ahí dentro —me dijeron.

Llamé al timbre y cuando abrieron la puerta, casi puedo decir que me caí dentro. Tendría que pasar casi un año antes de volver a ver la luz del día. Alguien me ofreció un té dulce con el que tomé más somníferos para escapar del horror. Cuando volví a sumirme en el olvido, imaginé que hormigas y gigantes me perseguían para comerme.

Un día o dos después me despertó el jefe, que iba vestido con su uniforme del Ejército de Salvación. Estaba furioso y me gruñó:

—No vuelvas a hacer eso. Aquí no podemos tener cadáveres.

Como un niño perdido, busqué en mis bolsillos y le entregué las pocas pastillas que me quedaban. Ya no había más drogas, sólo yo, con mis vaqueros, mis deportivas y una camiseta verde.

—Es la hora de la oración —dijo el jefe, mientras me llevaba a una sala común en la que había tres filas de sillas en mal estado, alineadas frente a una tarima.

Sobre la tarima había un viejo piano vertical que hasta aquel instante había estado cubierto con una manta gris. Seis miembros del Ejército de Salvación, vestidos con sus uniformes inmaculados, empezaron a cantar:

—Gloria, Gloria Aleluya.

La sala se llenó de vida. Todos y cada uno de los treinta vagabundos que constituían la congregación empezaron a cantar a pleno pulmón. Al final de cada canción, un hombre mayor de pelo blanco alzaba los brazos al aire y gritaba:

—¡Alabado sea el Señor!

En medio de toda esta ceremonia, la música se paró y el pianista, una mujer delgada y con gafas con montura de concha, se colocó en el centro de la tarima y predicó ante los ahora callados feligreses.

—¡Dios está aquí, él es nuestro salvador! —exclamó al final del servicio.

Entonces el anciano gritó con voz más fuerte:

—¡Alabado sea el Señor!

—Que el Señor esté contigo, Kenneth —respondieron los demás feligreses.

Y así se dieron por finalizadas las oraciones. El servicio terminó y Dios abandonó la sala. La manta se volvió a colocar sobre el piano y se sacó un televisor sobre una mesa de ruedas para que miráramos a la pantalla, tanto si estaba encendida como si no.

Al otro lado de esta enorme sala, delante de la ventanilla para servir, estaba la parte del comedor, con unas diez mesas y sillas de plástico rojas. Cuando sonaba la campana, treinta hombres viejos iban hacia las mesas arrastrando los pies para disfrutar de una comida, la cual consistía en dos rebanadas de pan, un trozo de queso añejo y té, servido en tazones de hojalata blancos.

Desde las siete de la tarde, se oía sonar una campana cada hora, y la puerta del dormitorio se abría durante cinco minutos. Una vez que decidías irte a la cama, ya no podías volver a salir, te tenías que quedar allí hasta la mañana siguiente. En el dormitorio había treinta y tantas camas de metal y cada una de ellas tenía una fina manta gris y una almohada dura como una piedra. Las camas estaban muy juntas unas de otras para que cupieran en el dormitorio. El desgaste que había en mi almohada de la cabeza del último vagabundo era como su mente vacía; seguía allí para que yo entrara en ella.

Por las mañanas salíamos de allí y nos íbamos hasta las sillas y mesas rojas para tomar el desayuno habitual: una salchicha arrugada y unas veinte habichuelas en salsa de tomate, que se servían en un extremo del plato, además de dos rebanadas de pan y el típico tazón de té tibio. Después nos sentábamos hasta la hora de la comida, luego hasta la hora del té y hasta que nos íbamos a la cama. El único momento que rompía con la monotonía era la hora del Señor, a las tres de la tarde, cuando la sala se llenaba de vida. Dios nunca llegaba tarde y según iba pasando el tiempo, yo iba entonando mis aleluyas. Nadie, ni tan siquiera yo, se marchaba de allí durante el servicio ni tampoco hablaba; simplemente permanecíamos allí sentados, en las sillas de Dios, sin pensar en nada.

Esta misión no se parecía en nada a Pound Lane que, en comparación, parecía más bien un club de vacaciones de lujo. En la misión no nos regalaban ropa y los piojos formaban parte de la congregación. Puesto que Newcastle es una ciudad tranquila que no conduce a ninguna parte, la mayor parte de los habitantes de la institución eran viejos de la localidad sin esperanza alguna de salir de allí, y aguardando la muerte.

Al principio podía oler a estos decrépitos viejos, pero pronto me convertí en parte de aquel olor. Como los demás y por razones de seguridad, nunca me quitaba la ropa. Una vez que lavé los calcetines, me los robaron, y tuve que estar sin nada en los pies hasta que el jefe me dio unos grises.

—No pierdas estos —dijo—, porque no te daremos otros. ¡Llévalos puestos todo el tiempo!

Los que se quitaban los zapatos para dormir, se acostaban con ellos en la mano. Lavarse los dientes, peinarse y bañarse había pasado a la historia. Nada importaba en el mundo de los muertos vivientes.

Un vagabundo grueso que se parecía a Billy Bunter sufría de fuertes dolores en las piernas y tardaba mucho en desplazarse los seis metros que separaban las sillas de Dios del comedor. No hablaba nunca, pero al cabo de unos meses me preguntó si podía apoyarse en mí para cruzar la habitación.

Todos éramos almas perdidas unidas por un vacío común. No teníamos nada que hacer, nadie a quien escribir ni a quien llamar, nada por lo que llegar tarde ni por lo que levantarnos. Ninguno de nosotros había caído tan bajo de la noche a la mañana; no habíamos nacido vagabundos. Cada uno de nosotros procedía de algún lugar, tenía madres y padres, tal vez hijos también. Para mí era la última estación después de tantos años enganchado a las drogas; estaba cansado de presenciar mi propio funeral sin poder entrar en el ataúd. Era un túnel sin final, por no decir sin luz; sólo un vacío. Con el ánimo por los suelos, me rendí; ya no quería nada, ni siquiera las drogas. Al final de cada día, Bunter solía decirme:

—Bien, ya ha pasado un día más y uno menos queda por vivir.

Una mañana, todo el personal uniformado giraba en torno a la cama de Kenneth. El delicado anciano de pelo blanco había muerto por la noche. Estaba tumbado boca arriba y con las manos en la cabeza, sobre la almohada. Todos los vagabundos nos apiñamos alrededor y, alzando nuestros brazos, cantamos todos en coro:

—¡Alabado sea el Señor!

Sin más que decir, nos dimos la vuelta y salimos hacia el comedor en busca de la salchicha y de las veinte judías. Como Kenneth, si alguien moría durante la noche, no se le movía de allí hasta la mañana siguiente, cuando el *rigor mortis* ya era evidente. Otro lamentable cuerpo para una tumba sin inscripción y sin parientes que fueran a reconocer el cadáver, o al menos a llorarle. Morir sólo significaba trasladarse desde el mundo de los muertos vivientes hasta el de los muertos de verdad. Ese día en la hora del Señor todos cantamos más alto que de costumbre, pero ya no hubo más gritos de «¡Alabado sea el Señor!» Como Kenneth, éstos ya eran historia.

Su muerte me conmovió tanto que solía quedarme sentado

sin hacer nada, medio dormido, como un zombi. Diez meses después, empecé a pensar en la vida fuera de la misión. Cada mañana me miraba en el espejo del servicio, repitiéndome: «¡Debes irte, márchate!». La autohipnosis funcionó y al cabo de unos días me fui de aquel lugar por primera vez.

Era una mañana fresca de primavera. Me puse a caminar por la costa y me sentí algo raro al ver tantas caras nuevas que No tenían nada que ver con los rostros maltratados del año anterior. Me quedé mirando a un grupo de pescadores, contentos porque uno de ellos había pescado un pez. Este pez que se agitaba bajo la luz del sol estaba más vivo que todos aquellos vagabundos juntos.

De repente me asusté y volví a la misión, adonde llegué justo cuando la hora del Señor iba a dar comienzo. Me senté un rato y entonces, con el piano y los aleluyas sonando a pleno pulmón, recuperé el valor. Me volví a marchar dejándolos allí a todos, cantando; sin embargo, esta vez pasé de largo a los pescadores y me fui hasta la ciudad, a un kilómetro de donde estaba.

El centro de la ciudad era un mundo diferente, con sus tiendas, bancos, bibliotecas y la gente y sus prisas. Todos tenían un lugar adonde ir, alguien a quien amar, alguien a quien odiar, alguien en quien pensar. Estaba contemplando el mundo de los vivos. En mi cabeza quedaba una tenue luz de esperanza. Empecé a recoger colillas de cigarros y a mendigar dinero para comprar papelillos de fumar y en poco rato ya estaba encendiendo mi primer pitillo. Volvía a vivir después de diez meses oscuros de convivencia con los muertos vivientes.

La vida en la misión seguía como siempre, pero ahora solía hacer pequeñas excursiones al centro de la ciudad. Por primera vez empecé a vivir en el mundo exterior sin drogas. Aparte de cogerme alguna borrachera con los alcohólicos de Phoenix House, mis otros períodos sin drogas fueron, por obligación, los que pasé en la cárcel, o en los albergues. Una noche Bunter, el gordo, me habló de Whitney Bay, un lugar de vacaciones situado en la playa, a dieciséis kilómetros de la misión, donde quizá pudiera encontrar un trabajo eventual. Sonaba bien pero me asustaba el hecho de tener que abandonar la seguridad de la misión. Empecé otra vez con las sesiones de hipnosis delante del espejo del servicio, repitiendo sin cesar: «Whitney Bay.» Cuanto más decidido estaba, más levantaba la voz. Entonces entró el jefe para investigar qué era ese ruido y creyó que estaba borracho. El espejo mágico había funcionado nuevamente, y una semana después me puse en camino hacia Whitney Bay.

A cada paso que daba mis sueños y esperanzas se hacían mayores, pero pronto se desvanecieron cuando llegué allí y descubrí que era un lugar de temporada y que todas las atracciones estaban cerradas. Empezó a llover y regresé llorando a la Misión, empapado y demasiado tarde para el té.

Al día siguiente, con el espíritu de lucha al mínimo recuperado, hablé otra vez con el vagabundo gordo y entonces me habló sobre Leeds, una ciudad con mucha actividad, pero estaba a ciento sesenta kilómetros. Quería marcharme, pero por otro lado tenía miedo de que las cosas no funcionaran y que tuviera que volver a mi base de Newcastle. Durante unos cuantos días me estuve repitiendo ante el espejo: «Vete a Leeds», y así hasta que me armé de valor. Marcharme para siempre suponía una decisión emotiva y quise despedirme como era debido de mis «hombres del Aleluya». Primero bajé al centro de la ciudad a mendigar, y volví con unos cincuenta cigarros y varias barras de chocolate. Después de la hora del Señor, subí a la plataforma y les anuncié:

—¡Me voy a Leeds! ¡Adiós a todos!

Les ofrecí un cigarro y varias onzas de chocolate a cada uno. Cuando les fui dando la mano uno por uno, algunos me contestaban, pero la mayoría se daban la vuelta guardando su silencio habitual. Cuando estaba a punto de salir definitivamente, el vagabundo regordete me hizo volver y rodeándome por los hombros me dijo:

—Buena suerte, hijo. Tienes que moverte. No puedes quedarte aquí y morirte con nosotros. Ojalá pudiera marcharme contigo, pero estas viejas piernas ya no funcionan. —Se levantó los pantalones y me enseñó unas piernas en carne viva—. Ayúdame a llegar hasta la puerta. Quiero verte marchar —dijo.

Se apoyó en mí y juntos atravesamos la sala y un largo pasillo muy despacio, hasta la puerta principal.

Le dejé apoyado contra una pared de la calle mientras yo me alejaba. Llevaba puestos los mismos vaqueros y la camiseta verde con que había llegado un año antes. Al llegar a la esquina me di la vuelta para decirle adiós y vi que había otros viejos más que se le habían unido en la despedida.

—¡Buena suerte! ¡Gracias por el chocolate! —gritaban.

Les devolví el saludo con la mano y, con lágrimas en los ojos, doblé la esquina. Lloraba mientras la brisa marina me acariciaba la cara; pero había también lágrimas de esperanza. Adiós Newcastle, adiós «hombres del Aleluya», adiós pez escurridizo.

Sólo el destino pudo salvarme de quedarme allí por siempre, de seguir allí sentado entre algunos de esos mismos hombres, cantando el Aleluya con Dios a las tres de la tarde.

El viaje a Leeds lo hice a dedo y a pie y no llegué allí hasta la mañana siguiente. Cada paso aumentaba mis temores porque no sabía si podría estar sin drogas y relacionarme con los humanos al mismo tiempo. Ésta era mi andadura a Alabama en busca de la felicidad, después de veinte años en la isla de la droga. Al llegar allí, me encontré con otra misión del Ejército de Salvación en donde podía vivir, pero Leeds era una ciudad mucho mayor que sufría cambios constantemente, incluso dentro de la comunidad de los vagabundos. La vida dentro de aquella misión tan grande era más divertida y había muchos niveles diferentes de marginados.

El treinta por ciento de más bajo nivel, a los que yo solía llamar «los muertos vivientes», lo constituían hombres como los de Newcastle. Eran los que más tiempo llevaban allí, los que estaban demasiado débiles para salir a buscar bebida y que apenas podían moverse o hablar.

El nivel superior al anterior lo formaban otro treinta por ciento. Eran los «vagabundos viajeros», unos hombres lo suficientemente fuertes como para salir a mendigar o a robar para beber y que, además, se marchaban durante cortos períodos de tiempo y regresaban borrachos para dormirla. Armaban mucho más ruido que los otros y se comunicaban, pero sólo entre ellos.

El veinte por ciento lo constituían los «drogatas», que eran en su mayoría chicos más jóvenes y algo trastornados, y que vestían ligeramente mejor que los demás. Eran individuos tranquilos y muy reservados. Al contrario que los «vagabundos viajeros» o que los «muertos vivientes», que sólo tenían la ropa que llevaban puesta, los que pertenecían a este grupo todavía guardaban algunas cosas en sus bolsas de plástico o en sus maletas llenas de abolladuras.

Otro diez por ciento era el de los que habían estado sin techo durante unos cuantos meses. Los miembros de este grupo tenían el mismo aspecto que el chico que reparte los periódicos, como si dijeran: «No voy a estar aquí mucho tiempo.» Se emborrachaban también, pero eran más serenos.

El último diez por ciento eran los más altos en la pirámide. La mayoría conservaba un empleo eventual a tiempo parcial, vendiendo periódicos vespertinos o fregando en hoteles, que les dejaba unas monedas. Como todo lo que ganaban se lo gastaban en bebida, por las noches eran los más borrachos de todos. Muchos de ellos vestían con camisa e incluso corbata, aunque sucias. Las primeras semanas en la Misión se quitaban una prenda o dos para lavarlas. Metían a escondidas latas de cerveza para bebérselas juntos en los servicios antes de acostarse, y por eso se consideraban personajes con éxito, comparados con el resto de los grupos que había por debajo. Eran incapaces de reconocer lo bajo que habían caído dentro de la escalera social e inevitablemente, con el transcurrir del tiempo, se precipitarían a los grupos todavía más bajos. Algunos, en muy pocos años, pasaron a engrosar las filas de los «muertos vivientes». Muchos marginados de los niveles superiores podían aún salvarse y volver a formar parte de la sociedad; no obstante, por desgracia es la sociedad en sí a la que no le importa si vuelven o no.

Para mí, la vida en esa Misión de Leeds fue espantosa. Nunca había vivido sin drogas. Era como condenar a un muchacho de catorce años, por robar bolsos, a veinte años en la isla de la droga, y luego soltarle en Leeds sin nada ni nadie. Para mí, el prisionero liberado —con catorce años en el fondo—, Leeds fue un lugar aterrador y espantoso.

Un día mientras pedía limosna en las inmediaciones de la estación de ferrocarril, vi un anuncio en el que ofrecían empleo a alcohólicos, en una unidad nueva. Por la tarde fui a una entrevista pero sólo les hablé de mis problemas con el alcohol, convencido de que si les mencionaba las drogas me rechazarían. Los entrevistadores, que sospechaban que lo que perseguía era un alojamiento más cómodo, insistieron en que acudiera a las reuniones de Alcohólicos Anónimos durante un mes, y que volviera transcurrido ese tiempo. Así lo hice: fui a la reunión todas las noches, pero principalmente para comer galletas y choricear cigarros. Jamás hablé y, por desgracia, no estaba mentalmente concienciado para responder al mensaje.

Un mes más tarde fui admitido en un nuevo tipo de unidad para alcohólicos en un hospital de pueblo, a las afueras de Leeds, donde pasaría las diez semanas siguientes.

30

Recuperación, esperanza y recaída

Después de un año en la Misión, vivir en aquella unidad era como estar en el Hotel Hilton. La sala de alcohólicos ocupaba toda la primera planta de un gran hospital de pueblo que, rodeado de inmensos jardines, creaba la atmósfera de un centro de salud en medio del campo. El programa de diez semanas consistía en un plan de abstinencia de desintoxicación, y para ayudar a los pacientes a desahogarse todos tenían que contar la historia de su vida, respetando el turno de palabra. Durante la historia, nadie podía interrumpir pero después, tanto el personal como los demás pacientes podían expresar sus opiniones. Estas sesiones carecían de la intensidad de las de Phoenix House, lo cual, unido al hecho de que llevaba un año sin probar la droga, me ayudó a adaptarme rápidamente. Con un techo asegurado, rodeado de preciosas vistas y bien alimentado, me fui poniendo más fuerte cada día.

Dos semanas después me dieron un trabajo haciendo camas en el geriátrico del hospital; una tarea fácil por la que me pagaban unas cuantos billetes para mis caprichos. Fue allí donde conocí a un hombre de noventa años que se estaba muriendo tanto de viejo, como de una cirrosis hepática. Cada mañana charlábamos mientras le hacía la cama, y poco a poco me fue contando la historia de su vida: había pasado noche tras noche emborrachándose durante sesenta años, desde el día que al volver a casa con un permiso inesperado de la armada, encontró a su mujer en la cama con un hombre del pueblo.

—Los tenía que haber matado a los dos ese mismo día —dijo con una expresión perdida en sus ojos. Y continuó contándome cómo, apesadumbrado desde entonces, había vivido en los bares—. Jamás volví a irme sobrio a la cama hasta que me trajeron aquí —se vanaglorió.

Casi todas las mañanas le sacaba al patio en su silla de ruedas para que pudiera ver los jardines con sus enormes robles.

—Mira esos pájaros —solía decirme—, nunca los había visto antes. Es asombroso —continuaba—, vuelan sin gasolina. Qué animalitos más inteligentes.

Y cuando nuestra amistad se hizo más fuerte, se presentó:

—Me llamo Sidney. ¿Y tú, muchacho?

—Stephen —le respondí.

—Podrías ser mi nieto —sonrió—. Esos hijoputas tuvieron diez nietos. Ahora ya están muertos los dos. Ella falleció el año pasado. —Parecía perdido y murmuraba—: Vamos a ver volar a los pájaros, a ver cómo sopla el viento. No arrojes tu vida por la ventana como hice yo.

Unos días después fui a verle y encontré su cama vacía y sin sábanas.

—¿Dónde está Sidney? —pregunté a otro anciano.

—Se le han llevado de viaje —me contestó.

—¿De viaje? —dije con extrañeza.

—En el ataúd, muerto —respondió.

Dejé mi tarea de hacer camas y me senté en los jardines, muy triste. Un pájaro se posó cerca de mí. «Qué cosa más inteligente», pensé.

Las semanas pasaron y la buena comida empezó a hacer su efecto: engordé y tenía buen aspecto. Al cabo de unas seis semanas empecé a fijarme en una atractiva enfermera que solía sentarse en un banco a la salida del geriátrico a tomar el té. Un día me ofreció dinero extra si le ayudaba a preparar su caseta para el rastrillo benéfico anual. Yo estaba más que encantado de ayudar, así que acordamos que empezaría el día siguiente para organizarlo todo. Me llevó hasta el otro extremo del hospital y me enseñó una habitación repleta de cosas donadas por la acaudalada comunidad del pueblo. Había cientos de cajas llenas de ropa buena de segunda mano que me pidió que revisara, y me invitó a que me quedara con lo que quisiera. Para mí, que desde hacía un año llevaba los mismos vaqueros y la misma camiseta verde, esto fue como abrir el baúl de ropa de Aladino y, con avaricia, llené dos enormes maletas. Ella se rio y dijo:

—¡Nunca podrás ponerte tanta ropa ni aunque vivas cien años!

No es que a ella le importara. Había ropa suficiente para veinte rastros como éste. Además, todo lo que había allí procedía de los vecinos del pueblo y era fácil encontrarse a un vecino, al final de un día de venta, diciéndole a otro:

—Ése era el viejo abrigo que doné yo. Te sienta muy bien.

El día del rastrillo benéfico parecía que llevara puesto un conjunto de un millón de dólares. Con el dinero que me dieron en el trabajo por hacer camas me compré una lámpara de noche y una vieja radio. Más tarde, en la unidad de alcohólicos, me sentí muy orgulloso cuando coloqué sendos objetos a cada lado de la cama. Me tumbé a escuchar música y estaba empezando a sentirme casi humano. Pero desgraciadamente, mi recién nacida paz se desvaneció a la mañana siguiente cuando la enfermera jefe asomó la cabeza por la puerta para decirme:

—No te acomodes tanto, te vas a marchar muy pronto. El tratamiento termina el próximo jueves.

¡Esto era una completa locura! Como decirle a un niño de diez años que se vaya a casa y se las arregle él solo como pueda. ¡Tu tiempo se ha agotado, número tres! ¡Ya estás mejor! ¡Adiós y buena suerte!

Sólo me quedaba una semana para marcharme y ya estaba muerto de miedo, pero aquella mañana la suerte me sonrió cuando en el periódico local vi un anuncio en el que un hotel ofrecía empleo, con alojamiento incluido, en una ciudad cercana. Una semana después, la atractiva enfermera me acompañó hasta la estación con mis maletas, la lámpara de noche y la radio. Me sentí bien cuando se despidió de mí con un beso. Con todo el equipaje que llevaba, cogí un taxi desde la estación de Ilkley hasta el hotel. «Esto sí que es un progreso», pensé sentado en el asiento trasero del taxi. ¡Progreso! ¡Joder! ¡Si hubiera sabido esa misma mañana lo que la vida me tenía reservado!

Cuando llegué al hotel, el director me llevó hasta el vestíbulo y me enseñó mi habitación.

—Bienvenido, Stephen —dijo—. Espero que seas feliz trabajando aquí y que tu estancia con nosotros sea larga.

Era un hombre simpático y agradable con acento londinense. Este lujoso hotel tenía una exclusiva clientela, e incluso el Príncipe Carlos había estado en él en una ocasión. Me dieron una gran habitación con vistas a los jardines y aquella noche, mientras escuchaba la radio, me sentí como un potentado turista.

Al día siguiente empecé a fregar platos. Era la única persona que hacía esto, así que podía decirse que yo era el encargado de mi departamento. Era una cocina en la que siempre había mucho trabajo. En ningún momento paraban de llegar torrentes interminables de platos sucios, y lo hacían a través de una cinta transportadora. Durante mi tiempo de descanso, alguien retiraba los platos de la cinta y los apilaba, dejándome una montaña de trabajo para cuando yo regresara.

Por primera vez estaba viviendo en un entorno normal, pero a pesar de ello, empecé a alterarme enseguida porque echaba de menos la seguridad que me ofrecía el hospital. Mientras que antes me había relacionado con compañeros alcohólicos y era tratado cuidadosamente por el personal sanitario, aquí todo era diferente: estaba solo, rodeado de trabajadores, y esperaba poder encajar y convertirme en uno de ellos. Nadie me tomaba la temperatura ni se preocupaba por mi salud. Esto era el mundo real y yo otro ladrillo del muro. Muerto de miedo, me ensimismé y no era capaz de cruzar una sola palabra con mis compañeros de trabajo. Para ellos, yo debía ser el silencioso bicho raro que acababa de llegar procedente de ninguna parte. Probablemente, un asesino en serie en constante movimiento.

Conforme pasaba el tiempo, empecé a enfrentarme a la realidad de donde las drogas me habían sacado. Me quedé atónito. ¿Cómo es que había terminado fregando platos si tuve tanto dinero en otro tiempo? ¿Dónde había ido a parar? ¿Qué me había ocurrido esos años de atrás? Cada día, mientras realizaba mi tarea diaria, el poema que entonces aprendí, me venía a la memoria:

—*Sal por la mañana a pasear...*

Empezaba a recordar más y más cosas de mi vida pasada. Cosas como dinero enterrado que flotaba dentro y fuera de mi mente. Era como un rompecabezas que se iba completando a medida que pasaba el tiempo.

Esta avalancha de recuerdos que me embargó después de tantos años me produjo pánico. El tratamiento de *electroshock* había borrado todo y ahora recordaba cosas que ni siquiera sabía que existían. Me preguntaba cómo había podido vivir como un rey en casas inmensas y conducir los mejores coches. Ahora podía enfrentarme al hecho de que no siempre había sido un vagabundo. Las semanas pasaban y yo lo veía más claro cada día. Sí, me veía escondiendo dinero, pero ¿dónde? Cuando intentaba concentrarme en cosas concretas, no podía con tanto, y me daban fuertes dolores de cabeza. Nunca, ni en Pound Lane, ni en Phoenix House ni en Newcastle logré recordar cosas con tanta claridad como aquí. Durante todos aquellos años, mi pasado había dejado de existir; era como si fuera a convertirme en una persona diferente, alguien a quien conocí una vez.

Empecé a acordarme de mis hijas, Tessa y Antonia, por primera vez en muchos años. Era como si se hubiera abierto una puerta en mi mente y dentro hubiera una voz que hablara: de acuerdo, ahora puedes soportar estos pensamientos, a pesar del daño que puedan hacerte. Parecía que había pocas esperanzas de volver a verlas, pero un día hice acopio del valor necesario para pedirle a una de las camareras que me ayudase. Como recordaba la calle en la que había vivido mi esposa, pensé que si podíamos localizar el número, la chica podría llamar por teléfono fingiendo ser amiga de Tessa. Por desgracia, mi ex esposa se había mudado sin dejar dirección. Después de esto, la camarera me sonreía cada vez que me veía, pero yo siempre miraba hacia otro lado y nunca más volvimos a hablar.

Los meses pasaron y los platos sucios no dejaron de faltar. Empecé a pasearme por los páramos de Yorkshire durante mis días libres, y así pasaba las horas en las desérticas colinas. Una tarde descubrí un pequeño riachuelo que discurría por la ladera hasta llegar a un arroyo. Recogí unas cuantas piedras y fabriqué con ellas una especie de presa que desviaba la corriente por una ruta diferente. Totalmente hipnotizado con aquello, veía cómo el agua resbalaba por el nuevo sendero, que para mí representaba una vida nueva, la libertad, la huida del pasado. Era mi particular mundo de esperanza lejos del dolor. Con frecuencia iba a sentarme al lado de mi riachuelo, donde me sentía seguro, donde observaba cómo mi agua seguía mi curso.

Desgraciadamente, cuando me alejaba de mi riachuelo, se desvanecía la esperanza, y más me atormentaba cuantas más cosas recordaba de mi pasado. Todo era muy confuso y poco a poco empezó a volverme loco.

Un día excepcionalmente malo, mientras fregaba los platos, escuché cómo el resto de mis compañeros de trabajo se reía durante el descanso en la sala de personal. Cuando fui a por mi té, las carcajadas se hicieron más fuertes, como tambores gigantes sonando en el interior de mi cabeza. Al mirarles y verles divertirse en compañía de los demás, me sentí amenazado y salí de la cantina para sentarme en el patio, pero las risas eran entonces más escandalosas. Pensé que estaban riéndose de mí, burlándose del tímido bicho raro encargado de fregar la vajilla. Una fuerte tormenta había empezado a amenazar dentro de mí y fue empeorando a lo largo de la tarde.

Aquel atardecer, cuando fui a visitar mi riachuelo, me extrañó comprobar que todas las piedras habían sido cambiadas de sitio y que la corriente fluía de nuevo por el viejo cauce. Me puse furioso y empecé a estrellar las piedras contra el suelo.

—¡Jodidos hijos de puta! —grité—. ¡Esos mierdas me han seguido hasta aquí para robarme el río!

El río estaba a unos cuantos kilómetros de distancia del hotel, pero como el viento soplaba con fuerza, atraía las carcajadas hasta allí. Observé los árboles agitarse con el viento; ¡incluso las hojas se reían de mí!

Me habían traicionado y engañado otra vez.

Llorando a lágrima viva, regresé al pueblo y compré dos botellas de brandy en la tienda.

Volví al hotel, me emborraché y de un arrebato destrocé mi dormitorio, incluso mi valiosa radio. Estaba fuera de mí, bajé a la cocina y empecé a tirar al suelo los platos que había en las estanterías. En medio de tanto alboroto, alguien me agarró y me llevó a mi habitación en donde, con esas risas todavía en mi cabeza, me desmayé.

Al día siguiente por la mañana temprano me despertó el director. Estaba preocupado por lo que había ocurrido y me preguntó cuál era el motivo. Este hombre tan compasivo tenía la habilidad de ser más reflexivo de lo que parecía.

—No sé qué pasó —le contesté—, pero me voy a Londres.

A pesar de todo lo ocurrido la noche anterior, intentó persuadirme de que me quedara argumentando que Londres era una ciudad grande llena de malas tentaciones.

—¡Ahora no puedo quedarme! Tengo que volver —le dije, con lágrimas en los ojos.

Una hora después, mientras esperaba un taxi con todas mis maletas, la joven camarera se acercó.

—Qué pena que te vayas —dijo—. Me gustabas. Esperaba que algún día me pidieras que te acompañara en uno de tus paseos. Debería haber hablado contigo, pero no podía. Me daba mucha vergüenza. Ahora es demasiado tarde, supongo... —y sonrió.

Desaparecí en el taxi.

Veinte minutos más tarde estaba en un tren hacia Londres. Me sentía bien marchándome de Ilkley, lejos de la gente que me veía como el chico que fregaba los platos; lejos de la gente que se reía de mí; lejos de la gente que me asustaba. Esta vez todo iba a ser diferente.

Cuando el tren salía de la estación de Yorkshire, me sentí genial... Y cuando llegó a Londres, me sentí fatal, con miedo. No tenía ni casa ni trabajo. Todo parecía imposible. Me invadía el pánico. No quería ser un friegaplatos con gente riéndose a mi alrededor.

Necesitaba cosas que me hicieran estar mejor.

Necesitaba evitar tener que reconocer que lo había perdido todo por culpa de las drogas.

Para escapar.

Necesitaba drogas.

31

En la recta final

Una hora después de llegar a Londres ya tenía una gran dosis de Dexidrina en el cuerpo y todo lo positivo del año anterior desapareció. Tras este largo periodo sin drogas, la confusión se hizo más patente que nunca. Deseaba la subida de las drogas, pero cuando llegó me asusté. Intenté amarrarme desesperadamente a la realidad, me inscribí en un hotel en una ridícula habitación en la planta alta, deshice las maletas muy nervioso. Intenté parecer normal y así fui colgando toda mi ropa prenda por prenda y, como quería dormir, como hace todo el mundo, ingerí una gran dosis de sedantes. Igual que otras muchas veces, al tener una enorme cantidad de anfetaminas todavía en mi sangre, los somníferos hicieron el efecto contrario. En lugar del sueño, lo que vino fue un tormento, pero al menos no estaba solo: sentado al borde de la cama estaba el Diablo, que me sonreía mientras decía:

—Bienvenido otra vez.

Cuando dieron las tres de la mañana y sin posibilidad de dormir, decidí despertarme y me tomé un puñado de pastillas de Dexidrina. A los diez minutos, en la oscuridad de la noche, dejé el hotel y me fui a vagar por las calles sin rumbo. Cuando amaneció quise regresar a mi habitación, pero estaba tan drogado que no me acordaba de la situación del hotel. Me puse a correr frenéticamente por los alrededores de Victoria en busca del hotel, y con el movimiento sentí las pastillas al chocar entre sí en mis bolsillos. Todas las calles me parecían iguales y no estaba seguro de por cuáles había pasado. Jamás encontré aquel hotel y perdí todo.

Una vez más, todo lo que había dejado allí era ropa. Aturdido y muy confuso me fui a un café de los que no cerraban en toda la noche y en el que se reunían los otros fanáticos de la droga, con sus ojos bien abiertos, y que parecía que me saludaban al entrar. Allí, con el dinero que me quedaba compré más anfetaminas de las baratas, de esas que te retuercen la mente mucho más. Seis horas después de mi llegada a Londres ya lo había perdido todo, incluida mi cordura. Me encontraba bien y de vuelta en la zona gris.

Las calles de Londres estaban muy solitarias y, desesperado por encontrar a alguien de mi pasado, me acordé de Martin, el comerciante en antigüedades *gay* de mis días de Church Street. Tardé una hora en llegar a Paddington a pie y, al llegar lo encontré a Martin charlando con alguien en el exterior de su tienda. Seguía siendo adicto al alcohol, a las drogas y al juego; por ello no era de sorprender que su estilo de vida le hubiera costado caro. Aunque extravagante con su traje de terciopelo azul, ahora parecía agotado. Aquel pelo marrón impecablemente peinado, aparecía ahora descuidado. Hacía tiempo que los bancos le habían reclamado su amplia propiedad y ahora se había establecido en una tiendecilla en la misma calle. Había transcurrido mucho tiempo desde que nos vimos por última vez y, absolutamente colocado, le saludé como si fuera el héroe que vuelve a casa. Por desgracia, era incapaz de darme cuenta de que seguía siendo el mismo adicto patético que había abandonado aquella calle con Lanna. Martin, ya borracho a las once de la mañana, se alegró de ver a alguien que compartió sus maravillosos años. Hablamos de ellos y, afanándose por recuperar su propia magia perdida, sugirió que empezase a trabajar para él. Martin, que se pasaba el día bebiendo, y yo, drogado todo el día, formábamos la combinación perfecta.

—Empieza hoy —dijo, y le dio otro sorbo a la botella. La montaña rusa estaba calentando motores, esperando que nos montáramos en ella.

Aunque aparentemente su negocio funcionaba, ya no había de esa finas antigüedades que solía vender, sino simples y baratas imitaciones. En la calle había puesto una mesa en la que acumulaba ollas y cacerolas que vendía por unos cuantos peniques. La escena parecía falsa. Había algo muy extraño sobre el propio Martin: el mismo hombre pero una canción diferente. Ya no mostraba esa arrogancia exagerada que tan popular le había hecho, como su tienda. Era una simple fachada que fingía que todo iba bien. Se había convertido en un bebedor crónico y a pesar de que su aspecto no le delataba, sus ojos tenían una mirada extraviada. Nosotros, los adictos, nos hacemos todos con esta apariencia cuando las luces se nos van fundiendo una por una. Cuando nuestros vicios destruyen inevitablemente nuestro mundo material, al principio procuramos camuflar nuestras pérdidas con la intención de esconder lo que nos hemos hecho a nosotros mismos.

Martin tenía tres perros pequeños, dos caniches blancos y un Jack Russell. Al examinarle aquel día, aquello fue para mí como una película que repetía mi vida en Tottenham, con Snoopy y las ratas. Incluso sus perros parecían abatidos, como si supieran que su amo, quien en otro tiempo trabajó con obras de arte valiosísimas, ahora era un borracho y un saco de huesos. «Seis ojos que podrían conservarse algún día», pensé, evocando la muerte de Snoopy. Martin llevaba años metido en las anfetaminas y el alcohol. De vivir en un elegante piso en Abbey Road en Londres, se había desplazado bastante tomando la misma carretera destructiva que yo. Hoy como siempre, el tándem droga-alcohol siempre termina de la misma manera.

Tristemente, el de Martin casi había acabado.

Aquella noche me invitó a quedarme con él en el American, un pequeño hotel privado situado en Gloucester Place, donde parece que residía. En la habitación había una enorme cama en la que se tumbó después de desnudarse por completo.

—Olvidémonos de los problemas por un rato y practiquemos el sexo —dijo.

Él sabía desde siempre que yo no era *gay*, y me molestó el pensar que ya había otro cabrón intentando sacar partido de mi situación. Estaba muy dolido. Martin, sin sexo a su disposición, siguió bebiendo hasta que pronto se desmayó, dejándome a mí despierto toda la noche, y a tres tristes perros bajo nuestra cama.

A la mañana siguiente Martin se tomó su acostumbrado desayuno en la cama: tres vasos grandes de brandy que le permitían funcionar para vestirse. Unos cuantos tragos más y cogimos un taxi hasta su tienda para empezar un nuevo y desordenado día.

Cuando volvimos al hotel por la tarde nos aguardaban nuevos problemas. El director del hotel insistía en que Martin pagara la factura porque ya no le daba más crédito. Martin despotricó durante un buen rato y al final nos marchamos. Cogimos un taxi hasta el piso de su madre, que estaba en un lujoso bloque de St. John's Wood y, al llegar allí, nos abrió la puerta un hombre mayor y afeminado que nos invitó a pasar. Obviamente estaba allí para alquilar el piso. Inmediatamente, Martin empezó a discutir con el inquilino, quien nos pedía dinero. Utilizándome como su escolta de brazos fuertes, conseguimos expulsar a este señor, en el acto, a las once de la noche.

En nuestra nueva casa y bajo una gran dosis de somníferos, caí redondo en una de las habitaciones. Era sábado por la noche y dormí hasta bien entrado el domingo. Cuando me desperté, Martin estaba totalmente K.O. Después de ingerir un puñado de anfetaminas, empecé a hurgar por el piso. ¿Qué coño había ocurrido? Había mierda de perro, basura, ropa sucia y botellas de alcohol vacías por todas partes. La cocina estaba asquerosa y el servicio apestaba. En cada habitación había un colchón en el suelo y ropa esparcida. La moqueta había desaparecido y sólo quedaban las tablas de madera desnudas. Me quedé mudo. ¿Estaba ante el mismo piso lujoso a donde solíamos ir a visitar a su difunta madre? ¿Era aquí donde había vivido ella, el lugar en el que solía sacar brillo cada día a su precioso mobiliario antiguo? Empecé a asustarme y a pensar que me habían transportado hacia el pasado en alguna máquina del tiempo, a mi antiguo piso de West Green Road, con las ratas. ¿Qué hacía Martin en Tottenham? Salí corriendo a la calle, aliviado por encontrarme aún en Abbey Road. La asquerosidad del tugurio terminaba en la entrada del piso; fuera, en el vestíbulo común todo estaba tan impoluto como siempre, con su moqueta azul en la escalera y sus espejos dorados en las paredes.

Martin tenía una respiración fuerte mientras dormía. Me senté al borde de su cama, le miré y me eché a llorar. ¿Cómo es que Martin, en su época uno de los mejores intérpretes de Londres, había caído tan bajo? ¡Joder! Grité, ¿Qué nos hemos hecho? Dos príncipes, dos *playboys* que tuvieron de todo y que ahora eran desechos que no servían para nada, estaban pagando el precio. Mi llanto le despertó.

—No llores. ¡Vamos a comprar algo de beber! —dijo, y después de rebuscar encontró calderilla.

—¿Es éste todo el dinero que nos queda entre los dos? —le grité—. ¿Una porquería de todas las fortunas que robamos?

Nos miramos uno al otro y se produjo un largo silencio.

De pronto, recobrando su colosal confianza, me ordenó:

—Haz lo que te piden y ve a por la bebida.

Al cabo de una hora regresé con galletas y otras golosinas —el tipo de comida por el que los adictos darían lo que fuera—, y se las tiré a la cama.

—¿Dónde está la puta priva? —me gritó.

—¡Que te jodan! —le respondí yo, y empezamos a lanzarnos insultos el uno al otro.

Como yo era físicamente más fuerte que él, empecé a amenazarle y a pedirle dinero para comprar drogas. Me puse muy agresivo y quise darle un empujón pero, en un ataque de rabia, salí de allí con algunas caras chaquetas de cuero que conservaba de sus días de abundancia y diez minutos después ya las había vendido en un casino ubicado en el número 21 de Abbey Road. Enseguida mis bolsillos quedaron atestados de drogas baratas.

Hiperactivo, me puse de nuevo a deambular. Mi adicción era ahora más fuerte que nunca; me sentía impotente. Las drogas se habían apoderado de mí por completo y no podía dejar de ingerir pastillas. Las demandas sexuales de Martin habían hecho que saliese a la luz todo el sufrimiento que tenía guardado desde hacía veinte años. Incluso cuando estaba mamado, la tristeza me dominaba. Y hacía mucho daño. ¿Es que la vida me estaba haciendo pagar por los males que había hecho?

Aquella noche terminé en Clapton, una zona desfavorecida de Londres, y avanzando malamente me tropecé con un grupo de bebedores de alcohol duro sentados al calor de una hoguera. Me pidieron dinero, les di algo y me recibieron como si fuera un rey. Una anciana con la cara arrugada me pasó la botella.

—Te queremos. ¡Bebe de aquí! —dijo. Estaba ya muy borracha—. ¿Cómo te llamas, muchacho?

—Stephen —le respondí.

—Yo me llamo Mary —dijo, pasándome el brazo por los hombros. Y me sentí como un niño cuando me estrechó hacia sí, al lado del fuego.

—Acércate y deja que sea tu madre. Yo tuve un niño precioso como tú.

Mirándole a la cara mientras el alcohol entraba en mi barriga pude ver a mi madre en sus ojos.

—Mamá, dame otro trago —le supliqué.

—No mucho, pequeño —replicó, agarrando la botella.

—Mamá, cuéntame una historia —le dije llorando.

Los demás empezaron a reírse.

—¡Mamá, estás pedo como siempre, y tu niño también lo está!

—¡Callaos, gilipollas! —exclamó ella—. ¡Iros a la mierda! ¡Es mi niño y está triste!

Se levantaron todos y se fueron, dejándonos a los dos solos.

El fuego se estaba apagando.

—¿Cómo quieres que acabe la historia? —me preguntó.

—La historia no es lo que cuenta; lo importante es el final.

Me miró, entornó los ojos y bebió lo último que quedaba en la botella, agarrándome con más fuerza. Cuanto más pequeñas eran las llamas, más me apretaba, hasta el punto de hacerme daño; pero yo ya me estaba quedando dormido. La llama vaciló, volvió a encenderse y luego, la oscuridad. Horas después volví en mí, pero no podía abrir la mano que empuñaba mi muñeca. Finalmente, como si estuviera haciendo palanca con un torno, conseguí soltarme.

Sus ojos abiertos miraban hacia arriba. Estaba muerta.

Eché a correr todo lo que pude y seguí corriendo hasta que estuve muy lejos de allí. Cuando vi a un policía, me apresuré hacia él.

—Y Jesucristo también. Ahora, silencio y compórtate —replicó, y echó a andar.

Las semanas siguientes las pasé bajo el techo del Ejército de Salvación de Londres, en el distrito de Victoria, donde experimenté una nueva depresión. Ya estaba harto de tanta mierda.

Tal vez estaba en la recta final de esos veinte años de horrorosa carrera. Mi cabeza pensaba las cosas con más lentitud y en un extraño momento de lucidez, fui a visitar a mi madre y a mi hermano Paul, a quienes no había visto en muchos años.

32

EL AMOR VIENE A SALVARME

Mi madre y mi hermano se alegraron mucho al saber que aún estaba vivo aunque mantuvieron la distancia. ¡Qué pena!, mi comportamiento cuando estaba bajo los efectos de las drogas seguía siendo tan indignante que se oponían a dejarme vivir con ellos. Mi madre, por entonces una mujer ya mayor, hubiera sido incapaz de soportar mis continuas tragedias. Su último y extraordinario esfuerzo fue el de buscarme una habitación y pagar un mes por adelantado, con la esperanza de que aquello condujera a algo. El alojamiento incluía un desayuno servido por los propios caseros, una pareja hindú que vivía en la casa contigua. Todos los inquilinos se reunían cada mañana con ellos en la cocina de la casa. El día que me trasladé allí mi madre me dio un maletín de cartón, del tamaño de una caja de zapatos, que había encontrado hacía años en el desván de nuestra casa. Estaba llena de documentos y la había conservado durante todos estos años, por si acaso tenían algún valor. En ese momento yo estaba demasiado colocado para interesarme por ello y puse el maletín marrón debajo de la cama. Lo único que pensé fue que lo podía llenar de pastillas. Dos días después mi madre me llamó por teléfono para decirme que si no dejaba de andar de aquí para allá por las noches, me echarían de la habitación. Los otros inquilinos se habían quejado del ruido que hacía de madrugada. Como de costumbre, la cantidad de anfetaminas que consumía a diario me mantenían despierto durante días.

Entretanto, al pasearme por las familiares calles londinenses, miraba a los edificios y pensaba: «¿Fue en esa casa donde escondí el dinero?» Era imposible averiguarlo, no podía recomponer mi pasado. De todos modo, por entonces lo único que me interesaba era conseguir drogas, así que, una vez más, empecé a robar en las tiendas y con las ganancias compraba grandes cantidades de drogas a bajo precio y las almacenaba debajo de mi cama. Como no quería deshacerme de la seguridad de la habitación, lo que tuve que hacer entonces fue encontrar una droga que me garantizase dormir por las noches. Y fui a ver al doctor Lando. Allí estaba él, distribuyendo sus pastillas en Harley Street y, sin mirarme, me preguntó como siempre lo había hecho:

—Bueno, ¿qué le pasa?

Me acerqué hasta la lámpara, apagué la luz y dije:

—Éste soy yo cuando me voy a acostar. Necesito dormirme en cuestión de minutos. Espero que me entienda, doctor.

—Encienda la luz y siéntese —dijo, mientras hacía una receta por cien de los barbitúricos más fuertes inventados hasta entonces—. No tome más de dos o se quedará dormido para siempre —me avisó.

—¿Está seguro de que podré dormir con esto? —le pregunté mientras le pagaba.

—Segurísimo —me sonrió.

Después de esto me marché a visitar a Louisa y a Laura, las hermana pequeñas de mi ex esposa que durante tantos años habían vivido en la elegante calle de King's Road, en el barrio de Chelsea. El héroe drogata que había traído a las tres niñas de Malta, les había sacado dinero para drogas en alguna ocasión durante sus años de vagabundo. Esas niñas con calcetines bajos blancos eran ahora unas señoritas atractivas que disfrutaban de los placeres de la *jet-set* londinense. Las veces que había ido a verlas me encontraba en tan mal estado y me comportaba tan mal que se asustaban, no me dejaban entrar y me arrojaban el dinero por la ventana. Los transeúntes se preguntaban asombrados cómo era posible que un vagabundo andrajoso gritara: «¡Louisa, Laura! ¡Necesito dinero!» Ante tal situación, una hermosa señora se asomaba por la ventana, gritando: «Espera. Estoy buscando mi monedero», lo cual dejaba a los espectadores aún más perplejos.

Poco sabía yo que este día de octubre iría a cambiar el curso de toda mi vida. Laura estaba sola en casa y haciéndome señas con la mano, me tiró unas cuantos billetes por la ventana. Había desistido de ayudarme más, al fin y al cabo ningún médico había logrado acabar con mi adicción. Al igual que Louisa, se limitó a darme algo, a acariciarme como a un perro enfermo y a mandarme otra vez a la calle.

Después de veinte años enganchado al *speed* me había convertido en algo así como una máquina que se abastecía de productos químicos, incapaz de funcionar sin drogas; es decir, una causa totalmente perdida. Recogí las monedas y me puse a caminar por King's Road hasta llegar al *pub* Chelsea Potter; no iba a tomar nada sino al servicio a beber algo de agua para tragarme las pastillas. Acababan de abrir y no había más que uno o dos clientes en la barra. ¿Por qué ocurrió lo siguiente?, nunca lo sabré, pero después de ingerir las píldoras me detuve a tomar una cerveza, lo cual no era muy normal porque para un adicto como yo una cerveza no hace nada y además, cualquier dinero que cayera en mis manos iba siempre destinado a adquirir drogas.

Cuando pagué la cerveza, levanté la mirada y vi a una joven guapísima de cabellos oscuros rojizos y ojos azules que me sonreía. Me quedé sorprendido. ¿De dónde había salido? Seguramente no le sonreía a un pordiosero como yo. Me di la vuelta para comprobar si había alguien detrás de mí, pero no, sólo estaba la máquina de discos. Atónito y convencido de que eran imaginaciones mías, le di un trago a la cerveza y la miré otra vez. Seguía sonriéndome. ¿Qué vi? ¿Estaba volviendo a la vida? Me quedé allí un buen rato, intentando decir algo. La miré a los ojos, enmudecido. ¿Cómo podía fijarse en un vagabundo una chica así? Volví a mirar a mi alrededor pero seguía sin haber nadie.

Estaba tan abstraído pensando si debía aceptar esta invitación a la vida, que me limité a mirarla fijamente. Me estaba enamorando y no de una niñera envejecida y de sus historias de Robin Hood, ni de la imagen de una estrella de cine maltesa, ni del karma de las drogas. Me estaba enamorando de esta joven y quería hablarle pero no podía. Sólo la miré durante un largo rato. Y ella me miró a los ojos como si ya conociera toda la historia.

Volví al servicio para tomar más pastillas que me hicieran recuperar el valor, pues tenía más miedo que ante todos los gángsters y asesinos juntos; estaba más asustado que nunca. Estaba enamorado. Cuando regresaba a la barra, me preguntaba si esta desconocida de Casablanca se habría marchado y habría dejado a Sam tan drogado como para que la tocara otra vez y ¡seguía esperando allí!

El corazón me latía con fuerza:

—Hola, ¿quieres tomar algo? Soy un estorbo pasajero. Por favor, di que sí.

Ella aceptó y este hombre acabado, destruido por toda una vida dependiendo de las drogas, la llevó hasta la mesa que había al lado de la máquina de discos.

Nos reímos y hablamos. Era la primera vez en diez años que me había reído. Me dijo que se llamaba Hannelore, que era de Bavaria, Alemania, y que estaba allí pasando una semana de vacaciones. Nos quedamos sentados escuchando canciones que elegíamos entre los dos, como si el resto del mundo hubiera dejado de existir.

—Una vez viví como un rey pero lo perdí todo —le dije entre sollozos, moviendo la cabeza.

Nos quedamos mirándonos durante unos minutos; luego, secándome las lágrimas, pedí dos cervezas más y el dinero que me quedaba lo eché a la máquina.

—Elige las dos últimas canciones. Eres mi invitada, la mejor que he tenido —le dije con una sonrisa.

Ése fue mi momento de dignidad.

Estaba invitando a mi pareja, y cogí la cuenta como en los viejos tiempos.

Escuchamos más canciones y, después de acabar las bebidas, nos fuimos paseando hasta la estación de metro de Sloane Square, donde nos despedimos. Yo le sugerí que me telefoneara a casa de mi madre si quería que saliéramos por última vez antes de marcharse a Alemania. Dentro de mi cabeza escuchaba el suave sonido de una nueva campanilla. Sus ojos habían hablado por sí mismos.

Cuando volví a mi habitación, me tomé cuatro barbitúricos que me permitieron dormir durante dos días seguidos. Al despertarme, después de haber dormido en la misma postura unas veinte horas, mis huesos estaban tan agarrotados que tuve que tomarme bastantes anfetaminas para poder levantarme de la cama. No era la única persona en la habitación, ya que se estaba proyectando una película de esperanza en mi cabeza a la que asistieron más famosos que a cualquier estreno de Hollywood: Elvis, Marilyn, Jimmy Hendrix, Brian Jones. Estaban tan contentos por mí que todos tomamos nuestras pastillas.

Uno o dos días después Hannelore llamó a mi madre, a la que dejó dicho el nombre de su hotel y la hora a la que quedaríamos ese domingo por la mañana. Desgraciadamente, había estado de juerga durante tres días y cuando llegó el domingo me encontraba en un estado terrible. Además, no tenía dinero y le sugerí que diéramos un paseo por Hyde Park.

Cansado por tanta jarana, tampoco pude andar durante mucho tiempo y al cabo de unos minutos tuvimos que sentarnos en un banco. De repente, empecé a sentirme mal, a punto de desmayarme y, como no quería que Hannelore me viera desplomarme, le expliqué que tenía que marcharme enseguida. Antes de despedirnos deseaba pasar los últimos momentos maravillosos junto a ella y para ello le pedí a una mujer, que estaba sentada en el banco de enfrente, que nos diera algo de pan para echárselo a los pájaros.

Nos adentramos un poco más en el parque y nos sentamos para dar de comer a nuestros propios gorriones. Cuando se acabó el pan, le dije adiós. Hannelore se quedó perpleja cuando me marché. Sólo habíamos estado juntos veinte breves minutos. Anduve un rato y luego, cuando me di la vuelta para decirle adiós con la mano, descubrí que mi princesa ya había desaparecido. Había atravesado las puertas del parque para reunirse con los otros turistas que disfrutaban de las vistas de Londres. Volví hasta el banco, me tomé unos barbitúricos y observé cómo los pájaros se comían nuestras últimas migajas. Cuando me desperté ya era muy tarde; estaban cerrando el parque y, como un perro enfermo, regresé hasta mi reducida habitación.

No era probable que volviéramos a vernos otra vez pero tuve una visión. En algún lugar, alguien sabía mi nombre, me recordaba, recordaba nuestros pájaros del parque. Ya no estaba solo. Conocía a alguien; alguien me conocía a mí.

Aunque todavía era un adicto, me encontraba más sosegado que nunca en toda mi vida. Todo a mi alrededor parecía mejor. ¿Acaso estaba esta historia escrita en las páginas de la vida? En mi cabeza, los caballos salvajes pastaban pacíficamente y yo empezaba a reducir el consumo de drogas. Incluso me unía a los otros inquilinos en el desayuno. El hombre misterioso de la pequeña habitación estaba mucho mejor, les hablaba a todos acerca de su novia alemana y de los pájaros a los que habían dado de comer. Bajo algún tipo de hechizo mágico, empecé a comportarme de forma bastante normal, lo que agradó a mi madre y a los caseros. Durante el día, en lugar de dedicarme a vagar por las calles, me iba a dar largos paseos por el parque. Ahora dormía todas las noches.

Varias semanas después, mi madre consiguió que dos médicos y un trabajador social hablaran conmigo en su piso. El encuentro fue un milagro en sí porque, hasta ahora, todos los hospitales psiquiátricos de Londres me habían dejado por imposible. Les había rogado que me dieran una última oportunidad como paciente interno. Los médicos me interrogaron durante más de una hora, hasta que finalmente convinieron en llevarme al hospital en su coche. Cuando nos marchábamos del piso de mi madre, el cartero me entregó una carta con matasellos alemán.

—Sabía que llegaría —dije sonriéndome.

La vida en el hospital resultó ser una experiencia nueva. En secreto, sin que lo supiera el personal del hospital, seguía tomando drogas, pero sólo cuatro pastillas diarias, lo que, comparado con los puñados de antes, era como una gota en el océano. Siendo un adicto a las anfetaminas desde hacía mucho tiempo, las cuatro pastillas me permitían comunicarme, en lugar de hacerme padecer el aislamiento total producido por el repentino síndrome de abstinencia. No soy médico y tengo sentimientos encontrados entre la abstinencia controlada de las drogas y el mono, especialmente durante los primeros años. Un adicto a largo plazo como yo necesita un tratamiento lento y continuado durante un período de tiempo considerable; a mí no podían tratarme, curarme y darme el alta en ocho semanas. Un enfermero con experiencia que creía en la rehabilitación continuada, solía decir:

—Puede que te veas bien pero no te mandaremos a casa.

Sin embargo, estas opiniones no eran compartidas por la enfermera jefe, quien en breve me daría el beso de la muerte.

Me pasé el día leyendo la carta de Hannelore; la leía todos los días y se la enseñaba a todos los pacientes y enfermeros con los que me cruzaba. Les decía:

—Cuidado con la fotografía.

Todo el hospital tenía que pasar por este ritual cada vez que me veían. Tomaba muy pocos estimulantes, además de los suaves sedantes que me daban en el hospital, pero dormía todas las noches. A veces, en la cama, empezaba a pensar en todas las instituciones en las que había estado. Doreen, Fatsoe, Do Die, Roger el cartero... ¿dónde estarían ahora? Pensaba que ésta era mi última oportunidad para volver a la normalidad, que debía andar con pies de plomo.

Pasado un tiempo me dieron un empleo como barrendero en una empresa local, pero seguía viviendo en el hospital, al que destinaba una pequeña cantidad de dinero para mi manutención. Seguía tomando mis cuatro pastillas diarias, pero con mucho cuidado de no sobrepasar la dosis porque si no conseguía dormir por las noches, corría el riesgo de que me echaran del hospital. En el trabajo me dieron tres escobas y el capataz me dio instrucciones de dónde utilizar cada una de ellas. Detestaba el trabajo pero, con la ayuda de las drogas, seguía barriendo. Un día le sugerí al supervisor una mejor manera de realizar el trabajo pero éste me replicó:

—Aquí no se viene a pensar, tío, sólo a barrer.

El control continuado de las drogas, una alimentación regular y el sueño empezaron a mostrar sus efectos: no sólo tenía mejor aspecto, sino que podía pensar con más claridad. Estaba recuperando la normalidad perdida; sin embargo no me gustaba en dónde me estaba metiendo. Cuando miraba a mis compañeros de trabajo, muchos de los cuales llevaban haciendo la misma tarea durante veinte años, sentía a menudo que estaba sustituyendo un tipo de encarcelamiento por otro.

Contesté a la carta de Hannelore en la que le sugerí reunirnos por Navidad, bien aquí, en mi piso, bien en Alemania. ¿En mi piso? ¿Qué piso? Yo vivía en la planta superior de un hospital psiquiátrico. Gracias a Dios me contestó sugiriendo que fuera yo a Alemania. Estaba como en una nube, más feliz que nunca. Cuando me ponía a barrer, todos los compañeros tenían que detener su trabajo, leer la carta y escucharme hablar de mi viaje de Navidad.

No eran las drogas las que hacían que mi cabeza diera vueltas. Era una chica alemana. Después de tantos años de haber vivido en las cloacas y dormido en los retretes de los servicios, me preparaba para disfrutar de unas vacaciones en las montañas de Bavaria.

Una mañana durante el desayuno me encontré con dos especialistas en alarmas que trabajaban para una importante compañía de seguridad, y que estaban instalando una contra incendios en el hospital. Les parecí tan normal que uno de ellos comentó:

—No parece que estés tan enfermo, tío. No tienes nada de loco.

Unas semanas después ya éramos buenos amigos y empecé a fanfarronear sobre las aventuras pasadas que iba recordando, incluso sobre los robos de los primeros años. Al principio se tomaron mis cuentos con cierta reserva, hasta que mencioné el nombre de un ladrón a quien el ingeniero jefe conocía muy bien. Éste me hizo varias preguntas acerca de su carácter y, satisfecho con las respuestas, me hizo un guiño. Este hombre conducía un coche mucho mayor que el de su colega y a menudo, en secreto, practicaba el sexo con una paciente en un armario. Era un salvaje.

Un día cuando salí del trabajo me le encontré esperando en el exterior del coche. Me llevó a dar una vuelta y me habló de una gran finca de campo en Virginia Water, a la que me referiré con el nombre de «County Hall», en la que acababa de instalar una alarma. Sabía que había una fortuna en efectivo escondidas en la caja fuerte del dormitorio. El mismo propietario de esta mansión era un conocido personaje del mundo del crimen. El ingeniero explicó con todo detalle que se podía acceder a ella haciendo un agujero en el tejado y evitando el contacto con el sistema de alarma. En el piso superior tan sólo las ventanas estaban conectadas a dicho sistema. Al oír hablar de la fortuna me impresioné tanto que pensé que incluso aunque no pudiera abrir la caja fuerte, sí podría sacarla a través del tejado. «No será exactamente la cámara acorazada del Lloyd's en Baker Street», pensé, pero con toda seguridad podría financiar con ella mi nueva vida sentimental. Continuó diciéndome que la mansión estaba situada en una zona apartada y entonces pensé que la caja podría transportarse hasta la alambrada en una pequeña caravana tirada por una motocicleta de *motocross*, y después cargada en una camioneta que estuviera esperando en el exterior. Si surgían problemas, desengancharía la caravana y cuando la policía llegase al camino de entrada, podría huir fácilmente por el bosque, por donde ningún coche podría acceder.

Allí estaba yo, un ex vagabundo desayunando en un psiquiátrico y ultimando detalles en torno a un robo de una cantidad muy elevada antes de mis vacaciones al extranjero. De nuevo me encontraba en el punto en que el Señor George me había abandonado hacía tantos años. El ingeniero pedía el veinte por ciento del botín a cambio de todos los detalles. Yo acepté. Me dejó en el hospital y me dio un teléfono de contacto. El robo en County Hall ya había comenzado. Gracias a Dios, por entonces no tomaba altas dosis de anfetaminas; de lo contrario, hubiera intentado hacer el trabajo aquella misma tarde y en autobús. Lo pensé más racionalmente considerando las consecuencias y, como había descubierto el amor, llegué a la conclusión de que no quería una larga condena en prisión. Tanto si lo hacía como si no, tendría que esperar hasta después de Navidad.

La semana siguiente era la de mis vacaciones y estaba muy emocionado. Había ahorrado todo mi salario para comprar el pasaje de avión. La noche antes de partir, le comuniqué a la enfermera jefe que estaría fuera cinco días durante el período navideño, que me iba a visitar a mi novia alemana. Esperaba que se alegrase por mí pero fue todo lo contrario. Me quedé amargado y no podía creer lo que estaba oyendo cuando replicó:

—Si te vas a Alemania, te echaremos de este hospital.

Fue su decisión, privada y egoísta, sin antes consultar con el personal que me veía cada día. El ultimátum significaba que si me marchaba esos cinco días, ya no tendría cama cuando volviera, ni comidas normales, ni empleo, ni enfermeros con quienes hablar por las noches.

—Bien —dijo—, ¿qué vas a hacer?

—¡Que te jodan! ¡Me voy! —fue mi respuesta.

—Cuando te marches mañana por la mañana, te habrás ido para siempre —replicó, sin inmutarse. Una simpática mujer y una enfermera eficaz.

Al día siguiente, el cocinero español me despertó temprano y me entregó un montón de sándwiches para el viaje. Me besó en la mejilla, deseándome suerte y, con el resto del personal de intendencia diciéndome adiós, me marché a un pequeño pueblo a las afueras de Múnich, vestido con mi nuevo abrigo de la tienda benéfica.

Estaba a punto de vivir los cinco días más felices que ningún ser humano haya podido experimentar aquí, en el planeta tierra.

33

NAVIDAD EN EL PAÍS DE LAS MARAVILLAS

Intenta imaginar la escena. Allí estaba, un hombre perdidamente adicto a las anfetaminas durante toda su vida, que había vivido los últimos diez años al borde de la realidad. Tras una década condenado en las cloacas o encerrado en manicomios, ahora me encontraba desayunando en un avión de la compañía Lufthansa con destino a Alemania. Con el consumo de drogas aparentemente controlado, el robo de una fuerte suma a la vista y una hermosa mujer esperándome, me sentía jodidamente bien, por no decir otra cosa.

Era como un cuento de hadas, aunque también me sentía muy nervioso. Estaba enamorado pero había un problema: Hannelore era la primera persona con la que había hablado en muchos años y reincorporarme a la vida real era espeluznante. ¿Nos cogeríamos de la mano, nos besaríamos? ¿Debería desnudarme y excitarme sexualmente, debería hacerle el amor? ¿Estaba aseado? ¿Olía mal? Nada de esto tenía que ver con los bancos de las calles ni con los muertos vivientes de Newcastle. ¿Qué habla la gente normal de las instituciones ajenas? ¿Quién habla? Tal vez tendría que escuchar y dar mi opinión. Joder, me sentía como si me estuviera convirtiendo en médico.

Sólo había pasado veinte cortos minutos en el parque con esta chica dando de comer a nuestros pájaros y, sin embargo, el impacto que había causado en mi vida fue colosal. Por primera vez había encontrado el amor verdadero.

Incluso los adictos se enamoran.

«No debo perder la calma, a ver si no la cago esta vez», pensaba, mientras el avión aterrizaba en el aeropuerto de Frankfurt. Debería haberme ido hasta Múnich pero estaba tan emocionado que acabé en Frankfurt por equivocación, donde me enteré de que todavía me quedaban cuatro horas de viaje en tren. Pero al menos estaba en el país correcto, lo que para mí era todo un logro.

La escena navideña que se reveló durante el viaje fue como si, al otro lado de las ventanillas del vagón, Santa Claus estuviera abriendo las páginas de un libro ilustrado de la vida real. Una espesa nieve caía sobre el paisaje alemán mientras pasábamos por pequeños pueblecitos iluminados, como si fueran velas. A través de las ventanas veía titilar las luces de los árboles de Navidad; había familias normales que se entregaban sus regalos. Ellos se pertenecían. Y pertenecer a alguien era algo que no había hecho durante mucho tiempo.

¿Había pertenecido a alguien alguna vez?

Perdí la correspondencia de trenes dos veces, así que el viaje empezó a parecerme interminable y comencé a sentir la bajada de las drogas. Decidido a no estropearlo, me resistí a tomarme otra pastilla y a cambio opté por tomarme un trago del brandy que había comprado para regalárselo a los padres de Hannelore. Quité cuidadosamente el envoltorio y le di un sorbo. Luego, rellené lo que faltaba con agua para que sus padres tuvieran intacto su regalo. Por fin el tren llegó a la estación, desde donde tomé un autobús que me llevaría en veinte minutos hasta el diminuto pueblo de Hannelore. Cuando llegué allí, la llamé por teléfono, tal y como habíamos acordado, y me dijo que la esperase al lado de la cabina. Nevaba con mucha intensidad.

Cinco minutos después apareció andando la hermana menor de Hannelore, quien me saludó con un inglés bastante impreciso.

—Tú debes ser Stephen. Déjame ayudarte con las maletas. Sígueme.

Caminar por la gélida nieve hacía pensar que el tiempo se hubiera detenido. Las calles estaban desiertas y, al darme la vuelta, vi nuestras huellas impresas en la nieve. Era como si el tormento de los veinte años pasados se desvaneciera.

El mundo en el que me estaba introduciendo con tanto recelo era un mundo en el que la gente normal vivía y moría sin drogas.

En pocos minutos llegamos a una gran casa. A mis ojos era una mansión. La hermana de Hannelore me dijo que ésta estaba de camino, procedente de otro pueblo, y que llegaría dentro de una hora. Me presentó a sus padres, la típica pareja bávara, en el inmenso salón. Yo les di la botella de brandy, ligeramente diluido, y ellos la colocaron en una alta estantería. «Extraño lugar para ponerla», pensé, «si no se la beben ellos, lo haré yo». Me senté allí, como si fuera un niño, desconcertado por la singularidad del acontecimiento. En un rincón había un inmenso árbol de Navidad adornado con velas auténticas y, debajo de él, paquetes de regalos de diferentes formas y tamaños. Estaba sentado en el extremo del arco iris, dentro de una vasija de amor hogareño.

De aquí era de donde provenía aquella chica a la que había dejado en el parque. Éste era su mundo, tan alejado de los hospitales psiquiátricos, de las celdas de las prisiones y de los bancos callejeros. Para mí, compartir su Navidad era una especie de magia. De nuevo empecé a sentir la bajada de las anfetaminas, así que me fui al baño a tomarme media pastilla de somnífero para tranquilizarme. Con mejor ánimo, volví a sentarme en el sofá a tomarme la cerveza y, a petición mía, la hermana pequeña tocó una pieza de Mozart en el piano. Mientras la escuchaba, pensaba que se hubiera escrito exclusivamente para mí, hace doscientos años en Salzburgo. Dos cervezas después, y rechazando prudentemente la tercera, me sentí adormilado y cerré los ojos por un momento, reflexionando sobre el pasado... El doctor Newam, el psiquiatra *gay* y mi primera anfetamina; el Señor George y los robos de joyas; los gángsters, los asesinos, los manicomios, las cárceles.

¿Estaba dormido, soñando?

¿Estaba borracho en un banco de la calle?

¿Estaba a punto de despertarme en una de esas desoladas Misiones y rodeado de todas esos rostros vacíos?

Podía sentirme yendo a la deriva, cuando...

Alguien estaba a mi lado, con mi mano entre las suyas.

—Estabas dormido tan plácido como un niño —escuché la suave voz de Hannelore, mientras me besaba en la frente—. Feliz Navidad, Stephen. Bienvenido a Alemania. Bienvenido a mi familia.

Me sentí lleno de seguridad. Esos ojos lo expresaban todo de nuevo. Los pájaros de Hyde Park habían regresado, pero esta vez comiendo rebanadas de pan. Estuvimos charlando con sus padres durante un rato, pero ya era bastante tarde. Me levanté y le di las buenas noches a la familia. Mientras salíamos del salón, la madre de Hannelore comentó:

—Estabas en otro mundo.

—Lo estuve. Durante mucho tiempo —le contesté—, durante veinte años.

Hannelore me enseñó mi habitación en la planta de arriba, un dormitorio acogedor con aleros de madera. Me preguntó sonriente si se quedaba o se marchaba.

—Quédate —le repliqué—. Te quiero. Casémonos.

—Es un poco precipitado —dijo riéndose.

—Te amo —insistí—. Quédate conmigo para siempre. Te compraré un castillo y te cubriré de diamantes —continué, sin inmutarme.

—No necesito castillos. Yo vivo aquí y los diamantes me harían parecer ridícula. Soy feliz con sólo estar a tu lado, tonto.

Nos abrazamos y nos tumbamos en la cama, dos personas de mundos totalmente diferentes. Por fin solos, hicimos el amor y nos enamoramos mucho más el uno del otro. Después, sin acordarme de tomar los somníferos, me quedé dormido con ella a mi lado.

Me desperté temprano la mañana siguiente. Era el día de Navidad. Al mirar por la ventana, vi todo el jardín cubierto de blanco y los árboles goteando nieve. No era un sueño. Estaba despierto, era la historia feliz de una vida real y, lo más importante, yo era el personaje principal.

Quería tomarme mi anfetamina de la mañana pero me daba miedo hacerlo en la habitación por si despertaba a mi bella durmiente. En silencio y despacio, me fui al baño y me tomé dos. Cuando volví al dormitorio, me quedé mirando a esta inteligente muchacha de veinticuatro años de buena familia, mientras me preguntaba qué era lo que había visto en un vagabundo como yo. Dormida con su pijama amarillo me recordaba la imagen de un campo de girasoles. La desperté con un beso y le dije:

—Cásate conmigo. Me va a llegar una buena fuente de ingresos y podremos tener de todo: County Hall, una fortuna de dinero —dije, sin parar de divagar.

—¿Qué *hall*? ¿Una fortuna? No te entiendo, hablas demasiado deprisa —me contestó, un poco perpleja—. ¿Que me case contigo? Llevamos conociéndonos ocho horas, y la mayoría de ellas hemos estado dormidos. ¿Me puedes dar un tiempo para pensarlo, señor inglés? Al menos hasta después del desayuno.

Se levantó y me llevó hasta el aseo, donde preparó un baño caliente y se marchó abajo a hacer el café.

Ahora era la persona más feliz en el universo de Dios. Un baño caliente por la mañana, una chica preciosa... esto era un milagro. Había vuelto a la vida. Me metí en el baño de espuma caliente, cerré los ojos y, de repente, me invadió una pesadilla.

¿Era todo esto un sueño?

¿Cuándo empieza la película de terror como solía pasar siempre?

¿Estaba otra vez entre los dorados espejos del baño del doctor Newam, en donde empezó esa carrera en la montaña rusa de la droga hace ya tantos años? Muerto de pánico, salí de la bañera y, goteando agua por todo el suelo, abrí el armario esperando encontrar drogas en hileras de frascos de pastillas. Para mi tranquilidad, lo único que había eran cepillos de dientes y espuma de afeitar. Estaba en la casa de una familia normal.

—¿Qué buscas?

Giré la cabeza y me encontré con Hannelore desnuda detrás de mí. Cerró la puerta e hicimos el amor. El desayuno bávaro de su mamá podía esperar. Todo lo que quería lo tenía sobre el suelo del cuarto de baño.

Más tarde bajamos a reunirnos con toda la familia alrededor de la mesa. Me sentía muy inquieto. Durante los próximos días tenía que convertirme en una persona normal. Anteriormente ya había representado unos cuantos papeles, pero el de la normalidad era uno nuevo. No me sabía el papel, e incluso hoy no estoy seguro del guión. Simplemente improviso. Muy nervioso, agarré la mano de Hannelore bajo la mesa con tanta fuerza que no pudo comer durante un rato. Al percibir mis nervios, ella me susurró que no me preocupara, así que la solté y seguimos comiendo los panecillos y el muesli caseros.

Aquella mañana fuimos a ver un lago cercano. Hacía un frío terrible. Paseamos alrededor mientras observábamos las familias que patinaban juntas sobre el hielo congelado. Niños, mamás y papás se reían, pero ya no era de mí. Al ver a los niños jugar, me preguntaba en qué terminaría este cuento de hadas. ¿Tal vez algun día...? De nuevo era uno de los jugadores de la vida, muy nervioso pero alejado del banquillo de los suplentes. Aquella mañana no necesitaba marcar el gol del último minuto, me sentía feliz de ser uno más del equipo.

¿Con qué palabras podría describir los días siguientes? Visitamos antiguos castillos, paseamos por el bosque, comimos deliciosos manjares, oímos las campanas tocar. La magia continuaba.

Me sentía seguro a solas con Hannelore; sin embargo, una tarde fuimos a casa de un amigo a tomar unas copas y me asaltó la inseguridad. Me presentó a unos diez jóvenes, todos muy simpáticos y con un buen inglés. Si hubiera estado drogado, todo hubiera sido diferente: les habría impresionado con mis historias de Londres. Si hubiera estado drogado, habría sido el héroe, les habría sugerido salir de juerga por la ciudad o hacer una fiesta descontrolada. Si hubiera estado drogado, habría sido el Rey Ingenioso, pero sin mis habituales muletas de *speed*, me sentía muy desprotegido, muy frágil. Recé para que la velada acabara pronto y que pudiéramos marcharnos y estar solos otra vez. Siempre que me preguntaban cómo estaba o si me gustaba Alemania, adaptaba mis respuestas a lo que creía que querían oír. Para mí era como si estuviera en un juicio, como si necesitara su aprobación para poder conocer a Hannelore.

La víspera de mi partida a Londres, Hannelore me llevó a Múnich. Después de ver la ciudad y de pasearnos por el English Garden, fuimos a comer a un restaurante bávaro tradicional. Aunque parecía muy caro, Hannelore insistió en que pidiera carne de venado. Y nos trajeron una espléndida comida. Ya no podía contener más mi angustia y empecé a llorar desconsoladamente.

—¿Por qué lloras? —me preguntó, intentando cogerme la mano por debajo de la mesa.

—Porque todo esto es un sueño maravilloso, pero sé que mañana acabará.

—¿Por qué? No tiene por qué terminar. Podemos volver a vernos otra vez —me dijo.

—Vente conmigo mañana —le supliqué—. Podemos encontrar un sitio para vivir

—No puedo irme contigo a Inglaterra así por las buenas. Tengo un trabajo y además, necesitamos vivir en algún sitio, ¡no podemos dormir en la calle, en un banco del parque! —Me había convencido sin habérselo propuesto. No le pude contestar—. Primero márchate tú y cuando hayas arreglado todo, dentro de un mes más o menos, yo me reuniré contigo —sugirió.

Obviamente, no sabía nada de mi pasado.

Yo quería contarle que me drogaba y que vivía en un psiquiátrico, pero no me salían las palabras. El resto de la comida permanecí en silencio, incapaz de enfrentarme a la triste realidad de que al día siguiente tendría que regresar a las vacías calles de Londres. ¿La volvería a ver alguna vez? No tenía nada, ni dinero, ni casa, ni amigos, ni siquiera la esperanza de abandonar las drogas. Seguía siendo un adicto.

Al día siguiente por la mañana, me llevó con su coche hasta la estación, desde donde cogería un tren hasta Frankfurt.

Cuando el tren echó a andar, saqué la cabeza por la ventanilla para decirle adiós y estuve llorando mucho después de que Hannelore desapareciera de mi vista.

34

Los crueles golpes de un asesino

Al principio estaba bien, sentado en el tren hacia Frankfurt, pero cuanto más me alejaba de Hannelore, más solo me sentía. ¿Cómo iba a encontrar una casa para los dos? Entonces pensé dónde iba a dormir aquella noche, cuando ya no contaba con la cama y la seguridad del hospital. Desde que llegué al pueblo de Hannelore, con muy poco dinero, ella había pagado todas las diversiones del cuento de hadas durante todo el período vacacional. Ahora que había saboreado la vida, quería volver a ser un pez gordo, no el jodido barrendero de una fábrica.

Si hubiera tenido la cama del Hospital Barnet, creo que hubiese vuelto aquel mismo día a contarles todo sobre mis vacaciones a las chicas españolas de la cocina. Tal vez todo ello me hubiera dado algo de tiempo. ¿Tiempo para qué? ¿Para efectuar el robo, salir impune y vivir con Hannelore en una soleada mansión, felices para siempre? ¿Para arrestarme y cumplir una condena de diez años en la cárcel? Quizá debería haber sentado la cabeza y no cometer el robo. Quizá debería haber conseguido un trabajo mejor y haber ahorrado para un piso pequeño. Sin mis elevadas dosis de anfetaminas, todas estas opciones hubieran sido posibles, pero ahora no tenía sitio a donde ir. Una tormenta de venganza amenazaba sobre mí según iban aumentando mis temores y mi confusión. No podía soportar esta espantosa incertidumbre. Necesitaba una respuesta, un modo de convertirme en el ganador de los viejos tiempos, de recuperar los días de gloria. Tenía que encontrar una respuesta, y con rapidez.

Busqué en mi bolso y tenía la respuesta delante de mis narices: un frasco de anfetaminas. Siendo todavía un adicto, me tomé medio frasco de pastillas y, al cabo de veinte minutos, cuando las drogas surtieron efecto, todos los problemas se resolvieron. Una multitud de buenas ideas, a cuál mejor, se agolparon en mi cabeza. Cuando la locura demoníaca volvió a aparecer, alcé la mirada y frente a mí tenía al demonio, de vuelta de sus vacaciones de invierno.

—Bienvenido de nuevo —dijo sonriente.

Sumergido en un éxtasis lunático, ya no era capaz de permanecer sentado por más tiempo y me apresuré hasta el pasillo, vociferando incoherencias que asustaron al resto de los pasajeros. Habían dado comienzo los peores cinco días de toda mi vida, a punto de acabar en la muerte.

En el aeropuerto de Frankfurt me comporté de manera tan aberrante que fue un milagro que me dejaran embarcar. Con el dinero que me quedaba compré una botella de güisqui en el *duty free,* lo cual agravó aún más el efecto de las drogas. Era como echar gasolina al fuego. Después de despegar el avión, la bomba atómica de güisqui y pastillas hizo explosión al ponerme a escribir a Hannelore la primera de muchas cartas de amor. Mi pasión aumentó y convencí a la azafata para que me dejase acompañar a un niño que iba a ver al piloto y los controles. Volví medio locos a todos los miembros de la tripulación de la cabina, insistiendo en que volaran vía Múnich.

—Sólo por una hora para que pueda ver a Hannelore —le supliqué al piloto—. Llámela por radio. ¡Yo le pago, tengo fortunas acumuladas!

Y así una y otra vez. Al principio los pilotos se divertían y se reían, pero pronto la situación se hizo incontrolable y dos auxiliares tuvieron que llevarme a mi sitio. Uno de ellos se quedó a mi lado durante el resto del viaje. La tripulación y todos los pasajeros se quedaron más que aliviados cuando, al aterrizar en Heathrow, se deshicieron de mí.

Como ya no tenía dinero, me fui directamente al Soho, el barrio chino de Londres, donde todo había empezado muchos años atrás. Era mi última vez sobre la cuerda floja, corría hacia el inevitable desastre pero, esta vez, no había redes de seguridad. Aún colocado, me dirigí hasta uno de mis antiguos sitios favoritos, un *pub gay*, en donde pedí dinero. Mi historia les hizo gracia a los clientes chispados y conseguí unos pocos billetes. Con este dinero fui hasta Leicester Square para comprar más pastillas baratas, y con ellas empezar a vagar por las calles.

Recorriendo estos lugares conocidos, mi mente drogada se vio tan confundida, que creí estar en 1960. Busqué algunos clubes en edificios que habían sido derribados hacía muchos años para dar paso a nuevos bloques de oficinas. En un período de una hora, entré dos veces en el mismo bar y las dos pregunté por el Two I's Café, en donde Tom Steele había actuado una vez.

—Ya te lo he dicho antes. Ya no existe desde hace veinte años. ¡Vete a la mierda y métete en tu casa! —exclamó el airado camarero.

¿Casa? No tenía casa.

Fuera del *pub*, observé a un viejo vagabundo desplomarse en la entrada de una tienda. Una versión anciana de mí. ¿Estaba viéndome a mí mismo dentro de veinte años?

Con mi mente fuera de control, ya era demasiado tarde, no había forma de detener mi cabeza, que ahora viajaba a la velocidad de la luz. Las reglas del juego de mi cerebro no habían cambiado. Estuvieron funcionando durante toda la noche, mientras duró el delirio.

La mañana siguiente me senté en un banco y, totalmente desorientado, estuve dándole vueltas a mis pensamientos. ¿Voy a Newcastle, a Phoenix House, a West Green Road? No podía dilucidar dónde estaba o en qué año vivía. Alimentando la lava del volcán de drogas cada hora, estaba a punto de enfrentarme con algo tenebroso, algo perverso. Era mi última caída en picado del kamikaze, un destino que tenía predestinado desde los catorce años.

Enloquecido, pasé casi todo el día entrando y saliendo de los bancos de toda la ciudad, insistiendo en que, bajo uno u otro nombre, había abierto una cuenta durante los últimos veinte años.

—Eric Shepherd, John Kimble. ¡Debo aparecer con algún nombre! —exclamé—. ¡Quiero mi dinero para traer a Hannelore aquí!

—No, señor. No está bajo ninguno de esos nombres —me contestaban una y otra vez.

La ironía fue que se encontraron montones de dinero pero tendrían que pasar muchos más años.

Me desesperaba el pensar que si no encontraba el dinero en unos cuantos días, perdería a Hannelore para siempre. Así pues, decidí perpetrar el robo de County Hall. El que no tuviera la motocicleta de *motocross,* la camioneta o las herramientas para hacer el agujero en el tejado, no le importó a mi mente empapada de drogas, como tampoco el montarme en el tren sin haber pagado el billete hasta Virginia Water. Después de observar las elegantes calles bordeadas de árboles, me encontré con una enorme propiedad. Creí que se trataba de County Hall. Pero si lo era o no, a esta lunática mente le importaba bien poco. Era el tercero de esos cinco días.

La parte trasera de la propiedad daba a un bosque desde el que accedí a unos inmensos jardines. De repente escuché unos ladridos y empecé a trepar por el muro para salir, pero un Doberman me mordió en la pierna. Sus dientes me rasgaron los pantalones y entonces pensé que le mataría cuando volviese. Tomé más pastillas y me marché al pueblo en busca de una moto. En el aparcamiento de un supermercado encontré lo que estaba buscando. Como no tenía llaves ni manera alguna de arrancarla, me monté en ella, pero, inmediatamente se cayó y me dejó inmovilizado contra el suelo. Logré liberarme con gran dificultad y eché a correr.

Todavía más desorientado que antes, regresé al centro de Londres, donde me dediqué a buscar más lugares y personas que había dejado atrás hacía décadas.

El quinto día, sin dormir, volví al hospital Barnet para buscar a John, mi compañero de habitación de la unidad psiquiátrica. A John, cuya crisis nerviosa le había sobrevenido porque su mujer le abandonó, también le habían dado el alta, pero me le encontré durmiendo en su coche en la parte trasera del hospital. Yo le caía bien a John, así que le convencí para que pagara una habitación en un hotel donde pudiéramos vivir por el momento. Pensé que esto me daría tiempo para encontrar un piso y que Hannelore pudiera venirse a Londres. Ese mismo día cogimos una habitación en un pequeño hotel en Highgate. Era un dormitorio grande en la planta superior del edificio, al final de dos largos tramos de escaleras.

John me prestó unas monedas y, dejándole allí, salí de la habitación en busca de varios personajes con los que había cometido delitos años antes. Fui a la zona sur de Londres y los *pubs* en los que entré estaban como antes; incluso la gente parecía la misma. No sé exactamente dónde ocurrió, pero recuerdo que tuve una discusión con alguien, que salí del *pub* corriendo y que cogí un taxi hasta Highgate. En la puerta del hotel me enzarcé en otra disputa con el taxista porque no tenía suficiente dinero para pagarle la carrera. Mientras nos gritábamos el uno al otro, un coche con las lunas oscuras se detenía enfrente. No logré ver quién iba dentro y, asustado, entré apresuradamente al hotel. Eran las diez de la noche aproximadamente.

Cerré con llave la puerta de la habitación. Me sentía raro. Algo diabólico me aguardaba. La nube estaba a punto de desintegrarse. El martillo estaba a punto de caer. Me tomé un puñado de sedantes y, cuando el mareo se apoderó de mí, empecé a hablarle al siempre atento John, durante lo que parecieron horas.

Empecé a hablarle sobre Halliwick, mi primera droga, el Señor George, los robos de joyas, los corredores de bolsa *gays*, las mansiones, mi *night-club,* los Kray; sobre Malta, seis caballos blancos, los vagabundos polacos, los pasteles de frutos secos, Lanna, una cama en llamas, coches escondidos, Clara, mis peleas con el Paticorto; sobre Mary, la alcohólica muerta, los calcetines apestosos de Newcastle, los gigantes gusanos-policía, caballos negros, Snoopy y las ratas, los monstruos de nariz larga, del suicidio; sobre los riachuelos de los páramos, de apuñalar a Violet, las últimas palabras de mi padre, de lavarme con una manguera como a un leproso, Scotland Yard, Martin, peces escurridizos, el miedo junto a Tessa, mi encuentro con Hannelore.

A lo largo de todos esos años metido en drogas había logrado salir indemne de todo ello y vencer todas las adversidades de la vida. Dejé de hablar cuando me di cuenta de que John se había quedado dormido y yo empezaba también a hacerlo.

De pronto una persona baja y de tez oscura me está chillando. Su rostro está justo enfrente de mí.

—¡Mataré a ese mierda! ¡Deja que le mate! —grita.

Noto que hay más gente pero, medio inconsciente a causa de los barbitúricos, veo todo nublado. Está enloquecido, borracho, echando espuma por la boca. Me levanta. Caigo rodando por un largo tramo de escaleras. Dolor. Más dolor. He llegado abajo del todo. Todo da vueltas. Se oyen voces en lo alto de las escaleras. La voz se acerca. Alguien está de pie frente a mí, golpeándome con un bate de béisbol. Reconozco esa cara.

Es...

¡Zas! Destellos de luces dentro de mi cabeza. Ha vuelto a golpearme.

Veo cómo va descendiendo el bate. Más destellos. Dolor, un dolor insoportable.

Intento cubrirme desesperadamente, pero siguen lloviéndome los golpes.

Luego, todo se vuelve negro.

Al final ocurrió.

Cuando recuperé la conciencia varios días después, estaba en una extraña habitación. No recordaba nada de lo que había sucedido, sólo imágenes de un bate de béisbol y el mundo explotando. Muchas veces me había despertado en hospitales después de una sobredosis, pero esta vez era diferente. Tenía dolores, me dolía todo el cuerpo. No podía moverme, mi cuerpo estaba paralizado y uno de mis ojos, cerrado. Con el ojo sano, logré ver las barras de la cama, como las de las cunas de los bebés. Estaba vivo, pero ¿dónde? Todo se volvió negro otra vez, como si estuviera cayendo directamente al centro de la tierra.

Un rato después volví a sentir el dolor. Seguía sin poder ver nada pero sabía que había gente en la habitación. Oí a alguien decir:

—Te han hecho mucho daño. Voy a llamar a la enfermera.

Pronto conseguí ver una cara borrosa.

—No te muevas, los médicos vienen enseguida —dijo la voz femenina.

Y se hizo la oscuridad. Nada. Producto de mi recuperación y pérdida de conciencia, los días siguientes se confundían unos con otros.

Durante muchos años había ignorado las necesidades profundas de la vida y me había quedado vacío. Entonces una parte de mí había estado desconectada. Unos días después abrí los ojos y vi a mi hermano Paul al lado de mi cama.

—Por favor, dile a Hannelore que la amo. La necesito —le supliqué, todavía sin poder moverme.

Me prometió que lo haría, me acarició la mano y se marchó para que las enfermeras dejaran entrar a mi anciana madre.

Inclinándose sobre mí lloró, y sus lágrimas se precipitaron sobre mi cara apaleada. Ésta fue la primera y única vez que la vi llorar. Mi madre, cuyo amor siempre había ansiado, estaba allí. Había venido a ver a su adicto hijo, golpeado y muy mal herido. Ahora, ya vieja, se desplegó plenamente de todo el cariño que nunca antes había exteriorizado. Se inclinó y me besó en la cara. Pero yo estaba paralizado y no sentí sus labios. Había perdido la sensibilidad en todo mi cuerpo, pero... ¡había encontrado a mi madre!

La retirada de las drogas junto con las terribles heridas eran como el mono a las puertas del infierno. Una mañana, convencido de que iba a morir, llegó un gran ramo de flores. La enfermera me leyó la tarjeta.

«Siempre te querré. Hannelore.»

Durante los días siguientes permanecí tumbado boca arriba sin poder moverme mientras veía caerse los pétalos de las flores uno a uno, como yo, muriendo lentamente. Jamás sabré qué investigaciones médicas se llevaron a cabo en el hospital Whittington porque, en el momento de escribir este libro, los doctores afirmaron que no tenían constancia de mí en sus archivos. Tengo la certeza de que, en vista de lo que ocurriría después, los destruyeron todos.

Poco después, incapaz de caminar, sangrando por el oído sordo, con doble visión y dolores de cabeza cada vez más fuertes, me pidieron que me marchara. Siempre he mantenido que fui dado de alta porque me dieron la paliza bajo una sobredosis de drogas. Ese estigma casi me costó la vida.

Mi madre fue a recogerme, quejándose de que aún estaba demasiado enfermo para dejar el hospital. Era absurdo, pero ¿qué podía hacer una señora mayor?, apuntarles con una escopeta y decir: «¡Dejen aquí a mi hijo o dispararé!» Luego se descubrió que si no me hubieran operado, para cerrarme el cráneo fracturado y el oído, se podía haber producido una meningitis o un absceso en el cerebro que me hubieran producido la muerte.

Estaba tan enfermo que cuando llegué al piso de mi madre me acosté en su cama. Allí fue donde permanecí, demasiado débil como para moverme. Todo lo que hacía era escribir hasta diez cartas diarias a Alemania. Los días pasaban y yo seguía empeorando. Mi vista era ahora tan deficiente que no veía lo suficiente para escribir. Un día me acordé de que aún me debían dos semanas del trabajo de barrendero, así que convencí a mi madre para que fuera a cobrarlas. Un día o dos después, mientras mi madre estaba comprando, cogí un taxi hasta la consulta del doctor Lando. Apenas podía andar, pero a pesar de mis heridas tan evidentes, me extendió, sin levantar la mirada, la receta habitual para una gran cantidad de anfetaminas.

No me tomé ninguna y regresé a casa de mi madre, donde las escondí. Ésta fue, paradójicamente, la única vez en toda mi vida que no iba buscando el efecto propio de ellas, sino sólo la vitalidad que me permitiera ver a Hannelore una última vez antes de morir. Durante toda la semana anterior, le había mentido por teléfono diciéndole que me encontraba mucho mejor y que ya teníamos un sitio para vivir. Ella me creyó y accedió a venir. Llegaría ese sábado en el tren que enlaza con el puerto.

¿Una casa donde vivir? Se trataba de una cama y un desayuno de hotel. Con el dinero que me quedaba, había reservado habitación para un par de días, eso era todo.

Sin que Hannelore supiera nada, todo lo que tenía que ofrecerle era una enorme lista de heridas y un paquete lleno de drogas.

Descansé hasta el sábado por la mañana. Faltaban cuatro horas para que llegara el tren, cuando me tomé el primer puñado de anfetaminas. Una hora más tarde estaba enloquecido. En lugar de ser operado lo que estaba haciendo era retornar a la isla de la droga como un toro enfurecido.

35

UN ESPANTOSO VIAJE A HOLYHEAD

Era un hombre desesperadamente enfermo que esperaba reunirse con Hannelore aquella mañana. Como el tiempo probaría más tarde, el Hospital Whittington había dado de alta a alguien que necesitaba ser operado urgentemente. Era la anfetamina lo que hacía que me sintiera fuerte y lo bastante loco como para caminar, por no decir viajar, hasta la estación Victoria. Quería a Hannelore y no podía vivir sin ella, pero tampoco sin las drogas. Abandonar las drogas para siempre era como pedirme que dejase de respirar.

Esa mañana, que no paré de caerme, estuve a punto de morir de una hemorragia cerebral. Al principio, estuve esperando a que llegara el tren al lado del revisor. Luego, incapaz de mantenerme en pie, me senté en el suelo helado de la estación con la espalda apoyada contra una columna. A un policía de la estación debí parecerle un vagabundo borracho porque enseguida vino a echarme.

—Estoy esperando a Hannelore —le supliqué.

—Todos la estamos esperando —dijo riéndose, y me recordó que me fuera de la estación.

Afortunadamente, mientras discutíamos, llegó el tren y, de repente, vi a Hannelore delante de mí.

Cuando me encontró tirado en el suelo y golpeado con tanta violencia, se dibujó una mirada de horror y de desconfianza en su rostro. El lado izquierdo de mi cara no tenía vida, estaba totalmente paralizado y con un color entre verde y amarillo, debido a la fuerte contusión. Lo que le saludó aquella mañana no tenía nada que ver con el educado caballero que se había despedido de ella en Alemania, varias semanas antes. Peor que mis heridas era mi comportamiento. Estaba ante un lunático cuyo cerebro flotaba en un mar de drogas. Incapaz de creer lo que estaba viendo e insegura sobre lo que debía hacer, me ayudó a llegar hasta el bar de la estación. Nos sentamos, dos personas de mundos diferentes que, enamorados, eran ahora los personajes principales en una película de terror en la vida real.

Antes de recibir la paliza, yo era para ella el apuesto y misterioso hombre de la gran ciudad, tan diferente de los aburridos chicos del pueblo con los que Hannelore había crecido. Era su billete para olvidar la monotonía del entorno que tanto le aburría. Nuestro denominador común era que nos queríamos el uno al otro.

Pero el amor al lado de un adicto sólo puede acabar en desastre.

Los peores diez días de la vida de Hannelore estaban a punto de comenzar. Se había despedido del trabajo para venir a Inglaterra y empezar una nueva vida. Estaba cayendo en la cuenta de que el hombre del que se había enamorado no sólo estaba medio muerto, sino que era un drogadicto sin esperanzas: ¡un colgado Humpty Dumpty al que ninguno de los médicos del rey podía recomponer!

Sentada en la cafetería de la estación, esta joven, totalmente desconcertada, sola en un país extranjero, escuchó el primero de mis discursos incoherentes.

—¿Te trajiste el coche? —le pregunté a alguien que acababa de bajarse del tren—. Lo necesitamos para el robo de County Hall. Me encuentro demasiado débil para la moto.

En aquella fría mañana de invierno, mi drogada mente estaba en un mundo diferente al de mi compañera.

—Tienes que descansar, estás muy enfermo —me dijo.

Y empezó a llorar cuando me ofreció una sencilla rosa roja. Al coger la flor, me imaginé a mí mismo en un ataúd, en el fondo de un agujero, y a ella vestida de negro.

Tenía muchos dolores pero, a pesar de ello, pudimos hacer el trayecto de una hora hasta la zona norte de Londres. Desde la estación de Finchley, apenas sin poder caminar y con la rosa roja entre mis dientes, ayudé a Hannelore a llevar dos pesadas maletas hasta el hotel, dos manzanas más abajo.

Chumleigh Lodge era una pequeña casa de huéspedes, limpia e inmaculada, con unas diez habitaciones. Nuestra preciosa habitación amueblada se encontraba al fondo del pasillo, en la planta baja. Este hotel lo dirigía, como si fuera una máquina bien engrasada, una pareja mayor que pronto se interesó por sus nuevos huéspedes. Una vez allí, me desplomé en la cama y no salí de la habitación durante algunos días. Para tranquilizarme me tomaba un sedante cada hora, lo que me mantenía en estado soporífero, como el de los borrachos, durante todo el día. Cuando despertaba, Hannelore, que ocupaba la mayor parte de su tiempo leyendo o escribiendo, se acercaba sigilosamente a la cama y me cogía la mano. Quiso conseguir asistencia médica, pero cuando le enseñé mi cartilla del hospital, quedó más confundida: no tenía cita hasta dentro de un mes.

—Me han dicho que no hay nada que hacer —insistí.

Hannelore salió a comprar comida un par de veces. Aparte de eso, la semana siguiente sólo pudimos ver la calle a través de las ventanas que daban a un aparcamiento muy concurrido. Los desconocidos entraban y salían en sus coches, pero en nuestra habitación el tiempo se detuvo. Mi madre y mi hermano no podían o no querían seguir ayudándome y ahora, aparte de Hannelore, estaba solo. La paliza me había dejado como un zombi con el cerebro muerto y, obviamente, las drogas no hacían sino empeorar las cosas.

El dinero de Hannelore empezaba a escasear y pronto me di cuenta de que a no ser que nos fuéramos a vivir juntos a un banco del parque, se vería obligada a regresar a Alemania. No nos quedaba mucho tiempo para estar juntos, y ambos lo sabíamos. Hacia finales de la primera semana, Hannelore me dejó solo en la habitación durante unas horas y cuando volvió lo hizo con un billete de tren abierto.

—Tengo que irme a mi casa —afirmó—, pero primero voy a llevarte a un hospital.

Sus palabras sonaron como un adiós definitivo.

Incapaz de aceptar lo inevitable, me tomé una gran dosis de anfetaminas para armarme de la fuerza necesaria para suplicarle, pedirle o robarle dinero, y comprar con él el tiempo necesario para arreglar mis lesiones de la cabeza.

Cuando hicieron efecto, conseguí levantarme de la cama. Acelerado por las drogas, le anuncié que nos íbamos al centro de la ciudad para recuperar el dinero que escondí en otro tiempo.

—Mira —le lloré, enseñándole los documentos de mis millones desaparecidos—, sé que hay dinero en alguna parte.

Hannelore procedió con calma, completamente desconcertada, demasiado confusa como para enterarse de lo que estaba pasando. Primero fuimos al bloque de pisos de Marble Arch, donde había vivido en mis buenos tiempos. No pudimos entrar pero, cuando estábamos en la calle, empecé a recordar más cosas acerca del pasado y del dinero escondido. Durante todo el día me acompañó hasta varios lugares en busca del dinero, pero no encontramos nada.

Ya no nos quedaba ni un penique para comer. Anduvimos sin rumbo por las calles durante horas. Aquella noche, ya tarde, nos introdujimos entre las luces de neón de clubes bastante sórdidos, intentando encontrar a Moisés, el jamaicano que cuidó de mí muchos años antes. Como sólo nos quedaba una noche de hotel, teníamos que encontrar a alguien como él o, de lo contrario, no tendríamos donde vivir. Me puse a llorar en medio de la calle cuando, después de ir de garito en garito, nos dijeron que Moisés estaba en la cárcel. Al amanecer, cansados, cogimos el primer tren de regreso a nuestro hotel. Durante el trayecto, Hannelore me susurró, con una voz de desánimo, que se quedaría una noche más y que después se marcharía a Alemania.

En el hotel, el resto de los clientes se estaban levantando cuando Hannelore, pálida y exhausta después de toda una larga noche sin dormir, se desplomó en la cama. El sol entraba por el ventanal y, allí tumbada, me la imaginé al lado del lago en Alemania, alejada de las garras diabólicas de la isla de la droga. Estuvo durmiendo todo la mañana mientras yo, saturado de anfetaminas, reposaba a su lado.

Se despertó por la tarde, muy turbada y llorando.

—¿Por qué no nos ayuda tu familia? ¿No tienes a nadie a quien le importes? —dijo muy disgustada.

No tenía ningún sitio donde ir, así que se volvió a quedar dormida. Yo, tumbado a su lado y escuchando su respiración, empecé a sentir que el dolor de cabeza era cada vez más fuerte. Mucho más tarde, me levanté y fui a sentarme a la mesa. La información que había bajo el cristal decía: «Todas las habitaciones deben desocuparse antes de la 10 de la mañana.» Miré el reloj que había colgado de la pared. Eran las 4 de la madrugada.

Me sentía como si estuviera retando a la muerte, quedándome seis horas de vida.

Entonces, más desesperado que nunca, decidí llevar a cabo el robo violento y de gracia. Tomé unas cuantas pastillas y salí de la habitación en busca de una joyería. Veinte minutos después, y no exactamente de la mejor manera, arrojé un ladrillo contra un escaparate de la avenida principal más cercana. Me encontraba tan débil que no resultó un buen lanzamiento; el ladrillo se me escapó de las manos, cayó al suelo y yo con él. Ni siquiera se rajó el cristal, así que me marché llorando, andando como pude para descansar bajo una parada de autobús próxima. Sentado allí, con la cabeza dándome vueltas, me acordé de que Violet, mi antigua niñera, vivía muy cerca de donde estaba. «¡Seguro que me echará una mano!», pensé, y me puse en camino hacia su piso. Lo hubiera hecho si no hubiese muerto hacía unos años. Eran las seis de la madrugada cuando encontré su casa. Los nuevos ocupantes se enfurecieron y me amenazaron con llamar a la policía si volvía a llamar otra vez, y me recordaron que ya había estado allí un par de años antes.

Cuando regresé al hotel, Hannelore seguía dormida. Ingerí más anfetaminas para considerar cuál sería el siguiente paso y entonces se me ocurrió el plan más descabellado hasta la fecha, el cual daba fe del verdadero horror de mi abuso de las drogas. Sin ningún dinero, decidí llevar a Hannelore a Cork, al sur de Irlanda. ¿El propósito del viaje? Consumar el robo que resultó fallido con el Señor George cuando yo tenía catorce años.

Desperté a mi bella durmiente con un paquete de mentiras. Le dije que no había ningún problema, que acababa de llamar a unos amigos que nos esperaban en Irlanda con los pasajes de barco.

—También nos ayudarán a encontrar un hospital —le dije, llorando.

Hannelore tenía serias dudas sobre aquella historia, pero su amor por mí hizo que pensara que todo era verdad. Dos horas más tarde, los dos en un estado terrible, cogimos un tren en la estación de Euston. Durante el trayecto hasta el Canal de la Mancha, la anfetamina hizo que realidad y ficción se confundieran de tal modo que empecé a creer mi propia historia. ¿Amigos esperando en Irlanda? ¿Qué amigos? Mis únicos amigos durante los últimos veinte años habían sido unos «tíos» pequeños y redondos de color amarillo, que tenían grabada la palabra Dexidrina en el dorso.

Como no teníamos billetes nos echaron del tren en varias ocasiones y, cada vez que sucedía esto, nos sentábamos en una fría sala de espera hasta que cogíamos el siguiente tren. Normalmente el trayecto se tardaba una hora en hacer, pero nosotros invertimos todo el día. Llegamos a la terminal del ferry de Holyhead por la noche, hambrientos y cansados. Hacía dos días que no comíamos. Drogado hasta la saciedad, casi esperaba, mientras ascendíamos por la pasadera con los demás pasajeros, ver al Señor George para darnos la bienvenida. Pero mis sueños de una nueva vida en Irlanda se desvanecieron súbitamente cuando el oficial del barco dijo con frialdad:

—Sin billetes no hay viaje.

A pesar de que le prometiera que tenía a unos amigos esperando en Cork con el dinero, se negó a que embarcáramos.

—No hay billetes, no hay viaje.

En vista de que nada salía bien, empecé a comportarme como un niño.

—¡No nos dejan embarcar! —chillé, de la misma manera que un niño le grita a su madre.

Nos fuimos a andar por el paseo marítimo. Hannelore empezó a llorar a lágrima viva al darse cuenta de que la historia de los amigos de Irlanda nunca fue verdad, y de que ahora nos encontrábamos en una situación mucho peor.

Mientras estábamos en el puerto, inmóviles como dos víctimas de un terremoto, se nos acercó un inspector de policía vestido de paisano. Muy amable, nos pidió que le acompañáramos a una comisaría próxima. Le supliqué que hablara a solas conmigo; así, le pidió a Hannelore que esperara fuera y a mí me llevó a su oficina. Le rogué que la dejara a ella al margen de todo aquello, que provenía de una respetable familia alemana. A su pregunta sobre qué hacíamos en Holyhead sin dinero, le conté toda mi lamentable historia, omitiendo la parte de mi pretendido delito. Se quedó perplejo y me preguntó mi nombre y fecha de nacimiento. Una vez que los hubo comprobado, regresó para decirme que había tres órdenes de arresto contra mí. Nada serio, no tenía que comparecer ante los tribunales, pero lo suficientemente significativo como para detenerme.

—¡Oh, no, joder! —exclamó—. Lo que faltaba. —Me resultó raro sentir su mano sobre mi hombro cuando dijo—: ¡Menudo lío! Vosotros dos os queréis de verdad. Llévala a Dover y busca un hospital para ti. Y deja ya de tomar esas jodidas drogas. —Metiéndome unas monedas en el bolsillo, dijo sonriendo—: Toma. Para que comáis algo. Y ahora, vete aquí. No te he visto.

El próximo tren para Londres no salía hasta la mañana siguiente y como la sala de espera de la estación estaba cerrada, nos pusimos a pasear por las calles, cerca de la playa. Hannelore me seguía a todas partes, suplicándome en cada momento que nos sentáramos a descansar. Encontramos una barca de remos y, absolutamente perturbado, intenté ponerla a flote.

—¡Nos iremos remando a Irlanda, sube! —le grité.

Hannelore, que en ese momento se vino abajo, empezó a llamar a su madre a voces.

—¡Mamá, mamá! ¡Sálvame!

Gracias a Dios, no fui capaz de mover el bote y como Hannelore se negaba a ayudarme, la partida con mi barca de remos tuvo que cancelarse.

Un rato después encontré una botella vacía que me dio la brillante idea de enviar un mensaje. Abrí el maletín de los millones desaparecidos, saqué un documento y lo introduje en la botella. Con las olas mojándome los pies, arrojé la botella al mar.

—¡Sabrán que soy yo y nos enviarán ayuda!

Hannelore estaba arrodillada, rezando en voz alta.

Una hora después abrieron la cafetería de la estación. Hannelore estaba muerta de hambre y se enfadó mucho cuando se dio cuenta de que había perdido las monedas del policía. Probablemente estaban en la botella, flotando en el mar junto con nuestra posibilidad de desayunar. Enloquecido y llorando, regresé solo a la playa con la intención de buscar la botella. Un poco después Hannelore fue a buscarme y, de milagro, pudimos coger el primer tren hacia Londres.

Durante las cuatro horas de viaje de vuelta, mi comportamiento empeoró hasta el punto de arrojar por la ventanilla toda la ropa que me sobraba. Los revisores se acercaron pero, al ver el estado en el que me encontraba, se asustaron y nos dejaron solos; pensarían que sería mejor que Londres se hiciera cargo de mí. Cuando llegamos a Euston, el personal nos ayudó a cruzar la barrera, cualquier cosa con tal de no verse involucrados en una tragedia.

Ambos estábamos muy afectados y no podíamos decidir si dejarnos y darnos el adiós definitivo. Estuvimos sentados durante mucho tiempo en los bancos, fuera de la estación, deseando retrasar lo inevitable. No hablamos nada pero finalmente acompañé a Hannelore hasta la estación Victoria para que cogiese el tren que le llevaría hasta el barco hacia Alemania.

El último tren del día ya había salido y teníamos que esperar hasta la mañana siguiente. Necesitábamos desesperadamente un lugar en donde dormir. Por aquel entonces la terminal de la compañía British Airways estaba situada detrás de la estación, así que nos cobijamos allí, al resguardo del frío de la noche. Al principio, como no nos molestaba nadie, Hannelore pudo reposar su cabeza sobre mi regazo, pero al cabo de un rato llegó un guarda de seguridad y nos explicó que teníamos que marcharnos porque iban a cerrar la terminal. Le imploré que nos dejara estar allí y al final aceptó que Hannelore se quedara a dormir hasta la mañana siguiente. Le rogué a Hannelore que me perdonara por haberla traído a Londres, y le prometí que volvería a las seis para despedirla.

—Yo te amaba. Toma, guarda tú los millones —le dije entre sollozos, mientras le entregaba el deformado maletín.

El guardia de seguridad miró dentro del maletín por si había una bomba. Satisfecho, lo dejó allí y me marché dando tumbos.

En la calle pensé en Alen. A pesar del daño que le hice, seguro que me ayudaría. Su casa estaba a tan sólo unos kilómetros, pero las calles me parecían desconocidas. Las había recorrido durante años, recogiendo colillas de cigarros, y me conocía cada grieta de sus aceras; sin embargo, con la vista dañada, los edificios me parecían mucho más altos. Era como si acariciaran el cielo. Estuve caminando durante horas intentando encontrar a Alen, pero acabé absolutamente perdido; ni siquiera podía encontrar el camino de vuelta a Victoria. Ya no podía andar y, entonces, me arrastré hasta la entrada de un establecimiento para tumbarme. Dieciséis años después descubrí que había estado en la esquina de Exhibition Road con Thurloe Street, a tan sólo ochocientos metros de la casa de Alen. Despuntaba el alba y, allí tumbado, sentía que estaba a punto de desmayarme y no volver a ver a Hannelore nunca más.

¿Acaso la había visto alguna vez?

¿Existió realmente?

¿Había sido simplemente el sueño de un borracho?

De repente oí una voz.

—Ven aquí.

Miré, y poco a poco fui reconociendo a «la Reina del Cigarro», una anciana que había dormido a la intemperie durante muchos años en ese mismo lugar. Muchos taxistas la conocían y le traían paquetes de cigarrillos o bebidas calientes en vasos de plástico.

En mi afán de ayudar a los pobres cuando me creía un Robin Hood, yo también había parado mi coche para ofrecerle dinero. Ella se acordaba de mí y, cuando me convertí en un vagabundo, hizo mucha amistad conmigo. Era una mujer corpulenta que solía llevar muchas faldas, unas encima de otras, como si fuera un personaje de una novela de Dickens. Siempre tenía cigarrillos metidos bajo sus bragas. Aquella noche me dio un poco de brandy que, sin duda, me sirvió de ayuda. Me tumbé a su lado para escuchar la triste historia que le había llevado hasta las calles. Era una virgen de veinte años que trabajaba para Harrods cuando empezó una relación con su supervisor, un hombre de cuarenta con el que practicaba el sexo en el almacén. Para ella, él era el amor de su vida y creía que él también la quería. Se quedó embarazada. Pensando en el matrimonio, decidió contarle la buena noticia mientras tomaban la copa habitual después del trabajo. Aquella tarde, a la hora de cerrar el establecimiento, llegaron un mujer y dos niños para darle una sorpresa.

—Papá, papá —exclamaban los niños. Él los cogió en brazos

Ella observó con lágrimas en los ojos cómo se alejaba con su familia. Después de aquello, un aborto, la angustia y la bebida la condujeron a una vida de soledad en las calles.

Se quedó mirando fijamente al vacío durante unos instantes. Luego se puso en pie ante mí y dijo:

—Vuelve con tu amor, al sitio al que perteneces. Puedo verlo. Te irá bien, está escrito.

Un taxista se acercó para ofrecernos té.

—Reg, este muchacho se ha perdido. Llévale a Victoria —le dijo.

Él obedeció sin decir nada. Incluso permaneció en silencio cuando le di las gracias.

En el interior de la terminal vi a Hannelore y di unos golpecitos en la ventana. Se acercó y, mientras hablábamos a través del cristal, el mismo guardia de la noche anterior me dejó entrar. Le pedí a Hannelore que me dejara ir con ella a Dover para despedirla, y le prometí que no haría una escena y que después me dirigiría a un hospital. Aceptó con desgana. Para permanecer despierto, al menos hasta llegar a Dover, me tomé las últimas anfetaminas que tenía. Ya no quedaban estimulantes.

Apenas nos dirigimos la palabra en el tren; nos limitamos a estrecharnos las manos. Al recordar las palabras de la Reina del Cigarro sobre una nueva vida, pensé que se refería a una vida con Dios, en el cielo. Cerré los ojos y pensé: «Hannelore me enterrará en algún sitio.» Era insólito, pero me sentía en paz.

Ya había corrido todas mis carreras. Estaba preparado.

Al llegar a Dover, respiré profundamente. «No llores. Ahora no», pensé. «Los hombres no lloran.» Todo el mundo levantó la cabeza para decir adiós al barco, que se alejaba en el horizonte. Todo esto se lo debía a ella y así era como quería que me recordara.

«Alcanza tus sueños», me había dicho la Reina del Cigarro, pero ahora mi sueño se estaba disipando. El barco estaba a punto de zarpar.

—¡Rápido, embarquen! —gritaba la tripulación del barco.

Hannelore, con su pasaje en la mano, se apresuró a subir por la pasadera.

Tomé aliento y fui tras ella empujando a uno de los marineros, pero me caí sobre la cubierta del barco.

—Enséñeme su pasaje —me gritó el marinero al que cogí desprevenido.

—Aquí lo tengo —le repliqué, arrebatándole a Hannelore el suyo—. El otro está por aquí dentro. —Y empecé a vaciar la maleta de Hannelore—. ¡Tiene que estar por aquí dentro! —grité, hurgando entre la ropa para retrasar la salida.

Pero ya era demasiado tarde, la escotilla estaba levantada y, con cientos de pasajeros a bordo, no estaban dispuestos a que el ferry no partiera sólo por esperar a uno que no pagaba.

El tiempo demostró que este viaje en barco cambió mi vida. A solas en Dover hubiera muerto.

Hannelore les dio su dirección de Alemania y desde entonces la tripulación no nos prestó ninguna atención. Al divisar la costa de Bélgica me asusté porque pensaba que me detendrían, y entonces subí a cubierta con el maletín de mis millones desaparecidos para arrojarlos por la borda. Todos aquellos años de delincuencia se depositaron en el fondo del mar para descansar.

Cuando el ferry atracó en Ostend, y siendo el destino lo único que nos mantenía unidos, echamos a andar sin hacernos preguntas. Ninguno de los dos tenía idea de lo que iba a ocurrir o de por qué había llegado a Bélgica, y Hannelore no se había planteado el llevar a este guiñapo humano a la casa de sus padres. Estaba tan traumatizada que ahora era ella quien necesitaba un manicomio.

Y allí estaba, después de una juerga de cinco días con drogas y sin haber dormido.

Tullido por las terribles lesiones, no tenía sitio donde ir.

Hannelore me dijo algo pero no pude oírla; entonces, empecé a llorar amargamente. Varias personas intentaron ayudar pero nadie consiguió consolarme. Estaba hecho polvo.

Había estado castigándome toda la vida a lo largo de un camino a ninguna parte.

Me dolía todo, pero no físicamente, sino también emocionalmente.

Toda la ira que llevaba dentro la expulsé gritando:

—¡Que se jodan esos cabrones, asquerosos mierdas! ¡Que se jodan todos!

Me había quitado el abrigo y al meter las manos heladas dentro de los bolsillos del pantalón, descubrí las últimas cuatro pastillas: suaves barbitúricos. Éste era el escape de mi vida que tanto daño me hacía. Como no podía tragarme las pastillas enteras, las mastiqué mientras subíamos a un tren que estaba estacionado, para resguardarnos del frío. Enseguida empecé a sentir que me invadían las blancas nubes del sueño, como si fuera un maremoto. Como un niño, me acurruqué y me quedé dormido a bordo de un expreso ruso.

36

Un largo y tortuoso camino

Cuando abrí los ojos, el tren se estaba alejando lentamente de la estación de Ostend rumbo a Siberia. Todavía atontado por los barbitúricos vi el contorno de otros pasajeros y les oí hablar en un idioma extranjero. Alguien me había atado el maletín de los millones desaparecidos con una cuerda.

Salté del tren como en una escena de película de guerra y caí de espaldas en medio del andén, incapaz de moverme. Me volví a golpear en la cabeza, y la nariz me sangraba. Cuando conseguí sentarme, me encontré una nota prendida en el pecho que decía: «Te quería pero tenía que irme a casa.»

Hannelore acababa de superar un curso de supervivencia que incluso comandos bien entrenados no lo habrían logrado pasar. Casi sin dormir ni comer durante los cuatro últimos días, Hannelore estaba física y mentalmente al borde de sus fuerzas y se había visto obligada a saltar de su tobogán gigante para mantenerse con vida.

Los viajeros, desconfiados, evitaban pisarme cuando me senté allí, sucio, medio paralizado y ahogado en sangre. Hannelore, mi billete hacia la humanidad, se había marchado. Otra vez me encontraba solo, pero ahora en una ciudad belga desconocida, con la cabeza y el corazón hechos pedazos. La gente pasaba delante de mí a toda prisa. Vi las gaviotas sobrevolando allá arriba, como buitres esperando para devorarme. Con un ojo pude vislumbrar el contorno borroso de las tiendas al otro lado de la calle. Intenté levantarme pero no pude, así que, como un perro, avancé lentamente a cuatro patas hasta el exterior de la estación. Nevaba mucho y caminé por la nieve de rodillas y con el maletín atado a mi cintura. Parecía un perro San Bernardo.

Para escapar de la nieve me cobijé en la entrada de una tienda mientras un camión de cerveza descargaba delante de mí. De dónde provenía la fuerza sólo Dios lo sabe, pero cuando los dos hombres desaparecieron de mi vista, cogí un cajón entero de cervezas y tiré de él hasta la vuelta de la esquina. Unos cuantos metros más allá encontré la entrada de un aparcamiento subterráneo. Me deslicé subido en el cajón de cervezas como si fuera un tobogán. Dentro del aparcamiento me encontraba al menos resguardado de la gélida nieve. Rompí las botellas por el cuello y me tragué el contenido con ansiedad. El alcohol estimuló las drogas de mi organismo y, a pesar de las heridas, enseguida me sentí perfectamente. De nuevo era el rey.

Durante las dos horas siguientes, todo era sencillamente maravilloso dentro de ese aparcamiento belga.

Poco después me desvanecí. Tumbado de espaldas, helado y rígido, al principio era incapaz de moverme; era como si el *rigor mortis* se hubiera asentado definitivamente. Incluso al mover la cabeza todo empezaba a darme vueltas, como si un gigante me estuviera zarandeando. Lo único que podía hacer era estar tumbado, pero abrí la última de las botellas y empecé a derramar el contenido dentro del estómago. Aparte del estado tan lamentable en el que me encontraba, me hice un corte en el labio con el cuello de la botella, de manera que bebí sangre mezclada con cerveza. Poco a poco, el alcohol me irritó y, bebido, decidí ir tras Hannelore hasta Múnich. Al rato estaba sentado en la calidez de un tren con destino al sur de Alemania, o al menos allí esperaba que se dirigiera.

El problema de viajar así en trenes alemanes es que los revisores son mucho más estrictos que sus colegas los ingleses.

«No hay billete. ¡Fuera!», ésa es la norma rigurosamente obedecida. Lo único bueno era que esperaban a que el tren se detuviera antes de tirarme. No hacen caso de las historias sentimentales, especialmente cuando se cuentan en un idioma extranjero. Me hicieron bajar del tren en cada parada y, como el viaje se hacía interminable, me fui sintiendo cada vez más exhausto y deshidratado. En cada estación, demasiado débil para ir en busca de comida y bebida, lo que hacía era sentarme hasta que llegara el siguiente tren rumbo al sur.

Con la eficiencia típica de los alemanes, la policía del ferrocarril telefoneó a las diferentes estaciones para avisar de que había un extranjero que se estaba desplazando por todo el país sin pagar su billete. Mi viaje acabó en Koblenz, donde me detuvo un severo oficial con un gran sombrero y un abrigo largo.

—Venga conmigo —dijo, llevándome a un enorme coche de color verde.

Me llevó hasta la comisaría de policía y me encerró en una celda durante unas cinco horas.

Allí, milagrosamente, me encontré diez marcos en monedas, apiladas unas encima de otras. Por fin, la puerta se abrió y empezó un interrogatorio que convirtió a los policías ingleses en maestros de guardería. La policía estaba enfadada y me avisaron del severo castigo por quebrantar las normas del sistema nacional de ferrocarril. Me sonó como una condena a muerte. Lo que no quisieron fue, no obstante, tomarse la molestia de arrestarme y todo el papeleo que conllevaba el devolverme a los bancos de los parques de Inglaterra. El jefe, el del sombrero, se dirigió a mí en inglés con el típico acento alemán:

—Ve donde quieras, en barco, en coche o en avión. Pero no, y repito, no en tren. ¿Está claro o te lo tengo que repetir? —dijo, muy enfadado.

Me hubiera gustado responderle: «¡Heil Hitler!», pero pensé que sería mejor no hacerlo. Así pues, asentí con la cabeza y me marché sin decir nada a caminar por las nevadas calles de Koblenz.

Con la ayuda de un viandante, utilicé las monedas para llamar a la casa de Hannelore. Estaba muy molesta, así que me puso con su padre, que ahora ya conocía todos los detalles referentes a la pesadilla inglesa de su hija. Me habló por extenso en alemán. Yo no entendía una palabra pero había compasión y preocupación en su voz. No dejaba de repetir mi nombre, como si me estuviera deseando mucha suerte o perdonándome. Me le estaba imaginando en el salón, con el piano sonando y las luces del árbol de Navidad. Cuando se agotó el dinero, salí de la cabina y entonces la nieve caía con más intensidad que nunca.

«No debo rendirme», me decía a mí mismo, y empecé a cantar *May be it's because I'm a Londoner*. Cantar parecía estimularme mientras caminaba como podía por la autopista. Atemorizado por la policía ferroviaria y sin tener noción alguna de la distancia que separaba Koblenz de Múnich, más de cuatrocientos kilómetros, me dispuse a hacer autostop. Aquella fría noche, los pocos coches que pasaban ni siquiera repararon en mí porque, cubierto de blanco, parecía un muñeco de nieve humano. Cuando me di cuenta de que no pararía nadie, decidí caminar. Medio muerto, con necesidad de que me operaran urgentemente y soportando uno de los peores síndromes de abstinencia de todos los tiempos, me estaba exigiendo demasiado a mí mismo. Después de haber andado aproximadamente un kilómetro, me caí en una cuneta y me hundí bajo un montón de nieve. No podía salir de allí y estuve tumbado boca arriba mucho tiempo, con la nieve cayéndome en la cara. «Se suponía que el infierno era caliente», pensé. Al final logré salir con dificultad de la cuneta pero perdí uno de mis zapatos. Tenía tanto frío que mi cuerpo estaba insensible. Caminando con un solo zapato, me alejé de la autopista y regresé a Koblenz. Había estado horas bajo la nieve. Me encontraba de nuevo cerca de la estación en donde, como si alguien me hubiera guiado, encontré un sótano seco. Me desmayé allí dentro pero era imposible dormir sobre el suelo; el frío del terreno me penetraba en todo el cuerpo. Desaté el maletín de los millones desaparecidos para utilizarlo como almohada, y me preparé para morir.

Empecé a llorar y a reír al mismo tiempo, mientras que hablaba con Dios.

No estaba ni borracho ni drogado sino absolutamente tranquilo y cuerdo. Necesitaba ayuda y, con el resto de la población de Koblenz aún dormida, Dios era el único que podía escucharme.

—¡Oh, Dios mío! —dije sollozando—. Tú, y sólo tú, puedes ayudarme en este momento. ¡Sólo tú puedes darme la fuerza para dejar de tomar drogas!

Por fin me había dado por vencido, admitiendo mi horrenda adicción y cuán incontrolable había sido todo desde que era un niño.

Con todo en mi vida destruido, era un adicto muy enfermo que rezaba, por primera vez, para ser rescatado. Entregué mi testamento y mi destino a mi creador y me tumbé, sintiendo una inmensa huella de alivio cuando Dios se allegó a mí en aquel sótano. No apareció entre un rayo de luz rodeado de ángeles, sino que estaba simplemente a mi lado. Eso es todo.

Era un adicto abatido y cansado al final de una pesadilla de veinte años. Me obligué a ponerme de rodillas sobre aquel negro suelo y le pedí ayuda una y otra vez.

Me ayudó.

Y nunca jamás volví a tomar drogas en toda mi vida.

37

Resguardado del frío

Todavía me quedaba un largo camino por andar si quería seguir viviendo. En el fondo del sótano encontré un contenedor de basura, y para resguardarme del frío me metí dentro. Me quedé dormido allí y soñé con Hannelore y su padre, que me llamaban por señas desde una gran puerta de madera que daba a un jardín iluminado por la luz del sol.

De repente me desperté sobresaltado como por un terremoto. Todo estaba boca abajo y yo viajando al centro de la tierra con toda la basura. Estaban vaciando el cubo, conmigo dentro, en un camión de basura. Grité y, sacando la cabeza como pude por entre los desechos, logré escapar de los dientes de la devoradora. Los hombres de la basura, más aturdidos que yo aún, se quedaron enmudecidos con la boca abierta.

—Estaba descansando —les dije en inglés, saliendo del camión.

Después me fui tambaleando hasta la estación cercana donde vi un tren estacionado y al que me subí, con la esperanza de que se dirigiera a donde yo quería. «Nadie me echará de este tren», me prometí a mí mismo, encerrándome en el servicio. Pronto me quedé dormido en el suelo, bloqueando así la puerta completamente para que no pudiera abrirse. De vez en cuando me despertaba y oía voces extranjeras que gritaban en el exterior, pero permanecí en silencio y continué mi viaje, rezando para que el tren se dirigiera al sur. Muchos kilómetros después, me puse en pie y, a través del arañazo en la pintura de la ventana, vi que estábamos en Stuttgart, que íbamos en dirección correcta. Conté unas estaciones más y salté del tren. Seguí caminando a duras penas durante un tiempo hasta que llegué a la seguridad de las calles. Hacía mucho frío y, con sólo un zapato, mi estado era lamentable, pero continué moviéndome, temeroso de que la policía del ferrocarril me detuviera. Mientras caminaba me di cuenta de que estaba en Augsburg, la estación precisa que estaba buscando. Dios me estaba guiando.

El pueblo de Hannelore quedaba a dieciséis kilómetros y sin posibilidad de coger un autobús sin dinero, tenía que llegar hasta allí a pie. Avanzaba con lentitud y medio andando, medio arrastrándome, el camino se hacía interminable. Nadie se acercaba para ayudarme. Ésa era nuestra sociedad. No nos importaba nada.

Unos dos kilómetros más adelante entré en un servicio que, con el pie descalzo muy hinchado, se convirtió en un cobijo muy agradable. Bebí litros de agua directamente del grifo y, revitalizado, continué mi marcha final hacia la libertad. Durante el trayecto pasé por un centro comercial y entré en un supermercado, donde me serví yo mismo una botella de vino. La mitad del personal me vio robar la botella pero tenían demasiado miedo como para acercarse a mí. Perder una botella de vino barato era mucho menos problemático que desafiar a un perturbado lunático.

Fuera me senté apoyado sobre una pared y me la bebí prácticamente de un trago. El vino me dio fuerzas y eché de nuevo a caminar, llorando a gritos pero con la cabeza muy alta.

Iba caminando por la calzada y los coches tenían que esquivarme para no atropellarme. Milagrosamente, uno de esos coches se detuvo y el conductor salió de él. Era Christine, la hermana de Hannelore, que volvía de la universidad. Cogió lo que quedaba de mí y me llevó a su casa. De pie en el jardín, me negué a entrar en la casa porque estaba demasiado avergonzado de lo que le había hecho pasar a Hannelore. Cuando Hanne salió, me agarré a ella y lloré como nunca lo había hecho.

La madre de Hannelore, muy asustada, telefoneó a su marido, quien vino a casa inmediatamente. Al verme en el jardín, pálido como la muerte, me agarró y me ayudó a entrar en la casa. Me ofrecieron sopa caliente y me llevaron a la cama. Si me hubiera rechazado, me hubiese muerto. Siempre le deberé mi vida a este hombre. Tuve que andar por esas largas y tortuosas carreteras para llegar hasta su puerta bávara, pero así es como estaba escrito.

Dios me había conducido a casa, por fin.

Me había liberado de la isla de la droga.

38

FELIZ POR SIEMPRE

Al día siguiente temprano me examinó un médico y me llevaron inmediatamente al Hospital Groshadern, en Múnich, donde una horas después me sometieron a una operación de urgencia. La diez horas de microcirugía me salvaron la vida.

Los cirujanos me extrajeron trozos de cráneo e insertaron un placa postiza para recomponer mi cabeza. Mi oído estaba destrozado y no pudieron recuperarlo, así que perdí completamente la audición. Durante la operación consiguieron volver a unir el nervio facial, el cual, durante los cinco años siguientes, recuperó hasta el cincuenta por ciento de su solidez original. Esto significa que cuando sonrío lo hago con una sonrisa torcida, pero después de una vida tan tortuosa, sonreír es ya un milagro. La vista de mi ojo sigue dañada pero ha mejorado a lo largo de los años. Estas heridas y las operaciones que me han realizado muestran que darme el alta del Hospital Whittington en las condiciones en que me encontraba fue una ignominia total.

Hannelore iba a visitarme al hospital todos los días, para lo cual tenía que hacer un viaje de dos horas. Mi principal medicina era su amor. Estaba muy débil y fuera de aquel hospital no tenía nada.

Pero Hannelore me quería y eso era suficiente.

Tenía una razón para vivir.

Transcurrido un tiempo considerable, cuando me dieron el alta definitiva, Hannelore encontró un piso pequeño y trabajaba para mantenernos a los dos. Los siguientes doce meses fueron los peores de toda mi vida; no tanto por mi convalecencia de las heridas, sino porque tenía que aprender a vivir sin drogas en un mundo normal. Recuperarme de los daños psicológicos causados por mi adicción a las drogas era lo más duro que jamás haya tenido que soportar. Alternar con la gente era lo peor; era simplemente terrible. El único momento en que me sentía protegido era cuando estaba a solas con Hannelore.

Durante unos cuantos años después, solía despertarme todas las noches soñando que oía llorar de hambre a mi perro Snoopy. Y despertaba a Hannelore.

—¿Crees que volveré a los bancos de los parques? —le preguntaba.

—Los fantasmas se han ido —me contestaba para tranquilizarme—. Ya no hay cloacas en tu vida. Esta vez vas a conseguirlo. —Y abrazándome, me volvía a dormir.

Muchas mañanas, imaginando que estaba de nuevo en la misión del Ejército de Salvación, me despertaba buscando a los ancianos.

Nadie creyó que lo conseguiríamos, en especial los familiares de Hannelore. Como cualquier adicto en período de recuperación, resultaba muy difícil vivir conmigo, y, para Hannelore, una joven independiente, fue una etapa muy pesada. Mi mente distaba aún mucho de ser normal y al cabo de unos seis meses, en un ataque de celos, hice pedazos todo el piso y amenacé con suicidarme. El personal de la ambulancia me puso una camisa de fuerza y me encerraron en un manicomio alemán. Hanne estaba muy angustiada, pero cuando fue a visitarme unos días después, era obvio que estaba arrepentido de lo que había hecho. Me perdonó diciendo:

—¡Al menos no habías tomado drogas! Por favor, ponte bien. Todavía te quiero y empezaremos de nuevo cuando hayas salido de aquí.

Poco tiempo después salí de allí y, con promesas firmes de no destrozar el piso nuevo, nos trasladamos.

Era el mes de marzo. Habían pasado quince meses desde la paliza y, durante el día, salía a dar largos paseos mientras Hanne estaba trabajando. Observaba cómo florecía la primavera, con toda su belleza. No tenía responsabilidades, ni trabajo ni preocupaciones. Todo lo que tenía que hacer era levantarme y vivir el día, sin más, pero incluso esto se me hacía cuesta arriba.

Sin embargo, luchaba contra todo esto sin drogas. Empezaba a mejorar pero, a pesar del progreso, el loco pensamiento de una vida más fácil con ayuda de esas mágicas pastillas, aparecía con regularidad. Durante un tiempo, mi vida fue una constante batalla y tuvieron que pasar muchos años antes de que esas aberrantes ideas desaparecieran para siempre.

Cuando Hannelore se quedó embarazada, ambos nos pusimos muy contentos y poco después nos casamos en Augsburg. Estaba muy orgulloso. Pero por desgracia, a los seis meses de embarazo Hanne perdió el bebé, una niña que hoy tendría quince años. Nos quedamos destrozados. Después de ir a verla al hospital me senté solo en el banco de un parque y lloré sin parar. Por primera vez en mi vida tuve que soportar el dolor sin ayuda de las pastillas. Estuve sentado en el parque durante horas, y luego me levanté para irme a casa. Fue entonces cuando vi a un vagabundo dormido en el banco de enfrente: era su casa.

A principios del año siguiente empecé a trabajar para una compañía de importación y exportación en Múnich. No tenía un salario, sino que se trataba de un convenio de participación en los beneficios. Como viajaba mucho, perdía dinero, pero no importaba porque me ayudaba a recuperar mi dignidad.

A través de este trabajo me pusieron de nuevo ante la boca

del lobo. El jefe me mandó que fuera a Londres a negociar con un fabricante de cigarros inglés para vender su marca directamente a Turquía. Lleno de temor, volé solo hasta Inglaterra. Las negociaciones fracasaron pero estaba en Londres, con dinero en el bolsillo y la fábrica de drogas del doctor Lando a un paso.

Estaba plagado de inseguridad y aún creía que las pastillas mágicas me ayudarían a pasar de ser un insignificante jugador a un adversario fundamental. Me moría por apoyarme en las muletas de siempre y, a pesar de la ruina a la que me habían llevado, eran como un viejo amigo, difícil de vivir sin ellas. Era una inmensa tentación que me transportó enseguida hasta la puerta del doctor, en Harley Street. Momentos más tarde y después de mucho pensar «me tomaré estas pastillas y Hannelore no tiene por qué enterarse», tenía en mis manos una receta por trescientas pastillas. Con los nervios a flor de piel, corrí hasta una cafetería próxima. Era el mismo lugar al que había ido tantos años atrás, después de cada visita al doctor, para regar las pastillas con alcohol antes de regresar con Snoopy y las ratas.

Me senté en la cafetería, en trance, sin saber qué hacer, y me puse a llorar. El propietario me reconoció y me preguntó qué pasaba. Era tarde y estaban cerrando el local, así que se sentó para escuchar mi historia. Una vez que hubo escuchado lo suficiente, dijo:

—Escucha, hijo —y continuó contándome la historia de su propia hija, Francesca, quien había muerto el año anterior de una sobredosis de heroína. Mientras hablaba, su esposa empezó a sollozar detrás del mostrador y él, con lágrimas en los ojos, me puso sus manos sobre los hombros—. Tira esas drogas y vuelve con tu mujer —dijo, apretando los dientes—. ¡Agárrate a la vida centímetro a centímetro, día a día! ¡Tira esa mierda, ella mató a Francesca y casi te ha matado a ti!

Lo que dijo me hizo pensar y caí en la cuenta. Me convencí de que la vuelta atrás no era fácil y arrojé las trescientas pastillas por la taza de la cafetería. Cuando salí del servicio, el hombre me besó y me sonrió.

—¡Ahora vete y sé feliz! —exclamó.

En el avión de vuelta a Múnich, lloré. Por fin me había deshecho de esa endemoniada bastarda, la Señora Droga, a la que había estado encadenado durante veintiséis años.

Gracias a Dios Todopoderoso, por fin era libre.

Hannelore estaba esperándome en el aeropuerto.

—¿Qué te pasa? —me preguntó—. ¿Has estado llorando?

—He tenido una dura pelea en Londres —le contesté.

—¿Con quién?

—No ha sido una pelea física. Otro tipo de pelea.

—¿Quién ha ganado? —preguntó

—Ya te lo contaré —dije. Y ahí quedó la cosa.

Al día siguiente, en el lago, cogí un ramo de margaritas y, arrojándolas al cielo, grité:

—¿Quién ganó? ¿Quién ganó? Gané yo.

Nueve meses después nos trasladamos a vivir a Inglatera en nuestro coche de segunda mano. Cogimos el ferry en Ostend, donde me puse muy emotivo al recordar mi última y desagradable estancia en ese puerto belga.

En Londres encontramos un pequeño piso en Haverstock Hill y ambos conseguimos trabajo. Tal y como había dicho el propietario de la cafetería, me había enganchado a la vida centímetro a centímetro, día a día. Joder, fue muy difícil, pero tenía alguien muy especial a mi lado. Con un amor como aquel, ninguna montaña era demasiado alta y las cosas que nunca pude conseguir estaban ahora a mi alcance.

Dos años después de mi estancia en Londres volví a ver a mis hijas, Tessa y Antonia, por entonces dos hermosas jóvenes. Llegaron a Londres en tren y las recibí en la estación de Euston, como si no hubiera otro lugar. Allí estaban esas dos preciosas niñas a las que había dicho adiós tantos años atrás. Los tres estábamos un poco abrumados y nos sentamos un rato en los bancos que había delante de la estación. Enfrente de nosotros vimos a un vagabundo que dormía su resaca.

—Mira ese pobre hombre —dijo Tessa, inconsciente de lo que le había ocurrido a su padre—. Deberías estar siempre agradecido. Ése podrías haber sido tú —continuó diciendo.

«¿Podría?», pensé. Lo fui, y durante mucho tiempo.

El vagabundo se volvió hacia nosotros y al mirarle a los ojos, vi simplemente a un extraño, un hombre solitario.

Hoy veo a mis hijas con regularidad y hemos estrechado vínculos.

El tiempo fue pasando y, como ya pensaba con más claridad, empecé a buscar el dinero enterrado. Encontramos algo, no eran millones pero nos bastaban.

Durante todos esos años en las cloacas el dinero había permanecido escondido, quizás esperando a que llegara un día mejor.

No hubo más robos o gángsters, no me hacía ninguna falta.

Como las drogas, el crimen era ya parte de la historia.

Me dediqué a los negocios e invertí mi dinero en el sector inmobiliario, hasta que los precios entraron en crisis en el Reino Unido. Compramos un lujoso chalé en España, donde vivimos un tiempo. Un día, sentado al lado de la piscina, me acordé de Kenneth y de los viejos de Newcastle cantando cada día el Aleluya en compañía de Dios.

Todo parecía como un sueño, pero desgraciadamente no lo era. Aquellos eran los días de mi vida.

Mi madre murió hace cuatro años y cuando la enterramos, le dejé una nota en su tumba que decía: «Adiós mamá. Me siento feliz de que hayas vivido lo suficiente para verme alejado de las drogas, y de que compartieras la alegría de ver a los niños crecer.»

Ruego por que los padres y madres de otros drogadictos puedan experimentar la misma felicidad.

La vida durante los últimos dieciséis años no ha sido siempre fácil, pero no volví a probar las drogas. Pude con ellas. A veces me pongo muy nervioso, sobre todo cuando me encuentro en una estación de tren o cuando veo vagabundos. En esos momentos, todo vuelve a ser real.

Hace dos años vendimos todas las propiedades que teníamos en Inglaterra y, con nuestros hijos Oliver y Julian, de once y diez años, nos mudamos a un pueblecito del sur de Alemania, cerca de donde nació Hannelore. Ella está al lado de su familia, en el lugar al que siempre perteneció antes de su fatídica excursión a Londres.

Ahora llevo una vida normal y veo a nuestros hijos jugar al fútbol cada fin de semana en el equipo local. Ante ellos y con nuestros dos perros, Micky y Molly, parezco un auténtico Joe Regular, un tipo de hombre normal.

Me he convertido en un hombre corriente y cotidiano, y soy más feliz que nunca.

A veces, otros padres me preguntan a qué me dedico en Alemania.

—Estoy escribiendo un libro —les contesto.

—¿Sobre qué? —preguntan interesados.

—Es sobre un hombre que tuvo que luchar contra la adicción a las drogas durante toda la vida.

Un hombre que perdió la cabeza.

Y ese hombre era yo.

Cuando observo a los niños que van al colegio, rezo por que ninguno opte por el camino que yo tomé.

Por desgracia, en nuestro mundo de karma instantáneo algunos ya lo han tomado.

Gracias por leer mi historia.

39

Con los sin techo - Navidad de 1996

El 16 de diciembre de 1996 recibí una llamada de la London Television Centre. Nos pedían que fuéramos a Londres para que nos filmasen y entrevistasen. Al principio no sabíamos qué hacer pero aceptamos. Resultó ser una experiencia muy emotiva cuando nos sentamos delante de las cámaras de televisión, en el Chelsea Potter, para rememorar la escena en la que conocí a Hannelore. De repente fue como si el tiempo se detuviera, y empecé a llorar cuando el dolor de todos aquellos años que había pasado en las calles volvió a mi cabeza.

Cuando se televisaron las entrevistas, la Carlton Television anunció mi deseo de festejar una fiesta para los vagabundos el día después de Navidad, en St. James Park, el mismo sitio donde había celebrado mi fiesta de Navidad con los vagabundos hacía treinta años. Para mí, aquella había sido una época muy solitaria y estaba decidido a hacer que los que quedaban en las calles tuvieran algo de alegría durante esta Navidad.

El día 26 de diciembre de 1996 recogimos la comida donada por el Hotel Langham Hilton y después nos fuimos hasta la estación de Waterloo para invitar a los vagabundos a que se reunieran conmigo en St. James Park.

Hacía un frío espantoso y, acurrucado al lado de una hoguera, encontré a seis o siete de los sin techo. Al principio estaban indecisos, pero cuando les dije que yo también había sido uno de ellos, me ofrecieron un trago y me pidieron que me uniera a ellos.

Aunque todavía recelosos, cuatro de ellos y su perro subieron a mi coche y nos dirigimos al parque, donde celebramos nuestra fiesta de Navidad con comida, bebida y galletas, cortesía del Hotel Langham Hilton.

Por la tarde fuimos entrevistados todos por dos cadenas de televisión y un periódico.

Durante este día conocí a Jackie, una vagabunda de unos treinta años. Me escribió un poema que más tarde leí en la radio. Como los otros tres, llevaba viviendo en la calle algún tiempo, y cuando los observaba me veía a mí mismo, solo en las puertas de las tiendas de Londres. Al cabo de unas cuantas horas, sentí que los conocía de toda la vida.

La parte más conmovedora de todo el día fue después de la fiesta, cuando los llevé de nuevo hasta las frías calles solitarias de Waterloo y uno de ellos me estrechó la mano y me dio las gracias por aquel maravilloso día.

Aquella noche, sentado bajo mi techo, vi las noticias en la televisión y me imaginé a Jackie y sus amigos alrededor del fuego, en el subterráneo de Waterloo.

¿Dónde estaba su televisor?

¿Y su baño caliente?

¿Y su ropa limpia?

¿ Y su esperanza de un día mejor?

Jackie, te deseo a ti y a todos tus amigos un muy feliz año nuevo. Ojalá encuentres tu propio milagro, como yo en el Chelsea Potter hace tantos años.

Stephen, enero de 1997